JACKIE KOHNSTAMM

JEDER STEIN ERZÄHLT VON EINEM LEBEN

JACKIE KOHNSTAMM

JEDER STEIN ERZÄHLT VON EINEM LEBEN

Auf den Spuren meiner Familie

Deutsch von Regina Jooß

LIMES

Die Originalausgabe erschien 2023 unter dem Titel
»The Memory Keeper: A Journey into the Holocaust to Find My Family«
bei Canongate Books, Edinburgh.

Das Gedicht »Bleibtreu heißt die Straße« von Mascha Kaléko stammt aus
»In meinen Träumen läutet es Sturm: Gedichte und Epigramme aus
dem Nachlaß«, hg. Gisela Zoch-Westphal und Mascha Kaléko, München 1977.
Mit freundlicher Genehmigung von dtv Verlagsgesellschaft mbH & Co. KG.
Alle Fotos und Abbildungen stammen aus dem Privatbesitz der Autorin
mit Ausnahme von: S. 34 von Roni G. Ronen (Rosner), S. 214 aus
dem Brandenburgischen Landeshauptarchiv (BLHA), Rep. 36A
Oberfinanzpräsident Berlin-Brandenburg Nr. 5039, S. 262 von Lonnie Zwerin,
S. 272 aus den Arolsen Archives, S. 320 aus Národní archiv, Praha,
Matriky židovských náboženských obcí v českých krajích,
Ohledací listy – ghetto Terezín; Rychwalski Max, svazek 74.

MIX
Papier | Fördert
gute Waldnutzung
FSC® C014496

Penguin Random House Verlagsgruppe FSC® N001967

1. Auflage 2023
Copyright der Originalausgabe © 2023 by Jackie Kohnstamm
Copyright der deutschsprachigen Ausgabe © 2023 by Limes Verlag
in der Penguin Random House Verlagsgruppe GmbH,
Neumarkter Straße 28, 81673 München
Redaktion: Friedel Wahren
Umschlaggestaltung: © Favoritbüro unter Verwendung
von Familienfotos aus dem Besitz von Jackie Kohnstamm
BSt · Herstellung: DiMo · Len
Satz: satz-bau Leingärtner, Nabburg
Druck und Bindung: GGP Media GmbH, Pößneck
Printed in Germany
ISBN 978-3-8090-2769-0

www.limes-verlag.de

Gewidmet der Erinnerung an meine Großeltern,
Max und Mally Rychwalski,
und an meine ganze Schattenfamilie.

INHALTSVERZEICHNIS

VORBEMERKUNG DER AUTORIN

———

Einige Namen wurden geändert, um die Privatsphäre der Betroffenen zu schützen, und gelegentlich wurden die Erlebnisse zweier Personen verschmolzen, damit die Erzählung einfach und klar bleiben konnte.

Sämtliche Briefe wurden sorgfältig transkribiert, in ihrem ursprünglichen Wortlaut belassen und nicht an die aktuell gültige Rechtschreibung angepasst.

FAMILIE MESERITZ

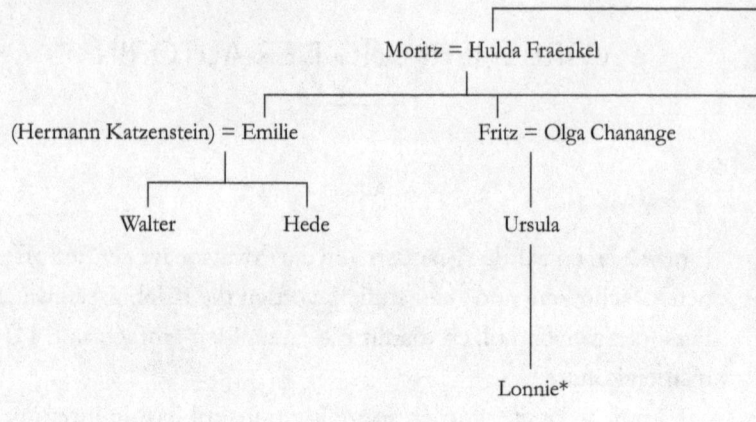

Moritz = Hulda Fraenkel

(Hermann Katzenstein) = Emilie   Fritz = Olga Chanange

Walter   Hede   Ursula

Lonnie*

FAMILIE RYCHWALSKI

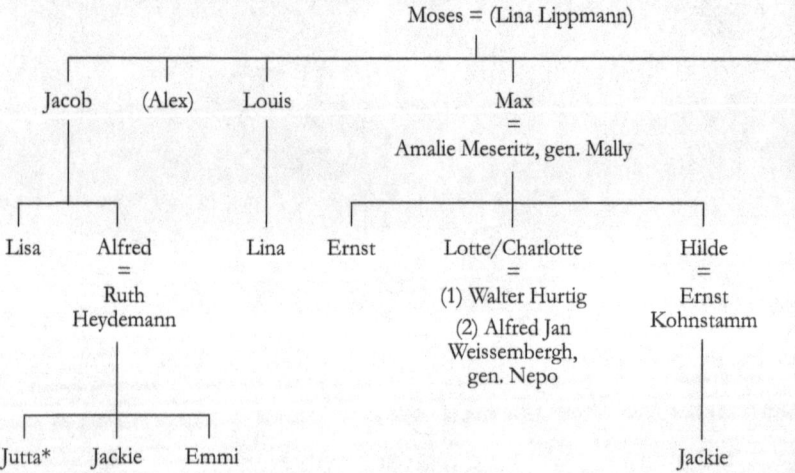

Moses = (Lina Lippmann)

Jacob   (Alex)   Louis   Max
=
Amalie Meseritz, gen. Mally

Lisa   Alfred   Lina   Ernst   Lotte/Charlotte   Hilde
       =   =   =
  Ruth   (1) Walter Hurtig   Ernst
Heydemann   (2) Alfred Jan   Kohnstamm
                             Weissembergh,
                             gen. Nepo

Jutta* Jackie Emmi   Jackie

Anmerkung:
Namen mit Asterisk, wie z.B. Lonnie*: Die Personen werden im Buch erwähnt, aber nicht namentlich genannt
Namen in Klammern, wie z.B. (Georg): Die Personen tauchen hier auf,
um Familienverhältnisse zu verdeutlichen, kommen aber im Buch nicht vor

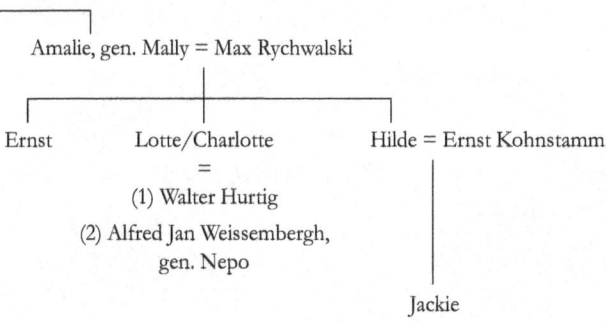

Josephine Fraenkel, gen. Findel

Amalie, gen. Mally = Max Rychwalski

Ernst   Lotte/Charlotte   Hilde = Ernst Kohnstamm
              =
(1) Walter Hurtig
(2) Alfred Jan Weissembergh,
        gen. Nepo

                              Jackie

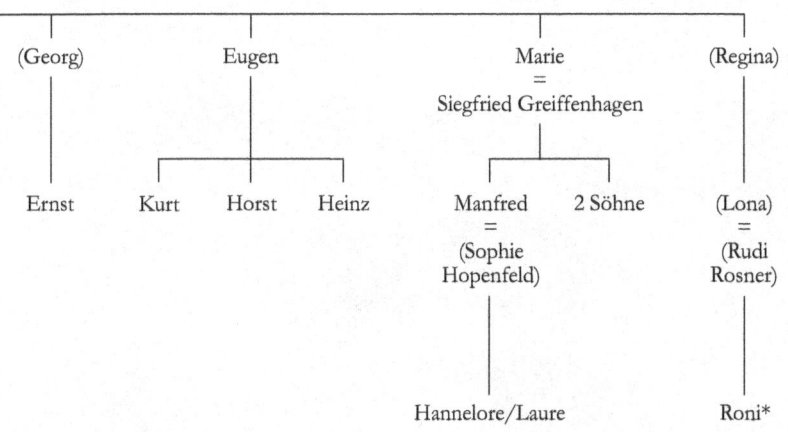

(Georg)   Eugen   Marie   (Regina)
                                            =
                                Siegfried Greiffenhagen

Ernst   Kurt   Horst   Heinz   Manfred   2 Söhne   (Lona)
                                      =   =
                                  (Sophie   (Rudi
                                  Hopenfeld)   Rosner)

                                Hannelore/Laure   Roni*

Die Bekannten und Berühmten zu ehren ist einfach.
Doch es sind die Unbekannten, die Geschichte schreiben.

Walter Benjamin

Familie Rychwalski, 1908. In der mittleren Reihe stehend
Moses Rychwalski (Mitte), zu seiner Rechten Max, Mally,
Siegfried und Marie Greiffenhagen

DEZEMBER 2005

Ruhelos. Ich war ruhelos. Unfähig, irgendetwas in Ordnung zu bringen. Dann brachte der Zufall alles ins Rollen. Anders kann ich es mir nicht erklären. Es war nichts als ein glücklicher Zufall.

Ich stehe an der Tür zum Garten, in der Hand halte ich eine Hose, von der ein Knopf abgegangen ist. Eigentlich möchte ich draußen sein, aber was ist Anfang Dezember im Garten noch zu tun? Sträucher und Büsche warten darauf, dass die Sonne ihre Wurzeln erreicht und sie zu neuem Leben erweckt.

Es ist jetzt mehr als zwei Wochen her, dass ich diese Hose getragen habe. Etwas zu essen hätte ich sofort zubereitet. Kochen finde ich entspannend, den Rhythmus beim Schnippeln beruhigend. Meine Gedanken machen sich dann selbstständig, schweben davon, und am Schluss ist die Mahlzeit fertig. Nähen und Flicken hasse ich aber.

Also begebe ich mich in die Küche, öffne den Kühlschrank und leere das Gemüsefach. Dann werfe ich Karotten, Zwiebeln, Sellerie, Lauch und Kartoffeln – das ganze Wurzelgemüse des Winters – in einen großen Topf und gebe getrocknete Kräuter dazu, denn die frischen sind alle komplett verwelkt. Ein weiterer Grund, warum der Sommer bald kommen sollte. Zum Schluss füge ich noch ein bisschen Brühe und Knoblauch für den Geschmack bei. Während die Suppe vor sich hin köchelt, gehe ich hinaus in den letzten traurigen Rest Tageslicht und schmiede Pläne für den Frühling.

Es ist schwer vorstellbar, dass der Stumpf des Rosenstrauchs neue Triebe bildet, der zum Skelett verkommene Jasmin seine duftenden Blüten über den Zaun hängen lässt oder dass ich noch vor wenigen Monaten meine eigenen Feigen gegessen habe. Muss das Feigenbäumchen umgetopft werden, oder lasse ich es am besten unberührt? Immerhin ist es winterhart, im Gegensatz zu der Geranie, die ich mit noch mehr Vlies umwickele und dicht an die Wand rücke.

Jetzt ist es komplett dunkel. Ich gehe hinein und löffele meine Suppe.

Würde ich im Mittelalter leben, so würde ich jetzt in meinen Nachttopf pissen, ihn aus dem Fenster kippen, die Kerze ausblasen und zu Bett gehen. Der Einbruch der Dunkelheit wäre eine Erleichterung. Durch den elektrischen Strom und die Technik haben wir allzu viele Möglichkeiten, uns zu zerstreuen, und mir gefällt keine davon. Ganz bestimmt will ich nicht nähen. Um mich abzulenken, schalte ich den Fernseher ein. Das ist am einfachsten. Diesen Knopf zu drücken, ohne darüber nachzudenken und ohne zu begreifen, was ich da getan habe.

Ich schnappe mir die Fernbedienung und schalte auf Channel 4. Gerade steigt ein großer Mann in den Kofferraum eines Autos – wahrscheinlich aus freien Stücken, denn er lacht in die Kamera. Er krümmt sich sogar zusammen und lässt sich im Innern des Wagens einsperren. Dann schwenkt die Kamera über mehrere Reihen von Autos, bis nur noch ein dicht besetzter riesiger Parkplatz zu sehen ist. Von den Autos darf keines bewegt werden, denn das würde das Spiel verderben. Channel 4 hat ein Team von Hellsehern aufgefordert, den einen Wagen mit dem Mann im Kofferraum zu finden.

Das ist genau die Ablenkung, die ich brauche, um mich auf das Einfädeln zu konzentrieren. Immer wieder blicke ich zum Fernseher hinüber, während es den Hellsehern nacheinander ganz, fast oder überhaupt nicht gelingt, den Mann zu finden. Auf selbstgefällige und verärgerte Hellseher folgen Werbeunterbrechungen und kleine Psychotests für uns, die Zuschauer zu Hause. Ich steche die Nadel in den Stoff und ziehe sie wieder heraus, dabei mache ich alle Tests und erreiche zwei von zehn Punkten. Was hatte ich auch erwartet? Noch nie habe ich die geringste übersinnliche Begabung verspürt. Zu diesem Zeitpunkt sitzt der Knopf mehr oder weniger fest. Also gehe ich zu Bett.

Also, genau genommen gehe ich nicht zu Bett. Zwar habe ich es vor, aber auf dem Weg ins Schlafzimmer gebe ich bei Google den Mädchennamen meiner Mutter ein: Rychwalski. Merkwürdigerweise habe ich wirklich keine Ahnung, warum ich diesen Augenblick dafür auswähle. Rychwalski ist ein ungewöhnlicher Name in England, nicht aber in Osteuropa oder in den USA. Schon früher habe ich nach dem Namen gesucht, aber nie zielgerichtet, sondern nur so, als würde ich nach jemand entfernt Bekanntem suchen. Auch wenn mir mein gesunder Menschenverstand sagt, dass sie alle längst tot sein müssen.

Ich scrolle die Ergebnisse durch, bis mich zwei Einträge stutzig machen: *Max und Amalie Rychwalski.* Meine Großeltern. Verdammt, was haben sie auf meinem Bildschirm verloren? Ich klicke auf den Eintrag und gelange auf die Seite des Berliner Bezirks, in dem sie lebten. Bleibtreustraße 32. Ich lese, dass vor ihrem Wohnblock zwei *Stolpersteine* in das Straßenpflaster eingelassen wurden. Was zum Teufel sind *Stolpersteine*?

Ein weiterer Klick. Vor meinen Augen erscheint ein Bild, und ich werde in das Kino der 1950er Jahre zurückversetzt. Ich sehe Charlton Heston als Moses, wie er in dem Film *Die zehn Gebote* eine heiße Steinplatte aus der Presse Gottes entnimmt. Doch statt mir zehnmal *Du sollst nicht* zu sagen, lese ich auf der einen Platte:

HIER WOHNTE

AMALIE RYCHWALSKI

GEB. MESERITZ

JG. 1878

DEPORTIERT 1942 THERESIENSTADT

ERMORDET 13. 11. 1942

Und auf der anderen:

HIER WOHNTE

MAX RYCHWALSKI

JG. 1864

DEPORTIERT 1942 THERESIENSTADT

ERMORDET 31. 01. 1943

Schockiert von diesem unerwarteten Treffen mit meinen Großeltern und von dem Wort *ermordet*, starre ich auf den Bildschirm.
Meine Eltern haben es nie verwendet. *Gestorben* haben sie gesagt, bei den wenigen Gelegenheiten, bei denen diese Tatsache
überhaupt erwähnt wurde. Oder *verschwunden*. Nicht aber *ermordet*.
Ermordet ist ein brutales Wort.

Man sollte meinen, dass ich nach mehr als fünfzig Jahren an
all dies gewöhnt bin. Dass ich mein Leben lebe, die Straßen ganz
gelassen entlangschlendere und mich im Geschäft an der Kasse
anstelle, ohne dass irgendwelche Gedanken an platt gewalzte
Leichen in meinem Kopf aufploppen. Doch plötzlich ist da ein
Bild – oder eine Schlagzeile –, oder ich schnappe irgendwo ein
paar Worte auf und … *wusch*! Meine Großeltern tauchen auf.

Ich war elf, als ich die Wahrheit herausfand. Da hatte ich bereits begriffen, dass meine Großeltern mütterlicherseits gestorben sein mussten. Aber ich wusste nicht, wo oder wie, nicht so wie
beim Vater meines Vaters, der vor meiner Geburt einen Herz-

infarkt erlitten hatte und tot umgefallen war. Da gab es nichts Geheimnisvolles. Er und meine Großmutter väterlicherseits – die Einzige meiner Großeltern, die ich gekannt hatte – hatten es in letzter Sekunde geschafft, aus Deutschland nach England zu fliehen.

»Immerhin sind sie nicht dort umgebracht worden«, hatte meine Mutter angemerkt und damit impliziert, der Tod in einem Konzentrationslager habe verschiedene Abstufungen.

Theresienstadt war ein Durchgangslager. Dort gab es keine Gaskammern, und ihre Eltern waren nicht erschossen worden, also hatte keine einzelne Handlung ihr Leben beendet. Es sollte noch viele Jahre dauern, bis ich herausfand, was tatsächlich mit ihnen geschehen war.

Ich eile zu einem seit Langem verschlossenen Schrank, hole eine Kladde mit Papieren der Familie hervor und wühle darin herum, bis ich zwei vergilbte Totenscheine vom Roten Kreuz finde. Zurück am Computer, vergleiche ich die Daten. Sie stimmen genau überein. Dann fällt mir etwas anderes auf: *Verlegt am 30. November 2005.* Heute ist der 4. Dezember 2005. Ihre Stolpersteine wurden am letzten Mittwoch platziert. Vor nur vier Tagen.

Sehen Sie! Ich glaube ja gern, dass es Menschen mit hellseherischen Fähigkeiten gibt. Tatsächlich behauptet eine meiner Freundinnen, Vorahnungen in Form von Bildern zu empfangen, aber ich doch nicht. Schon immer bin ich mit beiden Beinen fest auf der Erde gestanden. Vernünftig. Logisch denkend. So war ich schon als Kind, von Geburt an, soweit ich weiß. Sicherlich ist das jetzt nur ein Zufall, oder?

In letzter Zeit habe ich mehr an die Familie meiner Mutter gedacht als in den ganzen Jahren zuvor. Erst letzte Woche holte ich ihre Familienfotos hervor, als könnte mir das Betrachten helfen, irgendetwas zu begreifen. Dieses Gefühl, nicht dazuzugehören, das ich mein ganzes Leben lang hatte und das zuletzt stärker geworden war. Vielleicht würden mir die Fotos diesmal helfen, damit fertigzuwerden. Ich hatte gebannt auf meine Großmutter gestarrt, die kurz vor ihrer Hochzeit ganz in edle weiße Spitze gekleidet war, dem letzten Schrei im Jahr 1903. Auf einem anderen Foto ist mein Großvater in angeregtem Gespräch mit ihr zu sehen. Zu diesem Zeitpunkt muss er schon über siebzig gewesen sein, mit Bart, dicken Augenbrauen und tiefen Furchen in den Wangen. Sogar unter seinem Homburg sah er aus wie ein Prophet aus dem Alten Testament.

Das Gefühl, nicht dazuzugehören, war wie ein Eisbrocken, tief in meinem Innern versenkt. Die meiste Zeit bemerkte ich ihn gar nicht. Doch in meiner Jugend überfielen mich hin und wieder Kältewellen. Die Fotos zu betrachten half mir dann, diese Gefühle zu verdrängen. Sie wurden in einer Schuhschachtel in dem Schränkchen unter dem Fernseher aufbewahrt. Von dort holte ich sie mir und breitete eine ganze Großfamilie in Schwarz-Weiß um mich herum aus: Großtanten, Großonkel, Cousins und Cousinen. Meine Mutter als Baby, das aussah wie eine Puppe, Hilde mit ihrem älteren Bruder Ernst und Charlotte. Meine Großeltern, Max und Mally,

Hilde und Max

von denen immer nur die Vornamen verwendet wurden. Mally war die Abkürzung von Amalie. Ihre ältere Schwester hatte Emilie geheißen. *Wie seltsam!,* dachte ich. Emilie und Amalie. Wie Hanni und Nanni.

Auf den Bildern sah ich, wie Mally sich veränderte, von dem Mädchen mit dem wilden Haar und dem schicken Kleid über die Braut mit der Wespentaille bis zu der molligen Frau in Knickerbockern und modischer Jacke, die mit einem Fuß auf einem Schlitten neben Max posierte. Noch später wurde sie eine korpulente ältere Dame, die sich sorgsam mit passendem Hut, Handschuhen und Handtasche ausstaffierte, unter deren traurigen Augen aber dunkle Schatten lagen.

Mein Großvater Max veränderte sich weniger als sie, er war stets groß, bärtig und hatte eine beginnende Glatze. Er blickte selten in die Kamera, außer bei den gestellten Fotos. Ich mochte es, ihn über die Zeitung gebeugt oder beim Lesen einer Postkarte zu entdecken, die er soeben geschrieben hatte.

Auf einem kleinen Schnappschuss standen er und Mally am Meer. Im Vordergrund lag ein gestreifter Frotteebademantel zusammengeknüllt im Sand. Ich bezweifelte, dass er Max gehörte. Da er Anzug und Fliege trug, hätte er sich wohl kaum ausgezogen und wäre schwimmen gegangen. Wie auch immer, wenn Max einen solchen Bademantel besessen hätte, so wäre er ordentlich gefaltet und knitterfrei abgelegt worden. Meine Mutter beschrieb ihn als ordentlich und penibel, mit einer besonderen Formschale, um seinen Bart einschließlich Schnurrbart sauber zu halten. Seine Hände dufteten, und die Nägel waren sorgfältig manikürt.

Mally und Max

Als Kind hatte ich mich immer über die Schuhschachtel gekauert und so lange hineingestarrt, bis sich die Gestalten bewegten, wie wenn die Wochenschau kurz hängen geblieben war und sich dann wieder belebte. Ich stellte mir vor, wie ich über Mallys Pelzkragen strich, Max' große Hand hielt, die der meiner Mutter so ähnelte. In diesen Zeiten kamen mir meine schwarz-weißen Großeltern viel bunter vor als die Familienangehörigen, mit denen ich aufwuchs.

Das schloss auch meine Mutter mit ein, deren Schwarz-Weiß-Version durchweg unterhaltsamer war als jene, mit der ich zusammenlebte. Mutter war für gewöhnlich zu müde, um mit mir zu spielen, hatte zu viel Arbeit oder Migräne. Nur in der Schuhschachtel fand ich mit Sicherheit die humorvolle, aktive Frau, die Grimassen zog, Räder schlug, flotte Hüte trug und vor ihrer Zeit in England in Pluderhosen und knappen Oberteilen an sonnigen Berliner Seeufern posierte.

Hilde

Meine Kindheit war geprägt von drei unterschiedlichen Zeiträumen. Meine Eltern hatten die aufregende, glamouröse und gefährliche Welt des Davor überlebt. Sie waren aus Nazi-Deutschland entkommen, hatten sich als Flüchtlinge in England getroffen und vor den Bomben der deutschen Luftwaffe in Sicherheit gebracht. Ich hingegen wurde in der grauen, trüben Sicherheit der Nachkriegszeit geboren, im Zeitalter des Danach. Erst mit der Zeit wurde mir bewusst, dass es einen dritten Abschnitt gab, der nach dem Davor, aber vor dem Danach lag und der nur uns betraf, nicht die Familien meiner Schulfreunde, zumindest soweit ich das einschätzen konnte. Meine Schulfreunde wurden zwar wie ich nach dem Zweiten Weltkrieg geboren und wuchsen bei Eltern auf, die ihn überlebt hatten. Dieser dritte Zeitabschnitt – der zu Hause für ein frostiges Klima sorgen konnte – tangierte sie jedoch nicht.

Diese eisige Welt des Dazwischen bestimmte meinen Alltag, obwohl sie schwer zu greifen war und nur selten darüber gesprochen wurde. Wenn ich wütend war oder von irgendetwas die Nase voll hatte, dann versuchte ich, es nicht zu zeigen. Indem ich mir immer auf die Zunge biss – oder mich schlecht fühlte, weil ich es nicht geschafft hatte –, verlor ich allmählich den Zugang zu den starken, lauten und bunten Gefühlen, die als schrecklich galten. Gute Gefühle hingegen waren angenehm fad, hell und nicht bedrohlich. So unterließ ich es lange, die Frage über meine Großeltern zu stellen, auf die ich mir am sehnlichsten eine Antwort wünschte. Bis zu einem Samstag, als ich gerade elf Jahre alt war.

Für gewöhnlich ging ich mit heiklen Fragen zu meiner Mutter. Mit Fragen wie diesen: Entsprachen die Gerüchte über Geschlechtsverkehr, die von den Jungen in der Schule verbreitet wurden, tatsächlich der Wirklichkeit? Schon am nächsten Morgen fing ich sie damit ab, als sie gerade den Ofen säuberte, und sie bestätigte es, während sie weiter die Asche zusammenkehrte. Konnten sie und mein Vater es vielleicht noch einmal damit versuchen, damit ich einen Bruder oder eine Schwester bekam? Offenbar nicht.

Diese ganz spezielle Frage musste ich allerdings meinem Vater stellen. Er saß auf dem Treppenabsatz und hatte seine Schuhe für die wöchentliche Putzaktion vor sich aufgereiht. Ich drückte mich an der Eingangstür herum, während er die Dose mit schwarzer Cherry-Blossom-Schuhcreme öffnete. Ich wartete, bis er das erste Paar fertig hatte, das zweite, das letzte … »Mummys Eltern!«, platzte ich heraus. »Was ist mit ihnen passiert?«

Er nahm einen viel zu großen Klecks Schuhcreme heraus, das sah sogar ich, und verschmierte die Creme immer im Kreis. Einiges davon verklebte sogar die Schuhbänder. »Sie wurden nach Theresienstadt gebracht«, murmelte er, ohne aufzusehen. »Wir wussten nicht viel während des Krieges. Die Nachrichten kamen nicht durch. Das stellte sich erst hinterher heraus.« Er versuchte, die überschüssige Creme abzuwischen, und verteilte sie auf seinen Händen. Ein wildes Nachbürsten folgte. »Ich habe die Artikel natürlich vor Mum versteckt.« Plötzlich stand er auf, ließ die Schuhe und das Reinigungszeug zurück und ging in die Küche.

Dort fand ich die beiden, wie sie flüsternd an der Spüle standen. Meine Mutter sah mich nur ganz kurz an, bevor sie weiter Kartoffeln schälte. »Es war nicht das schlimmste Lager«, erklärte sie. »Zumindest wurden sie dort nicht umgebracht.«

»Aber wenn sie nicht umgebracht wurden …« Die Frage platzte aus mir heraus, bevor ich sie zurückhalten konnte. »Wie sind sie dann gestorben?«

Mit gekrümmten und steifen Schultern ließ meine Mutter das Messer sinken. »Sie hatten nichts zu essen!«, stieß sie mit ungewohnt schriller Stimme hervor. »Sie sind verhungert.«

Eine halbe Stunde später setzten wir uns zum Mittagessen an den Tisch. Fisch, Erbsen, neue Kartoffeln. Ich versuchte, nicht an die Hände meiner Großeltern zu denken, an diese sanften Hände, von denen ich mir so gern vorstellte, dass sie mich in einer Umarmung festhielten. Ich versuchte, nicht daran zu denken, wie sich diese Hände nach Essensresten ausstreckten. Nicht das schlimmste Lager. Bitte, lass es besser sein zu verhungern. Ich starrte auf meinen Teller, kaute und kaute, doch das Schlucken fiel mir schwer.

Und plötzlich sind sie hier, meine verhungerten und ermordeten Großeltern, auf meinem Computerbildschirm.

Ich weiß nicht, wie lange ich auf ihre Namen starrte und darauf wartete, dass sie mir erklärten, was sie dorthin verschlagen hat. Was sind überhaupt *Stolpersteine*? Ich klicke herum und erfahre, dass das Wort erfunden wurde, aber es ist selbsterklärend. Es sind eben *Steine, über die man stolpert*. Der Künstler, Gunter Demnig, ist ein Zeitgenosse von mir. Er wurde 1947 in Berlin geboren, und seine Arbeit ist inspiriert von der Wut über die von der Generation seiner Eltern begangenen Verbrechen. In einem früheren Projekt hatte er ein Kupferband durch Köln verlegt, um die Einwohner der Stadt an ihre früheren Sinti- und Roma-Nachbarn zu erinnern, die sie inzwischen vergessen hatten oder an die sie sich nicht mehr erinnern wollten.

Die Stolpersteine sind jeweils einzelnen Personen gewidmet. Es handelt sich dabei um messingbeschichtete kleine Steinwürfel, die vor der Eingangstür von Holocaustopfern in das Straßenpflaster eingelassen werden. Passanten stoßen zufällig darauf und halten inne, um die eingravierten Beschriftungen zu lesen. Damit holen sie die Ermordeten aus der Vergessenheit genau dorthin zurück, wo sie einst wohnten und sich frei bewegten.

Ich frage mich, ob das vielleicht jemand genau jetzt für Max und Mally macht. Wie spät ist es? Beinahe Mitternacht hier in London, früher Montagmorgen in Berlin. Eiskalt, sollte ich denken. Die Bleibtreustraße hell erleuchtet und leer. Ich stelle mir ein junges Pärchen vor, wie es eng aneinandergekuschelt mit wackeligen Schritten die Straße entlanggeht. Sie lässt etwas fallen … Was? Schlüssel. Kichert. Versucht, sie wieder aufzuheben, doch er ist schneller und hält sie neckisch so, dass seine Freundin sie nicht erreicht. Sie starrt aber immer noch zu der Stelle hinunter, an der die Schlüssel aufgekommen sind. Ein kleines Messingquadrat zwischen den Pflastersteinen, in das eine Inschrift eingeprägt ist. Sie liest, was darauf steht und auf dem Stein daneben. »Schau nur!«, ruft sie.

»Ja!«, schreie ich den Bildschirm an. Zum ersten Mal seit ihrer Deportation sind meine Großeltern zu ihrem rechtmäßigen Zuhause zurückgebracht worden.

1996, als Gunter Demnig seine ersten Stolpersteine verlegte, war dies ein Akt des Widerstands. Antiautoritär. Antibürokratisch. Eine Mantel-und-Degen-Aktion. Ohne Erlaubnis das Straßenpflaster aufbohren. Doch inzwischen unterstützten und befürworteten überall in Deutschland Stadträte und Verwaltungen das Projekt. Jede und jeder kann Stolpersteine in Auftrag geben, Verwandte, die überlebt haben, genauso wie jetzige Bewohner eines Hauses von Opfern.

Wer also hat die Stolpersteine meiner Großeltern in Auftrag gegeben?

Ich finde die Betreffenden auf der Seite der Bezirksverwaltung und entdecke eine Telefonnummer. Am folgenden Morgen rufe ich an. Eine Frau meldet sich. Ich nenne meinen Namen und füge hinzu: »Aber das wird Ihnen nichts sagen. Meine Großeltern hießen Rychwalski, Max und Amalie, genannt Mally ...« Ich verstumme. Warum sagt sie nichts? »Ich habe mich also gefragt: Wer könnte das organisiert haben? Sie müssen wissen, dass ich ihr einziges Enkelkind bin. Sonst gibt es niemanden mehr. Die Letzte aus ihrer Familie, könnte man sagen ...«

Ich höre so etwas wie einen tiefen Seufzer, als hätte die Frau die Luft angehalten und stoße sie jetzt aus. »Wir haben die Steine doch gerade erst verlegt!«

»Aber wer sind Sie?«

Wieder Stille.

»Hallo?«

Keine Antwort. Sie scheint sich entfernt zu haben.

Dann kommt ein Mann ans Telefon. »Knoll.«

Herr Knoll erzählt mir ... Ganz ehrlich, ich habe keine Ahnung, was er mir erzählt. Ich bemühe mich, ihm zuzuhören, aber in meinem Kopf redet ihm ständig eine Stimme dazwischen. »Das ist unglaublich. Wer hätte das gedacht? Völlig fremde Menschen tun das für Max und Mally. Wirklich, wer hätte das gedacht?«

»Warum haben Sie sich meine Großeltern ausgesucht?«, frage ich irgendwann laut.

Herr Knoll muss offenbar komplett wiederholen, was ich beim ersten Mal nicht gehört habe. Dabei spricht er sehr langsam. Er ist ein Freimaurer. Das war Max auch – was mir neu ist –, beide bei derselben Loge. Einer Freimaurerloge, die von Nichtjuden und Juden gegründet wurde. Viele von ihnen wurden Opfer der Nazis. Herr Knoll verlegt Stolpersteine für sie alle. Und für ihre Frauen. »Hätte ich doch bloß von Ihnen gewusst! Aber woher hätte ich es wissen sollen?« Er macht eine Pause. »Haben Sie irgendwelche Familienfotos? Können Sie sie mir schicken? Wir haben nur die Namen und die Daten. Die Geburtsdaten und die Daten der Deportation. Manchmal das Todesdatum. Wenn es bekannt ist.«

Listen mit vielen Leerstellen. Das ist alles, was er hat. Er muss die Lücken füllen. Natürlich muss er das. »Ja, ich schicke Ihnen Fotos.«

Eine Stunde später erhalte ich eine E-Mail von einer Frau Lenck von der *Koordinierungsstelle Stolpersteine Berlin.*

Sehr geehrte Frau Kohnstamm, ich kümmere mich um die Anträge für Stolpersteine in den 12 Bezirken von Berlin und arbeite mit den Freiwilligen zusammen, die Nachforschungen zu den einzelnen Steinen übernehmen. Herr Knoll betreut jetzt Wilmersdorf/Charlottenburg, den Bezirk, in dem Ihre Großeltern gelebt haben.

Sie berichtet weiter, dass überall in Deutschland immer mehr Stolpersteine verlegt werden und es mehr Anträge von derzeitigen Bewohnern eines Gebäudes gibt als von überlebenden Verwandten und Nachfahren.

Erstaunlich. Nachdem sie über das Thema jahrzehntelang geschwiegen und einen großen Bogen gemacht hatten – denn diese Zeiten waren ja vorbei und erledigt, sodass man sie unter den Teppich kehren konnte –, heben die Deutschen diesen Teppich nun an und sehen genau hin. Einfache Leute stellen sich dem Grauen, weil sie das Vermächtnis ihrer Vorfahren quält. Bisher war ich komplett allein mit dem Vermächtnis meiner Familie.

Wir freuen uns natürlich besonders, schließt Frau Lenck ihre Mail, *dass Sie uns gefunden haben und wissen, dass Ihre Angehörigen in der Stadt, in der sie so ein schweres Schicksal ertragen mussten, nicht vergessen sind.*

Ich breche in Tränen aus.

Teil 1

BERLIN, JANUAR 2006

———

HINTER DER TAPETE

———

Es gibt bekanntes Bekanntes. Es gibt Dinge, von denen wir wissen, dass wir sie wissen.« 2002 wich der amerikanische Verteidigungsminister Donald Rumsfeld auf einer Pressekonferenz Fragen darüber aus, ob der Irak Massenvernichtungswaffen besitzt. »Wir wissen auch, dass es bekannte Unbekannte gibt«, fuhr er fort. »Das bedeutet, wir wissen, dass es einige Dinge gibt, die wir nicht wissen.« Dann kam der entscheidende Punkt. »Doch es gibt auch unbekanntes Unbekanntes, also die Dinge, von denen wir nicht wissen, dass wir sie nicht wissen.«

Seine viel zitierte und oft parodierte Antwort ergab für mich absolut Sinn. Sie beschrieb genau meine wachsende Erkenntnis, was das Schicksal meiner Großeltern und der meisten Verwandten aus der Schuhschachtel betraf. Bis ich im Alter von elf Jahren meinen Vater beim Schuheputzen löcherte, war die Welt des Dazwischen ein riesiges Unbekanntes für mich. Bei dem Versuch, irgendetwas aus dem Weg zu gehen – aber was? –, fiel ich manchmal unbeabsichtigt darüber, sodass meine Mutter explodierte. In diesen frühen Zeiten des Danach war es ihr noch nicht gelungen, ihre kochende Wut wegzusperren. Doch sobald ich die schrecklichen Tatsachen kannte, wurde aus dem unbekannten Unbekannten ein bekanntes Unbekanntes. Seitdem verspürte ich den Drang, mehr herauszufinden, während ich gleichzeitig Ausschau nach Anzeichen für die überkochende Wut meiner Mutter hielt.

Ich entwickelte außerordentlich sensible Antennen, die sofort Alarm schlugen, wenn meine Eltern die Köpfe zusammensteckten und sich auf Deutsch unterhielten. Bis ich zwölf war und in der Schule Deutsch lernte, war dies die Sprache für Geheimnisse aus dem Davor und dem Dazwischen. Abgesehen von einigen Kindergeschichten und Liedern, die sie mir beigebracht hatten. Dabei zog meine Mutter angespannt und hektisch an ihrer Zigarette, mein Vater aber saß auf der Kante seines Lehnsessels, beugte sich über die alte Royal-Schreibmaschine und hämmerte in die Tasten.

Nachdem ich von Max' und Mallys Schicksal erfahren hatte, fragte ich meine Mutter, ob sie noch Briefe von ihnen hätte. »Nein«, antwortete sie, und ich glaubte, es hätte in den drei Jahren zwischen ihrer Ankunft in London im Dezember 1936 und dem Ausbruch des Krieges nur diesen einen seltsamen Telefonanruf gegeben.

Viele Jahre später – um genau zu sein, im Oktober 1987 – erfuhr ich dann, dass das nicht der Wahrheit entsprechen konnte. Ein israelischer Cousin hatte mich früh an jenem Morgen angerufen und mir die Nachricht überbracht, dass mein Onkel Ernst überraschend gestorben war. Daraufhin hatte ich sofort einen Flug nach Tel Aviv gebucht. Keine seiner Schwestern kam zu seiner Beerdigung, und ich fragte mich nach dem Grund, obwohl es mich nicht völlig überraschte. Sowohl meine Mutter als auch Charlotte beschwerten sich ständig darüber, wie verschlossen ihr Bruder war, wie faul und schwierig im Umgang. Zu diesem Zeitpunkt war meine Mutter selbst schon gebrechlich. Dennoch fand ich es schockierend, dass die beiden Frauen keinerlei Trauer oder Bedauern über Onkel Ernsts Tod zeigten.

Ich war die engste Verwandte bei der Zusammenkunft, denn Ernst hatte nie geheiratet und war kinderlos geblieben. In seiner Wohnung, nach der Beerdigung, war es mir unangenehm, die persönlichen Besitztümer eines so zurückhaltenden Menschen durchzusehen. Unten in einem Schrank fand ich dann einen Ordner mit der Aufschrift *Alte Briefe*. Darin befand sich ein Bündel mit Briefen in Sütterlinschrift.

Ludwig Sütterlin hatte seine Schrift aus älteren Schreibschriften entwickelt. Seit dem späten neunzehnten Jahrhundert wurde sie den Kindern in den meisten deutschen Schulen beigebracht. Abgesehen von den großen Unterschieden zwischen Groß- und Kleinbuchstaben wurde ein Kleinbuchstabe in der Sütterlinschrift auch unterschiedlich geschrieben, je nachdem, wo er auftrat. Zum Beispiel gab es für das *S* drei unterschiedliche Versionen: für den Anfang, die Mitte und das Ende eines Wortes.

Die einzigen Brocken, die ich lesen konnte, waren die Daten und die Unterschriften in moderner Schrift. *1938 … 1939 … Vater … Mutter …* Ich fröstelte. Max und Mally waren endlich zu mir gekommen. In diesem Moment begriff ich: Wenn ihre Vorkriegsbriefe an Ernst angekommen waren, dann musste meine Mutter auch Briefe erhalten haben.

Zurück in London, zögerte ich. War genug Zeit vergangen? Sollte ich ihr die Briefe zeigen? Täte ihr das vielleicht sogar gut, indem es eine Katharsis auslöste? Wahllos griff ich einen der Briefe heraus. Aber, du meine Güte, welch ein Fehler! Allein beim Anblick der Handschriften von Max und Mally fiel sie völlig in sich zusammen. Also stopfte ich die Briefe in meinen Schrank, wo sie für die nächsten achtzehn Jahre blieben, bis Herr Knoll die Stolpersteine für meine Großeltern verlegen ließ und ich meinerseits darüber stolperte.

Die Todesfälle traten nun alle zweieinhalb Jahre ein. 1990 mein Vater und dann 1992, im Alter von siebenundsiebzig, meine Mutter. Ihr Tod war ein durch Krebs verursachter langsamer Verfall. Als sie noch die Kraft dazu hatte, erzählte sie von ihrer Kindheit in den sicheren Jahren vor Hitler. Ich schlug ihr vor, ihre Erinnerungen aufzunehmen, und sie sprach gern für mich auf Tonband. Wie ich es mir angewöhnt hatte, vermied ich die Nazizeit.

Alfred Rychwalski

Doch dann näherte sie sich den Jahren von selbst an. Zu meiner Überraschung und vielleicht nur, weil sie wusste, dass sie nicht mehr viel Zeit hatte. Sie beschrieb einen viel älteren Cousin, den sie gemocht hatte. »Alfred trug eine Augenklappe, weil er im Ersten Weltkrieg ein Auge verloren hatte, und wenn er mit mir spielte, versuchte ich immer wieder, sie ihm abzuziehen. Er schenkte mir eine Orange, und ich dachte, es wäre ein Ball, denn ich hatte noch nie zuvor eine Orange gesehen. Er heiratete ein Mädchen vom Land, und sie bekamen ein Kind nach dem anderen. Alle umgekommen.«

»Deine Familie ist wirklich dezimiert worden«, sagte ich.

»Ja … nun, ich habe herausgefunden, wie viele es waren.« Es folgte eine Liste mit Eltern, Onkeln, Tanten, Cousinen und Cousins. An einer Stelle stockte sie. »Tante Marie?«, warf ich ein. Sie schüttelte den Kopf. »Sie kommt später. Ich zähle erst die Onkel auf.« Da begriff ich, dass sie sich in strikter Reihenfolge an sie erinnerte. Erst die Cousins und Cousinen von Max' Seite, dann die von Mallys Seite, so arbeitete sie sich weiter vor. Insgesamt kamen wir auf zweiundzwanzig. »Und das sind nur die unmittelbaren Familienangehörigen«, erklärte sie. »Es gab auch viele Freunde, Menschen, die uns nahestanden. Ja, wirklich einige.«

Anschließend saßen wir zusammen und schwiegen auf neue Art und Weise. Dieses Schweigen, das Privileg, es mit ihr geteilt zu haben, habe ich nie vergessen. Zum ersten und zugleich letzten Mal hatte meine Mutter mir ihre ganz persönliche Litanei mit den Namen der Ermordeten offenbart. Zweiundzwanzig Angehörige aus dem engsten Familienkreis.

Als ich nach ihrem Tod das Haus ausräumte, fand ich nicht einmal eine Postkarte von Max und Mally. Das Einzige, was sie von dem Davor aufbewahrt hatte, war der Koffer, in dem sie ihre eigenen Sachen von Berlin nach London transportiert hatte.

Im Februar 1995 flog ich in die USA, um mich von Mutters Schwester Charlotte zu verabschieden. Pragmatisch und sachlich wie immer – obwohl sie an Krebs im Endstadium litt – begrüßte sie mich mit zwei Plastiktüten, die von Papieren überquollen. »Du bist die Archivarin der Familie«, sagte sie nur. »Für dich.« Ohne Erklärung. Ohne irgendetwas. Ich blätterte die Tagebücher aus Charlottes Jugend durch, Berge an Liebesbriefen, einige Briefe von meiner Mutter, einige undurchschaubare von Max und Mally, die verblassten Geburtsurkunden, die Heiratsurkunde und schließlich die Todesbescheinigungen, die das Rote Kreuz nach dem Krieg ausgestellt hatte. Einen Monat später war Charlotte selbst gestorben.

Dann geschah etwas Seltsames. Nachdem ich mich mein halbes Leben lang bemüht hatte, irgendetwas über meine Großeltern und die unbekannten Familienmitglieder herauszufinden, hatte ich plötzlich ein ganzes Sammelsurium an Material und schaffte es nicht, es mir anzusehen. Den Text der meisten Papiere verstand ich ohnehin nicht, und jetzt, da alle verstorben waren, die mich hätten anleiten können, wusste ich nicht weiter. Manchmal holte ich die Ordner hervor, doch jedes Mal fühlte es sich so an, als würde sich ein schweres Gewicht auf meine Schultern legen. So viele Verluste. Alle waren tot. Diejenigen, die ich gekannt hatte, und diejenigen, die ich nie hatte kennenlernen können. Sogar die lächerlichen Schulmädchenbotschaften von meiner Mutter an ihre Schwester halfen da nicht. *Wir haben grade[sic] Biologie und lernen von Tieren mit Saugefleischfuss. ... Was noch schlimmer ist, ich habe einen riesigen Pickel am Kinn – schau!* Dazu eine schreckliche Zeichnung. Ich hatte es immer geliebt, wenn diese heitere Mutter auch in meiner Welt aufgeploppt war. Dann war sie in den Garten gerannt, um für meinen Freund Michael Sahnebonbons an die Äste des *süßen Baums* zu hängen, zu dem er immer gelaufen war, wenn er zum Tee zu uns kam. Inzwischen schien ich nur noch unbeweglich auf die Papiere starren zu können, bevor ich sie wieder in den Schrank räumte, wo sie dann für die nächsten zehn Jahre blieben.

Jetzt allerdings gehört das Schicksal meiner Großeltern nicht mehr nur mir. Herr Knoll will wissen, was für Leute sie waren. Hatte ich genau das nicht immer selbst gewollt? Max und Mally verdienen es, dass sie zumindest als die Menschen bekannt sind, die sie gewesen sind.

Er hat nach Fotos gefragt. Fotos sind einfach. Ich habe mir ihre Fotos seit meiner Kindheit angeschaut. Ich wähle eines von Max und Mally an ihrem Hochzeitstag aus, ein anderes von der ganzen Familie am Meer.

Danach gehe ich zum Schrank, bleibe dann aber davor stehen. Letzte Nacht hatte ich nicht so gezögert. Sobald ihre Namen auf meinem Bildschirm aufgeflackert waren, war ich ohne Zögern zum Schrank gerannt und hatte ihre Totenscheine hervorgeholt, um die Daten zu vergleichen. Doch jetzt bei hellem Tageslicht spüre ich, wie sich mein Magen zusammenzieht bei dem Gedanken, wieder alles auszugraben. *Mach schnell!,* sage ich mir. *Das ist die einzige Möglichkeit.*

Ich reiße die Schranktür auf und leere alles aus. In den Papieren meines Onkels Ernst suche ich nach etwas, das ich lesen könnte. Die letzte, vom Roten Kreuz übermittelte Nachricht meiner Großeltern, in der sie sich verabschiedeten.

Vor Abreise recht innige Grüsse Küsse. Sind gesund, hoffen von Dir dasselbe, schrieb Max in deutlichen modernen Buchstaben, bevor sie abtransportiert wurden zu der *Stadt, die der Führer den Juden geschenkt hat*, wie Theresienstadt in dem Propagandafilm von 1944 genannt wurde. *Benachrichtige Schwestern. Marie vorher abgereist. Erhoffen später Wiedersehensmöglichkeit. Dir Verwandten Alles Gute Eltern.* Genau fünfundzwanzig Wörter, das Maximum für Nachrichten, die vom Roten Kreuz übermittelt wurden.

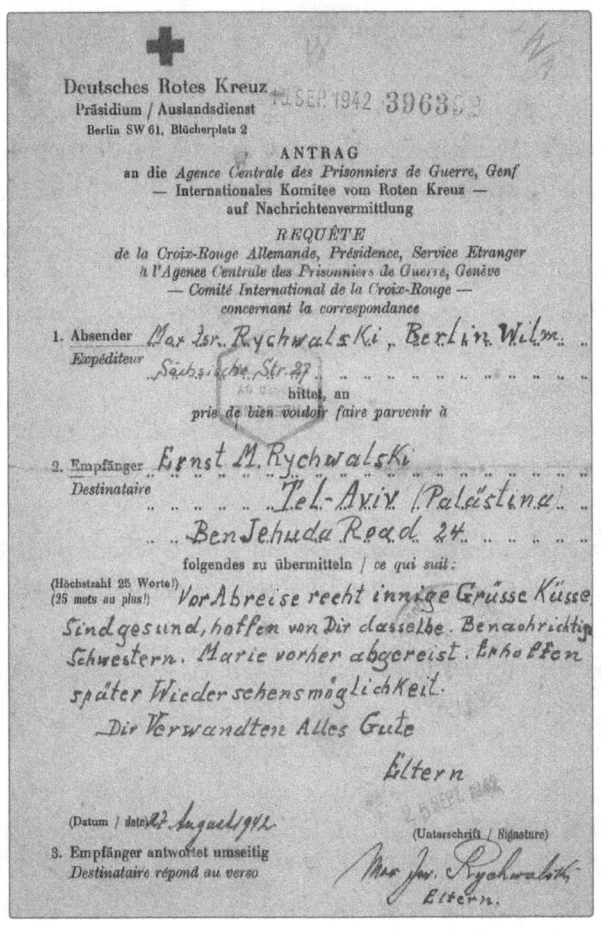

Sind gesund ... Marie vorher abgereist ... Als wollten sie sich mit Max'
Schwester für einen Urlaub treffen. Die Nazi-Führung hatte
ihnen mitgeteilt: Veteranen des Ersten Weltkriegs und wohl-
habende ältere Leute würden weiterhin ein normales Leben
führen, an die frische Luft gehen, Karten spielen, Musik hören
und tanzen können. Diese letzte Lüge wollten alle glauben. Also
packten sie ihre besten Kleidungsstücke und Schuhe ein, kauften sich wie befohlen Zugtickets und warteten, bis sie eingesam-
melt wurden.

Das ist eine Premiere für mich: Ich bin zum ersten Mal in die
hintersten Schrankecken abgetaucht, habe noch über dem kleins-
ten Stückchen Papier gebrütet, und es hat mich trotzdem nicht
überwältigt. Weil ich endlich jemanden habe, mit dem ich alles teilen kann. Ein unbekanntes Paar in Berlin fand es wichtig, sich mit
mir an meine Großeltern zu erinnern. Soll ich ihnen einfach Informationen schicken und es dabei belassen? Nein, das würde in
keinem Fall reichen. Jetzt, da ich endlich damit begonnen habe,
kann ich nicht auf halbem Weg stehen bleiben. Ich muss mich
selbst schicken.

Ich vereinbare ein Treffen mit Herrn Knoll und buche einen
Flug nach Berlin.

An einem hellen Januarmorgen ein paar Wochen später beobachte ich die Schatten der Wolken auf den schneebedeckten
Baumwipfeln weit unter mir. Dabei denke ich an die lichten Som-
mernächte meiner Kindheit, in denen ich – hellwach – auf die
rosafarbenen Blüten, die grünen Blätter und die Stängel der Rosen auf meiner Tapete starrte. Dann hörte ich, wie unser Nach-
bar den Rasen mähte, wie meine Mutter in der Küche mit Töpfen
hantierte und mein Vater im Duett mit Jussi Björling *The Pearl
Fishers* sang oder laut lachend Freunden Drinks ausschenkte.
Dort unten ging das Leben ohne mich weiter, also war dies meine

Gelegenheit, Max und Mally kennenzulernen. Und für sie war es die Gelegenheit, mich kennenzulernen.

Max stellte ich mir vor wie den Gott, von dem wir in der Schule lernten, der bei uns zu Hause aber keinen Platz hatte. Die Schwierigkeit war folgende: Wenn er allwissend und allmächtig war, konnte er vielleicht in meinen Kopf blicken und kannte meine Gedanken. Das beunruhigte mich, vor allem weil meine Mutter mir erzählt hatte, dass Max streng und ein Ordnungsfanatiker war. Er hätte bestimmt etwas auszusetzen. Hatte ich meinen Schlüpfer auf dem Boden liegen gelassen? Ich setzte mich auf und sah mich um. Nein, auf dem Boden lag nichts.

Egal, Ordnung hin oder her, er würde mich lieben, wenn er mich nur kennenlernen könnte, oder etwa nicht? Immerhin war ich sein einziges Enkelkind. Und Mally sah aus wie eine Großmutter zum Kuscheln, auf deren Schoß ich gut sitzen konnte.

Ich betrachtete die Tapete so lange durch halb geöffnete Augen, bis sie ins Beben geriet. Wenn ich die Augen bis auf den richtigen Spalt schloss und zwischen meinen Wimpern hindurchlugte, konnte ich mir vorstellen, wie sich die Rosenknospen öffneten und aus den Stielen Triebe sprossen, die sich dann bis zum Wohnzimmer hinunterwanden, um meine Großeltern aus ihrer Schuhschachtel heraus und zu mir hochzuholen.

Zuerst hörte ich ein entferntes Gemurmel auf Deutsch und das Husten meines Großvaters. Irgendeine Verzögerung hinter den Rosen. Schließlich wichen die Stiele auseinander, sie drängten sich in mein Zimmer und sahen sich um. Ich brachte Max dazu, mir seine großen Hände entgegenzustrecken und mich hochzunehmen, damit ich seinen Bart streicheln konnte. Ich stellte mir vor, wie ich mich in Mallys weiche Umarmung sinken ließ und wie ich ihr rundes Gesicht küsste. Beständig griff ich danach, doch meine Finger fanden immer nur leere Luft. Irgendwann lösten sich meine Großeltern dann traurigerweise wieder zwischen den Rosen auf und verschwanden in ihrer Schuhschachtel.

In ebendiesem Januar des Jahres 2006 schießt die Raumsonde *Stardust* eine Kapsel zur Erde zurück, die in Utah in der Wüste landet. Es ist das Ende einer siebenjährigen Mission, bei der Partikel eines Kometenschweifs gesammelt wurden. Die Analysen des Staubs sollten gängige wissenschaftliche Theorien über den Beginn unseres Sonnensystems verändern, darüber, dass Kometen sich in den eisigen Randbezirken bildeten. Denn es kamen Mineralien zum Vorschein, die nur im Zentrum des Sonnensystems durch die intensive Hitze der Sonne entstanden sein konnten. Ein heißes, wirbelndes Ganzes, so werden die Forscher daraus schließen, war plötzlich zerfallen und in den Weltraum hinausgeschleudert worden, wo es gefrorene kleinere Brocken gebildet hatte.

Doch als das Flugzeug auf dem Flughafen Tegel landet, weiß ich noch nichts von der Mission der *Stardust* und ihrem Satelliten, der wie ein riesiger Tennisschläger durch das All geflogen war, um Kometenstaub einzufangen. Ich weiß nur, dass sich meine eigene Welt verändert hat. Zum ersten Mal überhaupt streckte ich meine Hand ins eisige Nichts aus, und es stellte sich heraus, dass sie von einem warmen Griff umschlossen wurde.

TREFFEN MIT MEINEN GROSSELTERN

Mittags komme ich im Hotel an. Herrn Knoll werde ich morgen treffen, dann wird er mich mitnehmen zu den Wohnorten meiner Familie. Heute Nachmittag wird mir Frau Lenck von der *Koordinierungsstelle für Stolpersteine* die Gedenksteine meiner Großeltern zeigen.

Da noch drei Stunden bis zu ihrem Kommen bleiben und die Bleibtreustraße nur ein paar Straßen entfernt liegt, könnte ich die Steine leicht selbst finden. Doch meine alte Gewohnheit, alles allein zu erledigen, weil nichts anderes möglich ist, hat sich er übrigt. Also stelle ich meinen Koffer im Zimmer ab und bewege mich in die entgegengesetzte Richtung, um mir ein Mittagessen zu organisieren, das ich nicht kauen muss.

Eine Woche zuvor, kurz nachdem ich meinen Flug gebucht hatte, bin ich mitten in der Nacht von stechenden Zahnschmerzen aufgewacht. Drei Viertel meines Mundes verlangten meine Aufmerksamkeit. *Jetzt geht das schon wieder los,* dachte ich mir. Warum muss immer irgendein Teil meines Körpers protestieren, wenn ich mich um eine Gefühlssache kümmere? Dass es dieses Mal meine Zähne sind, hat eine gewisse Ironie, es passt aber.

Der Zahnmedizin verdanke ich schließlich meine Existenz. Denn die Zahnmedizin ermöglichte es meiner Mutter, den Nazis zu entkommen. Als die Nazis an die Macht kamen, war sie beinahe achtzehn und im letzten Schuljahr. Da ihr eine höhere Bildung verwehrt war, absolvierte sie einen Kurs für Sekretärinnen und fand eine Arbeitsstelle bei einem jüdischen Zahnarzt, der

1936 nach Willesden Green ausgewandert war. Er holte sie mit einem Dienstbotenvisum nach Großbritannien. Das war praktisch die einzige Einwanderungsmöglichkeit für alleinstehende Frauen. Und sie sollte tatsächlich kochen, putzen und auf seine Kinder aufpassen, bis sie irgendwann in seiner Praxis arbeiten durfte. In Willesden Green warf sie auch zum ersten Mal ein Auge auf meinen Vater ... oder eher auf seine Zähne.

Zum Glück war es mir gelungen, einen Notfalltermin zu ergattern. Doch der Zahnarzt hatte mit der Spritze sein Ziel verfehlt, sodass mein Ohr taub geworden war und ich Schmerzen von den Gesichtsnerven bis hinunter zu den Füßen ertragen musste. Hatte er mir etwa ins Gehirn gebohrt? Zum Glück hatten sich meine Zähne wieder beruhigt, bis ich in den Flieger eingestiegen war.

Auf dem Kurfürstendamm bietet ein Essensstand an einer Kreuzung Erbseneintopf mit Würstchen an. Genau das Richtige. Ich tauche unter der Plastikplane des überdachten Stands hindurch, um mir eine dampfende Schüssel Erbsensuppe mit Wurststückchen und ein Brötchen zu kaufen, das zum Glück weich ist.

»Genau so hat sie meine Mutter immer gemacht«, sage ich der älteren Blondine mit dem hellroten Lippenstift, die sie mir reicht.

»Dann lassen Sie es sich schmecken!« Sie spricht in dem breiten Berliner Dialekt, in den meine Mutter bei bestimmten Anlässen gelegentlich verfallen war. Seine schrillen Vokale und die böse zusammengezogenen Konsonanten eigneten sich perfekt dazu, mich aufzuziehen oder die Katze anzuschreien, wenn sie den Teppich vollgekotzt hatte.

Die Suppe schmeckt gut, und ich löffele sie langsam aus, da ich es nicht eilig habe, die warme Blase des Essensstands gegen die bittere Kälte einzutauschen. Ein Blick auf die Uhr verrät mir, dass ich immer noch viel Zeit habe. Als ich an die Theke zurück-kehre, um mir einen Kaffee zu holen, springt mir eine Pyramide aus Hügeln mit Schokoladenüberzug förmlich in die Augen. »Was ist das?«

»Kennen Sie das nicht? *Negerküsse*, janz lecker.«

Was bitte? Ein *Negerkuss*? Selbst wenn es ein zusammenge-setztes Wort ist, selbst wenn das schon immer die Bezeichnung dafür war, selbst wenn sie das Bild, das ich im Kopf habe, nicht kennt … Innerhalb von nur zwei Stunden nach meiner Landung hat mein Besuch in Berlin bereits etwas Rassistisches.

»Wollen Sie probieren? Hier. Der geht auf mich.« Sie legt eines der Schokoladengebilde auf einen Teller.

»Ähm … danke.« Ich suche nach einer Antwort, aber mir fällt nichts ein. Vor vielen Jahren habe ich Austauschprogramme für Schüler organisiert. Damals habe ich öfter deutsch gesprochen, doch jetzt fühlt es sich an, als hätte ich mir eine knittrige alte Ja-cke übergezogen, in deren Falten ein Wirrwarr aus Wörtern fest-hängt, das ich herausschütteln muss.

Ich bleibe im warmen Mief sitzen und beobachte die Pas-santen auf der anderen Seite der Plastikfolie, die eisige Schnee-klumpen gegen die durchsichtige Hülle schleudern. *Essen*, denke ich, während ich an dem Schokokuss knabbere, und stelle mir unseren Tisch zu Hause vor, der überhäuft war mit *fremdlän-dischem Zeug*, wie ein Freund meiner Eltern es immer nannte. Was ihn nicht davon abhielt, ordentlich reinzuhauen. Salami, west-fälischer Schinken und Leberwurst, die mein Vater von seinem wöchentlichen Ausflug zu Schmidts mitgebracht hatte, dem deutschen Feinkostgeschäft in der Charlotte Street. In unse-rem wahrhaftig nicht koscheren Zuhause servierte meine Mut-ter in der einen Woche eine jüdische Hühnersuppe mit Matze-knödeln, in der nächsten eine deftige deutsche Kartoffelsuppe mit Knackwurst. Dazwischen gab es an den Wochenenden den

guten englischen Bacon mit Eiern. Obwohl mein Vater geschäftlich nach Deutschland reiste, mieden wir als Familie dieses Land. Wenn wir für einen Sommerurlaub in der Schweiz
durch einen Teil davon fahren mussten, dann hielten wir kaum
an, um Luft zu schnappen, bis wir die Grenze erreicht hatten.
Eine Ausnahme gab es. Eine Wunderhöhle, ein deutsches Kü-
chengeschäft, in dem sich meine Mutter mit unverwüstlichen
Kasserollen eindeckte, mit einem furchterregenden Instrument
zum Herauspressen von Kirschkernen und mit einem blau geblümten Porzellanservice von Arzberg. Was Autos betraf, waren meine Eltern in jedem Fall Puristen. Mein Vater kaufte aus-
nahmslos britische Modelle – zwei Austins, einen Wolseley und
einen Triumph –, auch wenn er sich nichts sehnlicher gewünscht
hätte als einen BMW. Nur das Essen, so schien es, das vertraute
und tröstliche Essen, wurde nicht verdorben von dem Land,
aus dem es kam. Essen war die einzige akzeptable Möglichkeit,
um das Davor und das Danach miteinander zu verbinden. So
musste es eine wichtige Rolle gespielt haben bei der Entwicklung meines Selbst.

»Du bist Engländerin«, sagte mein Vater einmal zu mir. »Deine
Mutter und ich wurden eingebürgert, also können wir immer nur
Briten sein. Du aber bist auch Engländerin, weil du hier gebo-
ren wurdest. Du bist sowohl Engländerin als auch Britin.« Seiner
Meinung nach kam ich mit Wurzeln zur Welt, die so fest in der
Lehmerde unseres Hauses im nordwestlichen Teil von London
verankert waren wie die der Rosen. Doch stimmte das? Umge-
ben von den Gerüchen und dem Geschmack meiner Kindheit?
Da bin ich mir nicht mehr so sicher.

Ich verlasse das Essenszelt. Die eisige Luft schlägt mir ins
Gesicht und sticht mir in die Lunge. Vor dem Hintergrund, dass
ich meine Existenz nicht nur der Zahnmedizin, sondern auch
Hitler verdanke, ist die Vertrautheit des deutschen Essens und

der deutschen Sprache gleichermaßen verstörend als auch mit Nostalgie verbunden.

Während ich inmitten eines Pulks aus vermummten Berlinern darauf warte, die Straße überqueren zu können, sehe ich nach links und nach rechts. Weit und breit kein Auto, und das rote Ampelmännchen leuchtet schon eine ganze Ewigkeit. Trotzdem bewegt sich niemand, bevor es grün wird. Plötzlich gehe ich los, allein und trotzig, wie um meine britische Wesensart zurückzugewinnen.

Frau Lenck kommt pünktlich auf die Minute. Sie ist ernst und leicht außer Atem, weil sie das Eis von Max' und Mallys Stolpersteinen entfernt hat, um sie für unser erstes Treffen vorzubereiten. Ich bin froh, dass ich nicht schon einen Blick darauf geworfen und so den Moment verdorben habe.

Als wir die Bleibtreustraße entlanggehen, eine elegante Seitenstraße des Kurfürstendamms, ist es schon dunkel. Die gefrorenen Schneehügel auf dem Straßenpflaster glänzen. In den Schaufenstern der Boutiquen sind edle Kleidungsstücke ohne Preisschilder ausgestellt: ein über einen antiken Sessel drapierter Ledermantel mit Pelzsaum, ein rotes Chiffonkleid, das frei in der Luft schwebt.

Dieser riesige rötlich graue Wohnblock dort kann doch nicht die Nummer 32 sein! Mit meinen Eltern war ich schon einmal kurz hier, vor dreißig Jahren, als die Stadt noch geteilt war. Doch das Gebäude, das ich aus meinem Gedächtnis heraufholen kann, war viel kleiner und heruntergekommener. Auch erinnere ich mich nicht an Geschäfte auf beiden Seiten des Haupteingangs. Links befindet sich eine weitere Designerboutique, rechts eine Kunstgalerie. Darüber erheben sich vier Stockwerke, bei denen feine Muster in die Steineinfassungen der Fenster eingemeißelt wurden. Eine Steinplatte, auf der die Jahreszahl 1909 verewigt

ist, hängt über der Tür. Darunter schimmern die zwei Messing-
quadrate. Sie wirken winzig inmitten der weiten Fläche des dun-
kelgrauen Straßenpflasters.

Frau Lenck bleibt an der Seite stehen, um mich mit meinen
Großeltern allein zu lassen. Ich gehe zu ihnen und fühle ... Ich
weiß nicht, was ich fühle.

1975, als ich das letzte Mal hier war, war ich bereits erwachsen
und fuhr nur noch selten mit meinen Eltern weg. Doch diese
Reise war etwas Besonderes. Zwei Jahre zuvor war meine Mutter – bis obenhin vollgestopft mit Valium – zum ersten Mal seit
1936 nach Berlin zurückgekehrt, um den Verkauf dieses Wohn-
blocks abzuschließen. Kaum war der Vertrag unterzeichnet,
fühlte sie sich zu ihrer eigenen Überraschung wohl, und sowohl
sie als auch mein Vater wollten mit mir zurückkehren.

Wir gingen in den Zoo und in die Natur, schauten uns Kunst
an, politische Satire, besuchten Kabarettvorstellungen und sahen ein Brechtstück in Ostberlin. Das Einzige, von dem wir uns
fernhielten, war unsere eigene Familiengeschichte. Nur an einem
Tag, da sagte mein Vater: »Wir sind in der Nähe der Bleibtreustraße.« Ich glaube, wir blieben weiter unten auf der anderen
Seite und schlenderten dort noch einige unangenehme Minuten
lang herum. Vielleicht ist das Gebäude in meiner Erinnerung
kleiner, weil ich es aus einem anderen Blickwinkel gesehen habe.
Was ich damals empfunden habe, weiß ich ebenfalls nicht mehr.
Zumindest konnte ich kaum glauben, dass wir tatsächlich dort
waren, und sorgte mich, welche Wirkung das auf meine Mutter
haben würde. Und meine eigenen Gefühle? Die konnten sich nie
entwickeln, weil die einzige Person, die zu irgendwelchen Emp-
findungen berechtigt war und die mich hätte anleiten können,
keinerlei Regung zeigte.

Die Formulierungen auf den Stolpersteinen sind sorgsam
gewählt, um jede Beschönigung im Keim zu ersticken und die

Sprachverdrehungen der Nazis aufzudecken und geradezurücken. Statt *Schutzhaft* steht dort *Inhaftierung*, statt *umgesiedelt* heißt es *vertrieben*. Ich nähere mich den Stolpersteinen meiner Großeltern und beuge mich darüber. *Max ... Amalie ... ermordet ...* Das unverblümte *ermordet* lässt keinen Spielraum für Wortklaubereien und die Frage, ob es besser ist zu verhungern, als vergast oder erschossen zu werden.

Amalie. In der Familie *Mally* genannt. Meine Großmutter. *Geboren 1878. Deportiert 1942. Ermordet 13.11.1942.*

Ich atme tief ein. Von meinem Bauch steigt etwas in mir auf wie eine Welle, bleibt dann aber stecken.

Max. Geboren 1864. Wie kann ich einen Großvater haben, der vor fast hundertfünfzig Jahren geboren wurde? Das ist so lange her. Doch es stimmt, und hier ist er. War er. *Ermordet 31.01.1943.*

Keuchend atme ich weiter ein, beuge mich tiefer über die beiden Stolpersteine, doch die Welle will immer noch nicht brechen. Ich weiß allerdings, dass sie das kann. Einmal ist diese Welle schon gebrochen, in *Jad Vashem* in Jerusalem. Damals war ich noch Studentin und zum ersten Mal zu Besuch bei meinem Onkel Ernst in Israel. Die Schlichtheit der Gedenkstätte – eine Platte für jedes Konzentrationslager – hat mich so stark berührt wie nichts anderes zuvor. Als ich neben der Platte für Theresienstadt stand, flossen mir völlig überraschend die Tränen in Strömen die Wangen hinunter. Dann packte mich ein heftiges Schluchzen. Ich war entsetzt. Das ergab keinen Sinn. Wie konnte ich so laut um Großeltern weinen, die ich nie gekannt hatte? *Reiß dich zusammen,* sagte ich mir, doch das brachte nichts. Die Mauer zwischen dem Dazwischen und dem Danach war plötzlich eingerissen worden. Nur lag das ein halbes Menschenalter zurück.

Ich stelle mir vor, wie Max und Mally nach Hause gehen und genau an dieser Stelle stehen bleiben, um ihre Schlüssel hervorzuholen. Während ich so auf die Messingtafeln starre, wünsche ich mir, ich würde mich stärker mit meinen Großeltern verbunden fühlen. Doch das ist nicht so, nicht wirklich. Dabei … ist das hier so anders als damals mit meinen Eltern, als wir einen Blick von der anderen Straßenseite herüber riskiert hatten. Jetzt habe ich ein Recht, hier zu sein. Schließlich stehen ihre Namen jetzt auf den Stolpersteinen, sodass alle sie lesen können. Schließlich bin ich ihre einzige noch lebende Verwandte. Schließlich hat ihr Leben – und ihr Tod – mich stark beeinflusst.

»Hallo«, sage ich schließlich. »Ich bin's.«

Frau Lenck kommt zu mir. Einen Moment lang bleiben wir schweigend stehen, dann gehen wir zur Tür und blicken durch die Glasscheibe in den Eingangsbereich des letzten Wohnhauses von Max, Mally und meiner Mutter. Am Ende eines Flurs mit Marmorboden führt eine Tür auf einen Hof hinaus. Der Block ist weit größer, als er von der Straße aus wirkt, und er scheint vier Flügel zu haben, ein Vorder- und ein Rückgebäude sowie zwei Seitenflügel. Die vielen in mehreren Reihen angeordneten runden Bronzeklingeln lassen darauf schließen, dass es in dem Gebäude etwa vierzig Wohnungen gibt. Herauszufinden, welche die meiner Großeltern war, scheint kaum möglich.

Hier gibt es für uns nichts mehr zu tun. Dennoch zögern wir beide zu gehen, als könne dies die fragile Verbindung zu meinen Großeltern unterbrechen.

In einem nahen Café unterhalten wir uns im Warmen über die Verfremdung der Sprache, darüber, wie das Wort *Zigeuner* inakzeptabel wurde, nachdem die Nazis es umgedeutet und mit *Untermenschen* in Verbindung gebracht hatten. Ich erzähle vom *Negerkuss* aus Schokolade.

»Eine Frau aus der Generation dürfte das nicht bemerkt haben. Es ist natürlich nicht in Ordnung, auch wenn es nicht böse gemeint ist.«

Frau Lenck erzählt mir, dass sie erst seit Kurzem für das Stolpersteine-Projekt arbeitet. Schweigend schiebt sie ein Päckchen über den Tisch zu mir herüber. Ich öffne die Verpackung und entdecke eine Gedichtsammlung von Mascha Kaléko, einer jüdischen Schriftstellerin, die fliehen musste und Schwierigkeiten hatte, sich an das Leben im Exil zu gewöhnen. Ein Lesezeichen markiert die Seite mit dem Gedicht *Bleibtreu heißt die Straße*. Es ist inspiriert von ihrer Rückkehr nach Berlin, vierzig Jahre nachdem sie aus ihrem Zuhause in ebendieser Straße fliehen musste. Als sie vor dem Haus steht, hört sie das Rattern der S-Bahn und erinnert sich an die Nazis in der Bar nebenan, die das Horst-Wessel-Lied grölten.

In dem Gedicht heißt es:

Was blieb davon?
Die rosa Petunien auf dem Balkon.
Der kleine Schreibwarenladen.
Und eine alte Wunde, unvernarbt.

Ich will mir vorstellen, wie es wäre, eine Angestellte des Öffentlichen Dienstes im Vereinigten Königreich unter ähnlichen Umständen zu treffen. Doch diese Umstände kann es nicht geben. Als sie mir ihre Begleitung anbot, kam mir das wie eine nette Geste des Stolpersteine-Büros vor. Dies hier ist allerdings etwas anderes, etwas Persönliches, das Geschenk einer Angehörigen meiner Generation, das über den Graben herübergereicht wird. Über den Graben, der gefüllt ist mit den Geistern meiner Familienmitglieder und ihres ganzen Landes.

Auf dem Rückweg trödele ich vor der Nummer 32 herum. Die

Straße ist voller Menschen, die von der Arbeit nach Hause wollen. Ich blicke an der Fassade des Hauses hoch und frage mich, aus welchen Fenstern meine Großeltern herabgesehen haben und wer jetzt dort wohnt.

Eine alte Wunde, unvernarbt. Ich nehme ein Taschentuch und wische damit Max' und Mallys Stolpersteine ab. Dann bleibe ich inmitten des regen Treibens stehen, ihre Namen eingeschlossen zwischen meinen Füßen.

Entferntere Verwandte hatte ich nur wenige, und die, mit denen ich aufwuchs, gehörten fast alle zur Familie meines Vaters. Er war in Nürnberg aufgewachsen, im Epizentrum der Naziaufmärsche, bei denen dort ansässige Juden verfolgt wurden. Während seines Jurastudiums in den 1920er Jahren hatte er boxen gelernt, sodass er sich gegen die Braunhemden zur Wehr setzen konnte. Auch wenn ich, so fügte er hinzu, gewöhnlich davonrannte, denn sie machten in Horden Jagd auf Juden. Nach seinem Abschluss arbeitete er für den Hopfenhandel seiner Familie, was nicht sehr hilfreich war für den Versuch, sich in Großbritannien – oder irgendwo sonst – eine Arbeitsstelle zu suchen und ein Visum zu beantragen. Sein Bruder Otto, ein Arzt, war schon 1933 nach Großbritannien gekommen, um sich weiterzuqualifizieren und dann als Allgemeinarzt in Willesden Green niederzulassen, gleich um die Ecke von Dr. Rosenkrantz' Zahnarztpraxis.

Als mein Vater in der sicheren Welt des Danach mit mir durch Hampstead Heath stapfte, beschrieb er mir, wie es war, auf der Suche nach Arbeit die Straßen von London zu durchstreifen, während die Zeit verstrich und das Dreimonatsvisum ablief, sodass er immer wieder nach Nürnberg zurückkehren musste. Ich stellte mir vor, ich wäre bei ihm gewesen, an diesem nebligen Morgen im September 1937, als er sich um sechs Uhr morgens seinen Weg durch einen Pulk von Pendlern gebahnt hatte, um zum letzten Mal in den Zug nach England zu steigen. Diesmal sollte er bleiben dürfen, was sehr gut war, denn aus lauter Verzweiflung hatte er versucht, Geld aus Deutschland herauszuschmuggeln, war aber verraten worden. Nur eine Stunde später, um sieben Uhr morgens, hämmerten bereits Polizisten an die Tür und wollten ihn verhaften.

Im Gegensatz zu den Fluchtgeschichten meines Vaters und seiner Eltern, die es in letzter Minute nach England geschafft hatten, wurde vertuscht, was mit der Familie meiner Mutter geschehen war. Also nahm ich an, da gäbe es irgendetwas Beschämendes, vielleicht sogar Schändliches. War es am Ende ganz allein Max und Mally zuzuschreiben, weil sie die Zeichen missachtet hatten, die für ihre Kinder doch so offensichtlich gewesen waren?

Ich wollte herausfinden, was mit ihnen geschehen war, ganz im Gegensatz zu meinen Eltern. Die bloße Erwähnung des Themas bereitete ihnen Unbehagen, und sie sprachen schnell über etwas anderes. Das Thema schien verpönt zu sein. Schließlich waren wir jetzt Briten. Da wurde die Form gewahrt.

Die Familienmitglieder meiner Mutter, die überlebt hatten, waren über die ganze Welt verteilt: in Israel, Belgien, der Schweiz, in Brasilien, Peru und in den USA. Als ich ein Kind war, schrieben sie uns regelmäßig. Die Umschläge ihrer Briefe waren mit Briefmarken übersät, auf denen exotische Blumen und Paradiesvögel zu sehen waren und die ich in mein Album steckte. Die Personen, die diese Marken aufgeklebt hatten, bekamen wir allerdings nur selten – wenn überhaupt – zu Gesicht.

Von den drei Kindern von Max und Mally – Ernst, Charlotte und Hilde – war meine Mutter Hilde die Jüngste. Ich liebte es, wenn sie in ein schickes Abendkleid schlüpfte, um mit meinem Vater in die Oper zu gehen. Ganz wie Cinderella beim Ball, nicht so wie sonst, wenn sie als Aschenputtel den Herd reinigte.

Meine Tante Charlotte hingegen war immer schick. Seit den späten 1940er Jahren bis zu ihrem Umzug nach New York mit ihrem dritten Mann Anfang der 1950er Jahre lebte sie in Paris. In dieser Zeit flatterte sie regelmäßig durch unsere Londoner Eingangstür, eingehüllt in eine Wolke von Guerlains *Mitsouko*, mit baumelnden Ohrringen, Fuchspelzkragen und einer Hutschachtel unter dem Arm. Ich folgte ihr überallhin und hielt sogar vor der Toilette Wache, falls sie plötzlich verschwinden sollte. Während sie auf der Toilette saß, lernte ich meine ersten Worte auf Französisch:

*J'fais pipi sur le gazon
pour emmerder les coccinelles,
J'fais pipi sur le gazon
pour emmerder ler papillons.*
(Ich mache Pipi im Gras,
um die Marienkäfer zu ärgern,
ich mache Pipi im Gras,
um die Schmetterlinge zu ärgern.)

Bis ich zwölf war, wusste ich über meinen Onkel Ernst lediglich, dass er in Israel lebte und uns jeden Winter eine Kiste voller Grapefruits aus Jaffa schickte. Dann kam er endlich zu Besuch. Anders als seine schlanken Schwestern, die sich ähnelten, sonst aber niemandem aus der Schuhschachtel glichen, sah Ernst aus wie Mally. Er hatte helle Haut, war ziemlich klein und rundlich. Ich hatte auf die gleiche Ausgelassenheit gehofft wie bei den Treffen der Schwestern, doch da sollte ich kein Glück haben. Er war leise und schlich nur auf Zehenspitzen durchs Haus. Dennoch knisterte die Luft vor Anspannung, was dazu führte, dass meine Mutter wegen Migräne im Bett lag und mein Vater Ernst zu langen Spaziergängen durch den Park von Hampstead Heath schleppte.

Charlotte

Ernst

Die Einzige aus der Familie meiner Mutter, die während meiner Kindheit nie fehlte, war *Tante Hede,* eine Cousine, die als Buchhalterin arbeitete und zur Untermiete in einem Zimmer wohnte. *Die arme Seele hatte ein schweres Leben.* Sie konnte wirklich wunderbar sticken. Mir diese Fähigkeit beizubringen misslang ihr allerdings geradezu grandios auf ganzer Linie, was sie durch ihre besonders liebevolle Zuneigung zu mir mehr als ausglich. Immerhin waren wir ihre nächsten Verwandten in Großbritannien. Obwohl viel älter als meine Mutter, war sie vom Wesen her ein Kind geblieben, und so stiegen Hede und ich immer auf das obere Deck des Busses, um die ganze Pracht der glitzernden Weihnachtsbeleuchtung an der Regent und der Oxford Street zu sehen. Unser jährlicher Märchenausflug zum *Golders Green Hippodrome* versorgte uns mit noch mehr strahlendem Glanz, wenn Arthur Askey als Pantomime-Dame mit strassbesetzter Brille auftrat.

Max hatte eine riesige Familie. Er war mit fünf Brüdern und zwei Schwestern in Tirschtiegel aufgewachsen, einem kleinen Marktflecken an der Obra in Ostpreußen, das nach 1945 polnisches Gebiet wurde.

Zu Mallys viel kleinerer Familie gehörten eine Schwester (die Mutter von Hede), die vor dem Krieg starb, sowie ein Bruder, Fritz, ein netter Mann mit getönten Brillengläsern und dem gleichen runden Gesicht wie Mally. Mit seiner wohlriechenden Frau Olga – die nach Aussage von meiner Mutter stets eine Spur Frische zurückließ, wenn sie durchs Haus schwebte – wohnte er in Hamburg.

Diese familiären Eindrücke verdanke ich meiner Mutter, festgehalten auf den Aufnahmen unserer Gespräche gegen Ende ihres Lebens. Wenn ich meine Niederschrift davon jetzt lese, verstört mich meine eigene Bemerkung, mit der ich damals ihre persönliche Aufzählung der Ermordeten ausgelöst hatte. »Deine Familie ist wirklich dezimiert worden«, hatte ich gesagt. *Deine* Familie. Nicht *unsere* Familie.

Ich halte mich noch keinen Tag in Berlin auf, vermute aber schon, dass dieser kurze Ausflug der Auftakt zu einer längeren Reise wird. Schon seit ich über Max' und Mallys Stolpersteine gestolpert bin, habe ich immer wieder das Gefühl gehabt, von einer warmen Meeresströmung erfasst zu werden. So erging es mir auch gerade mit Frau Lenck. Als würden die Menschen, denen ich begegne (und die ich noch treffen werde), mich anspornen, weil sie ganz instinktiv verstehen, womit ich zu kämpfen habe. Als wären auch diese Menschen mit dem Hunger nach Informationen aufgewachsen. Nach Informationen, die zurückgehalten, unterdrückt und versteckt wurden. Informationen, die erst jetzt – vor allem seit dem Fall der Mauer – nach und nach an die Oberfläche kommen.

Vielleicht gibt es weitere Gründe für meinen Besuch in Berlin als nur den Wunsch, die Stolpersteine meiner Großeltern zu sehen und mich mit dem Inhalt meines Schranks zu beschäftigen. Ich spüre größere Zusammenhänge. Auch wenn ich keine Ahnung habe, wie die aussehen. Ich weiß nur, dass es sich richtig anfühlt, hier zu sein. Genauso richtig, wie es sich angefühlt hatte, schweigend neben meiner sterbenden Mutter zu sitzen, nachdem sie vom ganzen Ausmaß ihrer Verluste erzählt hatte und ich zum ersten Mal gespürt hatte, dass diese Verluste vielleicht auch die meinen sind.

VERBINDUNGEN

Als ich am nächsten Morgen im Hotel auf Wolfgang Knoll warte, bemerke ich, dass die Rezeptionistin immer wieder zu mir herüberlinst. Sie ist jung, erstaunlich blass und kommt aus Osteuropa.

»Haben Sie schon das Holocaustdenkmal besucht?«, fragt sie irgendwann.

»Noch nicht. Das sehe ich mir später an.«

»Das hatte ich vermutet«, sagt sie zufrieden.

Mein Vater war in den 1960er Jahren sehr ähnlich vorgegangen, wenn wir Ferien im Ausland gemacht hatten, wenn wir zum Wandern und Schwimmen oder wegen der frischen Luft in den Dolomiten oder den Alpen gewesen waren. Sobald er gehört hatte, wie sich ein Paar seines Alters auf Deutsch unterhielt, hatte er ein lockeres Gespräch begonnen. »Eine wunderschöne Landschaft. Kennen Sie die Umgebung gut?« Damit hatte er versucht, etwas über diese Menschen herauszufinden. Mit ehemaligen Flüchtlingen hatte er sich auf Anhieb verstanden. Bei anderen hatte er überprüft, ob ihnen Nazigestank anhaftete. Doch was hätten sie ihm da noch antun können? Schließlich waren nicht alle für das Dritte Reich gewesen. Nie hatte er die Frau eines Schulfreunds vergessen, die ihm bei seinem Aufbruch nach England gewunken und damit ihre Verhaftung riskiert hatte. Doch da man nicht wissen konnte, was diese Menschen vielleicht getan hatten, machte man besser einen großen Bogen um sie, auch meiner Mutter zuliebe.

Die Rezeptionistin erzählt mir, dass ihre Familie wegen der nach Tschernobyl steigenden Kontamination, wegen des unkontrollierten Verkaufs von Gemüse auf lokalen Märkten und wegen des ständigen Anstiegs der Krebserkrankungen die Ukraine verlassen hatte. Und hier, so warnt sie mich, nehme der Antisemitismus wieder zu.

Trotzdem hat sie in Berlin Zuflucht gefunden.

Alles in dieser Stadt ist groß, die Gebäude, die Straßen, Wolfgang Knolls Auto, er selbst. In seiner riesigen, vor Energie berstenden Gestalt scheint eine noch größere Persönlichkeit gefangen zu sein. Er steht kurz vor seinem siebzigsten Geburtstag und erzählt mir stolz, dass Mally und er beide in Fürstenwalde an der Spree geboren wurden, rund fünfundvierzig Kilometer südöstlich von Berlin. Dort lebte er in seiner Kindheit allein mit seiner Mutter, während sein Vater an der Ostfront kämpfte und später in russische Kriegsgefangenschaft geriet. Anfang der 1950er Jahre schrieb er in der Schule voller Begeisterung einen Text über den *Speakers' Corner*, woraufhin ihn ein Mitschüler bei der ostdeutschen Polizei verpfiff. Die nahm ihn fest und verhörte ihn. Nach seiner Freilassung floh er nach Westberlin. Da war er sechzehn Jahre alt.

Zur ruhigen, von Bäumen gesäumten Emser Straße ist es nur eine kurze Fahrt. Wir parken vor der Zentrale der Freimaurer, einem wuchtigen grauen Gebäude, das die Bomben der Alliierten ebenfalls überstanden hat. Herr Knoll scheint mir ein untypischer Freimaurer zu sein. Zugegeben, ich weiß nichts darüber, vermute aber, dass die Organisation stark geprägt ist von Konformismus, Geheimhaltung und Ritualen. Herr Knoll hingegen ist offen, geradeheraus und impulsiv.

»Warum sind Sie Freimaurer geworden?«, frage ich.

»Ich habe geglaubt, jede Organisation, die von den Nazis

verboten wurde, müsse gut sein.« Er nimmt zwei Blätter aus seinem Aktenkoffer und reicht sie mir.

Seine Loge *Zum Spiegel der Wahrheit* war vor genau hundert Jahren gegründet worden. *Schau in den Spiegel, such die Wahrheit und werde ein besserer Mensch* scheint die Grundidee zu sein. Die Gründungsurkunde aus dem Januar 1906 trägt die Unterschriften aller Gründungsmitglieder, und Max gehörte dazu. Ich fahre seine Unterschrift mit dem Finger nach, die Anfangsbuchstaben *M* und *R* bestehen aus großzügigen, edel auslaufenden Schnörkeln.

»Wie haben Sie das alles herausgefunden? Dass mein Großvater Mitglied war? Dass er und die anderen umgebracht wurden?«

»Nach dem Fall der Mauer konnte man zumindest an die Dokumente der ehemaligen DDR herankommen, die nach Moskau gebracht worden waren. Ich habe herausgefunden, dass die Nazis elf jüdische Brüder und sieben ihrer Frauen umgebracht hatten. Dann habe ich einen Zeitungsartikel über das Projekt von Gunter Demnig gelesen und beschlossen, dass ich so an sie erinnern wollte.«

Wir sehen uns Schaukästen mit Porträts, Bannern, Gewändern und Insignien an – rätselhafte Dinge für mich. Herrn Knoll sind sie aber so vertraut, wie sie es auch meinem Großvater gewesen sein dürften. Unser Blickwinkel ist so unterschiedlich, wie er nur sein kann, trotzdem haben wir ein gemeinsames Ziel: Menschen aus dem Schatten heraus- und wieder in ihre Welt zu holen.

Jeder Stadtbezirk von Berlin hat eine eigene Verwaltung. Max, Mally und viele der anderen Ermordeten lebten in Charlottenburg-Wilmersdorf. Als dort niemand die Verantwortung für die Stolpersteine übernehmen wollte, rief Herr Knoll eine Projektgruppe ins Leben.

»Das Bezirksamt hat mir einen Vertrag geschickt. Es war die reinste Farce. Ich sollte unterschreiben, dass ich die Haftung übernehme, falls jemand stürzt und sich verletzt. Wir wollten erklären, dass man zwar *über* die Steine stolpert, aber nicht *wegen* ihnen. Sie befinden sich auf gleicher Höhe wie das Straßenpflaster, man fällt also wegen ihnen nicht hin. Doch das Amt hat das Stolpern weiterhin wörtlich genommen. Man hatte Angst, bei Unfällen verantwortlich gemacht und verklagt zu werden. In der Zwischenzeit kamen schon Angehörige aus den USA, aus Großbritannien und aus Südafrika, um Stolpersteine zu verlegen, die sie gestiftet hatten. Am Ende habe ich dem Rat Folgendes geschrieben: *Die Überlebenden und ihre Nachkommen wissen, dass ihre Verwandten durch die effiziente deutsche Bürokratie ums Leben gekommen sind. Jetzt verhindert diese deutsche Bürokratie, dass der Opfer gedacht wird.* Herr Knoll legt eine bedeutungsschwere Pause ein. »Ich wurde sofort angerufen und zu einem Termin eingeladen.«

»Da hätte ich gern Mäuschen gespielt, als sie Ihren Brief gelesen haben.«

Er grinst.

Als wir das Gebäude wieder verlassen, deutet Herr Knoll auf einen Stolperstein in der Nähe und erklärt mir, wie viel Recherchearbeit hinter jedem einzelnen steckt. »Man kann nicht einfach die letzte bekannte Adresse verwenden. Das ist wahrscheinlich der Ort, an dem das Opfer vor der Deportation zu wohnen gezwungen war. Es muss sich um das richtige Zuhause handeln, in dem die Menschen nach Belieben kommen und gehen konnten.«

»Wie reagieren die Leute, wenn sie einen Stein vor ihrem Haus entdecken?«

»Ganz unterschiedlich. Ich begleite ja oft Gunter Demnig. Einmal musste er das Straßenpflaster aufbohren, also bin ich ins Haus gegangen, um zu fragen, ob wir das Verlängerungskabel einstecken dürfen. ›Stolpersteine? Natürlich. Kommen Sie rein! Wollen Sie einen Tee oder Kaffee?‹ So ist es aber nicht immer. Es gab eine Frau in Kreuzberg, die aus dem Haus gekommen ist, während wir die Steine eingeweiht haben. ›Ist für die Juden nicht schon genug Geld ausgegeben worden? Und jetzt auch noch diese Steine? Unglaublich!‹ Ich habe zu ihr gesagt: ›Solange es noch Menschen wie Sie gibt, wird das immer nötig sein.‹« Herr Knoll seufzt und fügt dann abrupt hinzu: »Es sind nicht einmal nur die Nazis, die sich gegen Stolpersteine wehren. Die Münchner Jüdische Gemeinde weigert sich, Stolpersteine verlegen zu lassen, selbst wenn Überlebende es wünschen. Offenbar ist es *respektlos*, wenn daraufgetreten wird.« Verbittert reißt er die Autotür auf.

Beim Einsteigen lasse ich versehentlich meinen Stift unter den Sitz fallen. Ich taste danach und erwische einen Schlagstock. Herr Knoll wirft einen Blick darauf und zuckt mit den Achseln. »Manche werden zusammengeschlagen. Es gab Drohungen.«

Hat die blasse Rezeptionistin also recht? Nimmt der Antisemitismus wieder zu? Schweigend fahren wir davon.

»Scheiß-Nazis!«, ruft er mit Tränen in den Augen.

Wir rollen die extrem breite Straße des 17. Juni entlang, umrunden die Siegessäule am Großen Stern und fahren weiter nach Westen. Dann geht es am Tiergarten vorbei, einer größtenteils schneebedeckten Grünfläche, bevor wir Siegmunds Hof 22 erreichen, den Geburtsort meiner Mutter, und feststellen, dass er nicht mehr existiert. Das letzte Haus der Straße hat die Nummer 20. Drei Bäume und geparkte Autos nehmen den Platz ein, an dem die Nummer 22 gestanden hatte.

Max und Mally hatten gedacht, ihre Familie sei vollständig, bis 1915 meine Mutter kam, während der Erste Weltkrieg in vollem Gang war. »Der Bahnhof lag gegenüber vom Balkon. Man konnte die Züge sehen«, erinnerte sich meine Mutter bei unseren Gesprächen an ihr erstes Zuhause. Und wirklich, auf der anderen Straßenseite, gegenüber der Bäume, verläuft die erhöhte S-Bahn. Auf der Brücke hängt auch das Schild *Tiergarten*. »Während des Ersten Weltkriegs war ich noch ein Baby, aber sie haben mir erzählt, dass die Züge in der Nacht nicht gefahren sind, um Strom zu sparen, und dass sie nicht schlafen konnten, weil es zu leise war.«

Ich stelle mir den Balkon zwischen den obersten Zweigen vor. Das Dienstmädchen hatte Charlotte erzählt, sie solle zwei Zuckerwürfel auf den Balkon legen, damit Mally Zwillinge bekäme. Doch einige Tage später hatte sie Hunger gehabt und beschlossen, ein Baby sei genug. Also hatte sie sich einen Würfel genommen – der bis dahin längst vom Dreck aus den Schornsteinen der Umgebung bedeckt war – und ihn gegessen. »Deshalb habe ich keine Zwillingsschwester.«

Der neunjährige Ernst, der sich viel mehr für reale Soldaten interessierte als für seine Spielzeugsoldaten, sprang auf demselben Balkon herum und schrie »Hurra!«, wenn die Truppen des Kaisers mit ohrenbetäubendem Hufgeklapper und Stiefelgeknalle über das Kopfsteinpflaster polterten. Als Grafiker nahm Ernst zwanzig Jahre später seine Bildersammlung aus dem Ersten Weltkrieg mit ins Gelobte Land, wo ich sie nach seinem Tod fand: erschreckend gute Beispiele seiner Kunst. Wo Kitchener die Briten mit ausgestrecktem Zeigefinger ermahnt: *Your country needs you!*, stehen auf Ernsts Bildern heroische deutsche Soldaten vor einem Flammenmeer und verkünden: *Dein Vaterland ist in Gefahr! Melde Dich!* Und sie meldeten sich bereitwillig. Beide Kriegsparteien verloren eine ganze Generation, aber nur eine den Krieg. Auftritt der extremen Rechten … und wieder ist da ein ausgestreckter Zeigefinger. Wer ist schuld an der Erniedrigung der Deutschen, an der Inflation, der Arbeitslosigkeit? Der zweitausend Jahre alte Sündenbock, die Juden, wer sonst.

Meine Großeltern waren tief verwurzelt in der Sprache und Literatur von Goethe und Schiller. Sie waren stolz auf ihre deutsche Nationalität, identifizierten sich mit den Werten und der

Kultur. Zwanzig Jahre bevor Hitler alle ihre Wertgegenstände beschlagnahmte, tauschten sie Gold gegen eine Medaille aus Blech, um den Kaiser bei seinem letzten Gefecht zu unterstützen. *Gold gab ich zur Wehr, Eisen nahm ich zur Ehr*, stand darauf. Während ein Schwung junger Männer nach dem anderen von Ernsts Postern in die Schützengräben wanderte und während Max und Mally nachts keinen Schlaf fanden, weil keine Züge zu hören waren, schlief ihre kleine Tochter friedlich in der Wiege.

Auf der Brücke kommt ein Zug mit Getöse zum Stehen und holt mich in die Gegenwart zurück. Neben mir wartet geduldig Herr Knoll, genauso wie es Frau Lenck gestern getan hat, als ich mich über die Stolpersteine meiner Großeltern beugte.

Eisen zur Ehr

Als Nächstes fahren wir in den Bezirk, in dem Max mit seiner Schwester Marie – die auch seine Geschäftspartnerin war – eine Krawattenmanufaktur betrieb. Max hatte das Unternehmen zusammen mit Maries Mann gegründet, dessen Platz sie nach seinem plötzlichen Tod einnahm. Offenbar hatte die zehn Jahre jüngere Schwester dem Geschäft neuen Schwung verschafft und war zur treibenden Kraft geworden.

»Tante Marie führte die Werkstatt, während Max die Verkäufer anleitete«, erinnerte sich meine Mutter bei unseren aufgezeichneten Gesprächen. »Es kam vor, dass Mally Charlotte oder mich mitnahm, wenn sie Stoff brauchte. Tante Marie freute sich, wenn sie uns Nichten sah, sie selbst hatte nur Söhne. Sie färbte sich die Haare rot und schminkte sich. Zu jener Zeit war das bemerkenswert für eine nicht mehr ganz junge Frau …«

War das nicht ungewöhnlich, fragte ich mich, dass ein viktorianischer Patriarch wie Max zusammen mit einer Frau ein Geschäft betrieb? Auch wenn es sich um seine Schwester handelte? »Sie sind gut miteinander ausgekommen«, erklärte mir meine Mutter. »Außerdem war sie eine tüchtige Geschäftsfrau.« Schlussendlich zählte nur das für Max. Wenn eine Person Spürsinn hatte und damit erfolgreich war, konnte sie sich seinen Respekt verdienen.

Ich stelle mir meine energiegeladene Großtante vor, wie sie die Fabrik leitete, ihre drei Söhne und ihren Chauffeur Otto. Max nutzte die öffentlichen Verkehrsmittel. Eine Frau, die sich stark behauptete in einer Männerwelt.

Schon bevor wir die Neue Friedrichstraße erreichen, weiß ich, dass das Gebäude nicht mehr existiert. Nachdem es im Krieg zerbombt worden war, hatte man es unter einem anderen Namen wieder errichtet. Herr Knoll fährt langsamer, aber wir halten nicht an. Es ließe sich ohnehin nicht herausfinden, wo sich die Werkstatt und die Geschäftsräume einst befanden.

Marie

Unser drittes Ziel ist der Ort, an dem die rothaarige Marie lebte, im Bayerischen Viertel in Berlin-Schöneberg. Wieder ist es die Nummer 22, diesmal an der Heilbronner Straße. Ich hoffe, dass dieses Gebäude noch steht, denn es muss prachtvoll gewesen sein, mit weißen Marmorwänden und einem gläsernen Lift, von dem man sich langsam die fünf Stockwerke nach oben tragen lassen konnte. Falls man sich während der Fahrt hinsetzen wollte, konnte man sich auf einer roten Samtbank niederlassen und die Aussicht genießen.

Die Straßen hier sind ruhig. Auf den Grünflächen dazwischen haben die Kinderfrauen sicher einst große Kinderwagen geschoben. Doch wieder einmal haben wir kein Glück. Ein moderner Häuserkomplex ist an die Stelle der Gebäude aus der Zeit der Jahrhundertwende getreten. Vermutlich haben die Alliierten bei dieser Straße wieder ganze Arbeit geleistet, und nun lässt sich nur schwer sagen, wo Maries Haus einmal stand.

Herr Knoll zieht ein weiteres Blatt Papier hervor.

»Was ist das?«

»Eine Liste der Deportierten aus dem Haus Ihrer Großtante Marie. Es war ein *Judenhaus*.«

Vor ihrer Deportation wurden die Juden von den Nazis gezwungen, in ausgewiesene Häuser zu ziehen, damit sie leichter zu vernichten waren. Ein Brief von Charlotte, der mich bei einem meiner kurzen Ausflüge in den Schrank verwirrt hatte, ergab damit Sinn. *Mir wurde abwechselnd heiß und kalt, als ich gehört habe, dass Juden in spezielle Quartiere ziehen müssen,* schrieb sie im Sommer 1939 an Ernst. *Denn wenn sie sie in Ghettos gezwungen haben, können sie richtige Pogrome entfesseln und ihre Häuser niederbrennen, ohne einen einzigen reinblütigen Deutschen zu gefährden. … Jetzt verstehe ich wieder etwas nicht: Ich weiß, dass Tante Marie noch ihr Haus hat, und so wie sie gibt es mehrere jüdische Hausbesitzer.*

Nicht einmal Charlotte mit ihrem klaren Blick konnte voraussehen, welches Ausmaß die systematische Vernichtung haben würde. Auf ihrem Weg in den Tod machten zweiundsiebzig Juden Station in Maries Haus, und dazu gehörte am Ende auch seine bemerkenswerte rothaarige Besitzerin. Plötzlich stört es mich nicht mehr, dass es ins Jenseits gesprengt wurde.

Im Auto zeige ich Herrn Knoll Kopien einiger Briefe von meinen Großeltern. Ich hoffe, dass er sie schnell durchliest, doch er schüttelt den Kopf. »Diese alte Schrift habe ich nie gelernt. Aber Barbara kann sie lesen. Meine Frau. Geben Sie mir die Briefe mit.«

Er fährt mich zurück zu Max' und Mallys Stolpersteinen. Immerhin existiert noch eine Adresse der Familie. Auch wenn die anderen Häuser nicht mehr vorhanden sind, hat mir die Fahrt von einer Leerstelle zur anderen geholfen, einen Eindruck von ihrem Leben zu bekommen. Max und seine Schwester, die so vorausschauend waren, wenn es ums Geschäft ging, blieben absolut blind in Bezug auf die wachsende Bedrohung durch Hitler. Ihr Erfolg ermöglichte es ihnen, dieses Mietshaus zu erstehen, das sie irgendwann zu verkaufen gezwungen wurden. Die Schwanefeld'sche Sterbekasse schnappte es sich. Welch passender Name.

Wir fahren die Bleibtreustraße entlang und parken. Herr Knoll überreicht mir weitere Papiere, nach Jahren geordnete Listen der Bewohner des Gebäudes vor und während des Krieges. Ich stelle fest, dass Max und Marie bis 1939 als Besitzer eingetragen sind, dann übernahm die Sterbekasse.

Wir steigen aus. Samstagmittag, auf der Straße sind viele Menschen unterwegs, die einkaufen wollen. Die Messingplaketten meiner Großeltern glänzen im Sonnenlicht. Herr Knoll und ich stehen nebeneinander und blicken auf die Stolpersteine hinunter.

»Hätten Sie nur ein bisschen früher gesucht, wären Sie erfolglos geblieben«, sagt er. »Ich habe die Informationen erst am Abend vor Ihrem Anruf hochgeladen.«

»Genau da habe ich nachgesehen. Am Sonntag, dem vierten Dezember.«

Und das ist nicht der einzige Zufall.

»Ich wollte Ihnen dazu noch eine Frage stellen«, erklärt er und reicht mir ein Gedenkblatt für Holocaustopfer aus der Datenbank von *Jad Vashem* in Jerusalem. »Das habe ich im Internet gefunden. Kennen Sie diese Menschen?«

Auf dem Blatt stehen Details über die Deportation und die Ermordung von Maries ältestem Sohn Manfred. Seine Tochter Hannelore, die den Holocaust überlebt hat, hat das Formular von Hand ausgefüllt. *Greiffenhagen, Manfred. Geburtsdatum: 20. Juli 1896.* Die nächste Zeile ist überschrieben mit *Ungefähres Todesalter.* Manfred war 48.

Ungefähr. Keine Möglichkeit, Genaueres zu erfahren. Ausgelöscht im Nichts, genau wie es die Nazis wollten. *Ort des Todes: Dachau.* So viel wusste seine Tochter, wenn auch nicht die Art oder das Datum seines Todes. Sie hatte geschrieben: *Vergast oder gestorben?* Mit einem Fragezeichen. Ihre Handschrift ist rund und offen, fast eine Kinderschrift. *Deportiert aus Holland (Westerbork), niemals zurückgekehrt.*

»Hannelore ist Maries Enkelin«, erkläre ich. »Ich habe sie nie getroffen. Nach dem Krieg ist sie nach Texas gezogen. Als überlebende Erbin von Marie war sie auch Miteigentümerin dieses Mietshauses. Allerdings war ihre Seite der Familie nicht mit dem Verkauf einverstanden, sodass es später ein Zerwürfnis gab. Ich wusste nicht einmal, dass sie noch lebt.« Da fällt mir plötzlich das Datum des Gedenkblattes auf. »Meine Güte, Herr Knoll! Sehen Sie einmal nach, wann sie das ausgefüllt hat.«

Gemeinsam studieren wir ihre Unterschrift und das Datum: 3. Dezember 2005.

»Einen Tag früher als Sie und ich.«

Wie zwei Felsen stehen wir im Strom von Fußgängern und starren uns ungläubig an. Doch eigentlich stimmt das nicht ganz. Ich bin die Verblüffte. Herrn Knolls Augen zeigen ganz klar keinen Hauch von Überraschung. Vielleicht passiert ihm so etwas ständig.

»Können Sie mir einen Familienstammbaum schicken?«, fragt er schließlich. »Ich würde gern alle zuordnen können.« Er streckt mir die Hand hin. Als ich sie schüttele, verbeugt er sich. Vor mir hat sich noch nie jemand verbeugt, außer bei einer Tanzveranstaltung in meiner Jugend. Wirklich eine ungewöhnliche Mischung, denn er ist förmlich, direkt und unberechenbar. Wer sonst hat einen Schlagstock unter dem Autositz liegen?

»Herr Knoll ... Wolfgang ... können wir uns vielleicht duzen?« Er grinst, zerdrückt mich fast in einer gewaltigen Umarmung, steigt wieder in seinen Wagen und fährt davon.

Ich bleibe, um Fotos von dem Gebäude zu machen. Während ich den Passanten ausweiche und einen guten Blickwinkel zu erwischen versuche, entdecke ich einen jungen Mann, der die Tür aufsperrt und das Haus betritt. Ich eile ihm nach, bevor sich die Tür hinter ihm wieder schließt. »Bitte, könnte ich reinkommen? Sehen Sie diese beiden Stolpersteine? Das waren meine Großeltern.«

»Kommen Sie herein. Kommen Sie herein!«

Wenig später trinke ich Tee in der edlen Wohnung von Hans und Dieter. Es ist eine von den vorderen, mit einem Erkerfenster zur Straße. Kunstvolle Schnitzereien zieren die hohen und breiten Türen, deren Bronzegriffe matt schimmern. Sie bieten mir an, mit dem holzgetäfelten Lift nach oben zu fahren. »Es ist der Originallift. Sehen Sie die Jahreszahl? 1908. Ihre Großeltern dürften mit ihm hoch- und runtergefahren sein. Wollen Sie sich die Garage ansehen?«

Ich will alles sehen.

Die Garage erstreckt sich über das ganze Kellergeschoss. Sie ist leer, bis auf Mülltonnen, ein paar Autos und einen Fahrradständer. »Im Krieg wurde diese Garage als Luftschutzbunker genutzt.« Dieter deutet auf ein großes Betonstück in der Ziegelwand. »Es wurde ein Durchbruch zum Nachbarhaus gemacht, für den Fall, dass eine Bombe einschlägt. Das Loch wurde nach dem Krieg aufgefüllt.« Eine steile gepflasterte Rampe führt zur Straße hinauf. Mir läuft ein Schauder über den Rücken. Die ganze Örtlichkeit wirkt feindselig.

Die Tür öffnet sich rumpelnd, als ein Mann herunterkommt, der sein Fahrrad holen will. Dieter stellt mich ihm vor und erklärt ihm meinen Bezug zu den Stolpersteinen.

»Oh, ja. Gegenüber von mir hat bis vor ein paar Jahren noch eine alte Frau gewohnt, Frau Steinke. Sie war auch im Krieg schon hier gewesen.« Er befestigt eine ordentliche kleine Tasche an seinem Rad. »Sie hat für Goebbels gearbeitet. Hat sich um seine Kinder gekümmert. Als Hausmädchen oder so ...«

Goebbels? Hitlers Propagandaminister? Habe ich das richtig verstanden? Ich sehe Dieter an. Ihm steht genauso wie mir der Mund offen, also habe ich mich nicht verhört.

»Ihr Mann hat hier unten Autos gewartet. Und nicht nur Autos, wenn Sie verstehen, was ich meine.« Er macht eine Pause, um sicherzugehen, dass seine Botschaft angekommen ist. »Frau Steinke und Frau Goebbels hatten die gleichen Probleme mit ihren Ehemännern. Oh, sie hat mir alles darüber erzählt.« Damit fährt er davon.

In dieser Nacht kann ich nicht schlafen. Ich muss an Frau Steinke denken, ein Rädchen in der glatt laufenden Maschinerie der Nazis, die an Max und Mally vorbei zu ihrer Arbeit bei Joseph, Magda und ihren perfekten blonden Kindern mit den blauen Augen ging. Zu diesen Kindern, die später im Hitlerbunker von den eigenen Eltern vergiftet werden sollten.

Bei den Bombardierungen durch die britische Luftwaffe war es den Juden nicht erlaubt, in der abgetrennten Ecke der Garage Schutz zu suchen, also mussten sie mit dem Flur vorliebnehmen. *Das ist einigermaßen sicher, wenn eine Bombe das Dach trifft, denn die Wahrscheinlichkeit ist nicht groß, dass sie bis zum Erdgeschoss durchschlägt*, berichtete der amerikanische Journalist William L. Shirer im Oktober 1941 im *Life*-Magazin. *Die Erfahrung hat allerdings gezeigt, dass das der gefährlichste Aufenthaltsort im ganzen Gebäude ist, wenn eine Bombe draußen auf der Straße einschlägt. Hier, wo die Juden sich zusammenkauern, ist die Kraft der Explosion am stärksten zu spüren, und es schlagen die meisten Bombensplitter ein.*

Ich stelle mir Frau Steinke auf ihrem Heimweg vor. Sie ist spät dran. Es kostet viel Zeit, alle diese blonden Köpfe zu bürsten. Aber sie ist stolz darauf, dass sie die Haare der Kinder zum Glänzen bringt, damit sie dem Vater gefallen, wenn er nach seiner anstrengenden Arbeit, dem Einsatz für den Totalen Krieg, nach Hause kommt.

Die ohrenbetäubenden Erschütterungen der Bombeneinschläge übertönen das Geräusch der Sirenen, als sie die Eingangstür aufschließt. Der Flur ist voller Menschen, die auf den Hof und zu den Treppenstufen drängen, die zur Garage hinunterführen. Was haben diese Juden noch hier verloren? Höchste Zeit, dass das Gebäude von diesem Gesindel gesäubert wird. Sie stößt Max und Mally mit dem Ellbogen zur Seite, um sich selbst in Sicherheit zu bringen. Zumindest würde sie ihren Ehemann während eines Luftangriffs nicht mit irgendeiner Frau auf dem Rücksitz eines Wagens erwischen.

Oder sind die Steinkes erst eingezogen, nachdem meine Großeltern zum Auszug gezwungen wurden?

Ich schalte das Licht an und nehme Wolfgangs Liste der Bewohner zur Hand. Herr Steinke hat die Garage bereits 1939 gemietet, im gleichen Jahr, als die Sterbeversicherung das Gebäude *gekauft* hat. Max wird bis 1941 als Bewohner aufgeführt. Falls also Herr Steinke entschieden hat, wer sein Reich während der Luftangriffe betreten durfte, schätze ich die Chancen für meine Großeltern nicht besonders hoch ein.

Nach Kriegsende hat es zwanzig Jahre gedauert, bis die Sterbeversicherung das Mietshaus an die Erben zurückgegeben hat. Mieter kamen und gingen, nur Frau Steinke blieb. Sie lebte noch dort, als die Nachfahren von Max und Mally das Gebäude verkauften, und sie blieb auch noch zur Miete dort, als die neuen

Besitzer einzelne Wohnungen in Eigentumswohnungen umwandelten. Sie blieb. Und blieb.

Ich stelle mir vor, wie sich ihre blonden Haare immer mehr lichten und ihr Körper gebrechlicher wird. Als ihr Augenlicht nachlässt und sie nicht mehr viele Menschen zum Reden hat, schiebt sie sich den Stuhl ans Fenster und wartet darauf, dass der junge Mann aus der Wohnung gegenüber von der Arbeit kommt. Als er durch den Hof geht, winkt sie und lädt ihn auf einen Kaffee zu sich ein. Normalerweise redet sie nicht über diese längst vergangenen Zeiten, die ihr jetzt seltsamerweise so vorkommen, als wären sie erst gestern gewesen. Die meisten Leute würden es nicht verstehen. Doch er ist anders. Ihm erzählt sie gern von den Besuchen des Führers, bei denen er mit den Kindern der Goebbels gespielt hat. Das war ein gewöhnliches Familienleben. Politik hatte damit nichts zu tun. Vielleicht könnte sie ihm sogar die Briefe von der lieben Frau Goebbels zeigen.

An diesem Tag im Jahr 1975, als ich mit meinen Eltern unruhig auf der anderen Straßenseite stand, da könnte Frau Steinke durchaus an uns vorbeigegangen sein. Habe ich nicht danach gesucht, nach einer Verbindung zwischen dem Davor und dem Danach? Nach einer Brücke von Max und Mally zu mir?

Bestimmt nicht nach dieser.

AM KIPPPUNKT

Über zehntausend Stahlblechplatten liegen auf dem Boden verteilt wie fortgeworfen. Zehntausend Gesichter, deren Münder zu einem stummen Schrei geöffnet sind. »Sie können ruhig drübergehen«, sagt der Museumsführer.

»So etwas tue ich bestimmt nicht.«

Erst danach erfahre ich, dass es genau darum geht. Der Künstler Menashe Kadishman will, dass seine Installation *Gefallenes Laub* durch die Besucher zum Kreischen gebracht wird.

Ich bin im Jüdischen Museum und – sogar mit dem Museumsführer – vollkommen orientierungslos. Dafür sind die vielen Winkel und Leerstellen des Gebäudes von Daniel Libeskind allerdings nur zum Teil verantwortlich. Ich habe kein Problem mit Entfremdung, sondern mit dem Wiedererkennen. Ich habe plötzlich meinen Schrank betreten und fühle mich fürchterlich zu Hause. Eng beschriebene Briefe in dieser unleserlichen Sütterlin-Handschrift, steife Hochzeitsfotos, Bilder entspannter Familien am Strand und im Café, Reisepässe mit Hakenkreuz und einem aufgestempelten roten *J*, Rot-Kreuz-Nachrichten: *Ade, ade, ade, wir waren hier, wir haben existiert, vergesst uns nicht …*

Nach meiner Führung bleibe ich vor einem Schaukasten stehen, den ich nicht mehr wahrnehmen kann. Welches Stockwerk ist das hier? Es zieht mich zu dem *Gefallenen Laub* zurück, auf das die einzig richtige Reaktion Unsicherheit ist. Das muss ich entdecken. Wie sonst könnte ich mich vom Rand des Unbekannten vortasten und die Mitte erreichen? Doch die Mitte wovon? Von diesem Gefühl, zu Hause zu sein und doch so fürchterlich fremd.

Ein Mann im grauen Anzug kommt auf mich zu. »Sind Sie Touristin?«

»Nicht wirklich.«

»Das hatte ich vermutet.«

Ich schwatze irgendetwas davon, dass ich auf den Spuren meiner Großeltern unterwegs bin.

»Bei meinem letzten Besuch war das Museum noch leer«, sagt er. »Das war irgendwie noch eindrucksvoller.«

»Das hätte ich auch gern gesehen.«

»Ich möchte mich gern mit Ihnen unterhalten …«

Da geht es mir genauso. Ich würde sehr gern mit diesem gediegenen, gut gekleideten und bodenständigen Mann reden, mich mit ihm zusammensetzen und die Verbindungen zwischen dem Davor und dem Danach erkunden, zwischen seinen und meinen Erfahrungen. »Wir könnten einen Kaffee trinken«, schlage ich vor.

»Ich muss nur leider meinen Flug nach Frankfurt erwischen.«

Wieder einmal bin ich auf mich selbst gestellt, am Kipppunkt.

Auf einem Plakat wird für diesen Nachmittag eine Ein-Mann-Show im großen Saal des Museums angekündigt: ein südafrikanischer Komiker, dessen Mutter ebenfalls aus Berlin geflüchtet ist. Ich gelange zu dem Schluss, dass mir etwas Leichteres auf Englisch ganz guttäte, und kaufe mir eine Eintrittskarte. Dann suche ich mir ein Restaurant zum Mittagessen.

Welch trostlose Gegend! Fast nichts hat sonntags geöffnet. Alle Cafés sind verrammelt. Schließlich lasse ich mich in einem düsteren osteuropäischen Restaurant nieder. Auf dem Tisch steht eine Vase mit unglücklichen roten Nelken. Ich betrachte sie genauer: Sie sind gehäkelt. Wer zum Teufel häkelt Nelken?

Das hast du nicht ausprobiert, Tante Hede. Und zum Glück auch ich nicht.

Tante Hede bemühte sich wirklich sehr, mir das Nähen beizubringen, und ich bemühte mich fast ebenso sehr, sie zum Geschichtenerzählen zu bewegen. Wir hatten beide keinen Erfolg. Aber es gibt tatsächlich eine Geschichte, die sie mir erzählte. Und die habe ich nie vergessen.

Ich war sechs, als mir Tante Hede einen ersten flüchtigen Eindruck von dem Dazwischen vermittelte. Sie hatte bei uns übernachtet, und ich war am Morgen mit meinem Buch zu ihr ins Bett gekrochen. Sie empfing mich in ihrem Winceyette-Nachthemd und dem rosafarbenen Bettjäckchen, auf das sie mit perfekten, winzigen Stichen Satinbänder genäht hatte. Ein riesiger Unterschied zu Charlottes seidenen Unterkleidern und den Schildpattohrringen, die sie auch nachts trug, zumindest versicherte sie mir das. »Du willst bestimmt eine Geschichte hören, oder?« Tante Hedes Blick war zornig, und das Buch blieb geschlossen. »Dann erzähle ich dir von meinem Bruder.«

Bruder? Ich hatte nicht gewusst, dass sie einen Bruder hatte. Er hieß Walter und gehörte zu den Schattenleuten, die das Bevor bevölkerten, nicht aber das Danach. Während sie erzählte, kam sein Schatten immer näher. In den späten 1930er Jahren, als sich das Netz der Nazis zuzog, suchte er Zuflucht in Belgien. Zu der Zeit kochte und putzte Tante Hede bereits in feinen englischen Häusern und sparte so viel Geld wie möglich, um es ihm zu senden. Dann besetzten die Deutschen Belgien.

Ich sehe Walters Zimmer im Speicher eines hohen, schmalen Hauses mit braunem Linoleumboden. Er wartet auf den Postboten. Er braucht dringend Geld. Er hat nicht einmal genug für eine Briefmarke, die er auf seine Briefe an seine Schwester kleben könnte. Ich höre ein gewaltiges Donnern an der Eingangstür. Das kann nicht der Postbote sein. Gebrüll auf Deutsch.

Getrampel auf der Treppe nach oben. Walter steht an seinem Speicherfenster, ohne Ausweg. Unter ihm fällt das Dach steil ab, es glänzt im Regen. Die Stimmen und die Schritte kommen näher. Die Tür wird aufgestoßen. Männer in glänzenden schwarzen Stiefeln treten Tante Hedes Bruder Walter, der am Boden liegt. Ich sehe, wie er fortgeschleift wird. Ich sehe, wie er die Hand ausstreckt, um sich am Treppengeländer festzuhalten, wie er loslässt und verschwindet.

Als Tante Hede mit ihrer Geschichte fertig war, saß ich mucksmäuschenstill neben ihr. Ich wusste tief im Innern, dass ich das nicht hätte hören sollen und es niemals erwähnen durfte. Denn wenn ich es täte, würde mein Vater wütend auf sie werden. Vielleicht würde er sie anschreien. Schlimmstenfalls aber wäre das zerbrechliche Boot gekentert, in dem meine Mutter und ich jeden Tag segelten.

Es war unvorhersehbar. An manchen Tagen ging es meiner Mutter gut. Andere Tage begannen gut und änderten sich dann plötzlich. Ich verstand es immer besser, nach Anzeichen Ausschau zu halten. Das schien niemand sonst zu tun. Auch meine Freundin Philippa sicher nicht. Unsere Mütter hatten sich vor dem Krieg kennengelernt und waren beste Freundinnen. Also verbrachten Philippa und ich viel Zeit miteinander.

Einmal nahm uns meine Mutter mit zu *Madame Tussauds*. »Zeigt dem Herrn unsere Eintrittskarten«, bat sie uns und deutete auf einen Bediensteten mit Schirmmütze und einer goldbesetzten weinroten Uniform. Als er sich nicht rührte, sahen wir ihn uns genauer an, dann entdeckten wir meine Mutter, die amüsiert lächelnd hinter einer Säule hervorlugte.

Ich verstand nicht, was das Besondere an Wachspuppen sein sollte. Man sah sie sich an, und das war es dann. Sie taten nichts. Trotzdem erinnere ich mich an diesen Tag, sogar sehr gut. Es ging um die Kammer des Schreckens. Wir hatten schon fast alles gesehen, und meine Mutter wollte aufbrechen. »Aber wir waren noch gar nicht in der Kammer des Schreckens«, wandte Philippa ein.

Bei der Vorstellung verspürte ich zugleich Angst und Begeisterung. Gab es dort abgetrennte Köpfe? Blutlachen?

»Dürfen wir jetzt dorthin gehen?«, fragte sie.

Wir waren gerade auf der Treppe. Da fiel mir auf, dass etwas nicht stimmte. Meine Mutter war stehen geblieben.

»Tante Hilde?«, fragte Philippa.

Sie war auf halbem Weg nach oben erstarrt. Besucher gingen an uns vorbei.

»Bitte?«

Halt den Mund, Philippa!

»Dürfen wir?«

Halt den Mund, halt den Mund, halt den Mund! Verzweifelt versuchte ich, den Bann zu durchbrechen, damit es meiner Mutter wieder gut ging.

Dieser Moment bei *Madame Tussauds* kam mir wieder in den Sinn, als ich begriff, wie mir das tatsächliche Schicksal von Max und Mally allmählich bewusst geworden war. Ich nehme an, es war damals schlicht die Vorstellung von Schrecken, mit der meine Mutter nicht umgehen konnte.

Wer weiß, welche Schrecken sie sich selbst ausgemalt hatte, nur um sie dann wieder zu verdrängen.

Ich wollte wissen, ob sich Philippa ebenfalls an diesen Augenblick erinnerte, und schrieb ihr eine E-Mail, um sie zu fragen, auch wenn ich nicht allzu viel Hoffnung hatte. Zu meiner Überraschung antwortete sie. *Ich erinnere mich an* Madame Tussauds, *nicht an die Kammer des Schreckens, aber an einen Treppenabsatz.*

Sofort kam mir eine Biegung der breiten, mit rotem Teppich bedeckten Treppe in den Sinn. Ich schrieb ihr noch einmal: *Erzähl mir mehr!*

Wir mussten ganz plötzlich hinuntersteigen und aufbrechen, antwortete sie. *Ich erinnere mich an einen Teppich.*

Wie ungewöhnlich. Von dem Teppich hatte ich gar nichts erwähnt. Zwei kleine Mädchen starren auf dem Treppenabsatz bei *Madame Tussauds* auf ihre Füße hinunter, während meine Mutter versucht, ihre Panik zu unterdrücken. Ein Bild, das wir beide fünfzig Jahre lang bewahrt haben.

Ich zwinge mich in die Gegenwart zurück, in das Restaurant, zu der Vase mit den gehäkelten Nelken. Sie besteht aus weißem Porzellan. Rosenthal. Sehr vertraut. Meine Mutter hatte die gleiche, und jetzt habe ich sie in Gebrauch.

Was geschieht hier? Ich spüre, wie sich das Britische an mir auflöst. Wenn ich wieder zu Hause bin, sollte ich diese Vase einem Secondhand-Laden spenden. Doch dann denke ich: *Nein.* Eine Vase loszuwerden vertreibt die Schatten nicht. Es ist besser, wenn ich mich ihnen stelle. Etwas anders zu machen, als es meine Eltern getan haben. Einmal haben wir beim Brombeerensuchen ein halb totes Kaninchen auf unserem Weg gefunden. Ein Wildhüter kam und hob es an den Ohren hoch, um es zu erlösen. Er wartete aber nicht ab, bis wir vorbeigegangen waren. Mein zornentbrannter Vater zwang mich, mich umzudrehen, obwohl er derjenige war, der den Anblick nicht ertrug. Ich fand es schlimmer, nicht hinzusehen. Den ganzen Nachmittag, während ich Beeren pflückte und meine Finger sich vom Saft rot färbten, sah ich das zitternde Kaninchen vor mir auf dem Boden liegen und durchlebte immer von Neuem die lange Wartezeit, bis ihm mit einem Knacken das Genick brach.

Der Saal ist von einem Brummen erfüllt. Ein junges Paar setzt sich neben mich und beginnt zu schwatzen. Das Mädchen ist entspannt und freundlich, ihr Freund wirkt angestrengt. Er erzählt mir, dass sein Großvater ein Antisemit war. Trotzdem hatte er veranlasst, dass seine Tochter jüdischen Nachbarn Lebensmittel vor die Tür stellte, als die nicht mehr einkaufen durften. Ein Kind würde weniger Verdacht erregen, wenn jemand einen bei der Gestapo verraten wollte. Die Familie hatte in der Nähe des Konzentrationslagers Sachsenhausen gelebt und die Züge gehört. Sie wussten, was geschah, doch niemand sprach darüber. Eines Tages blieb das Essen der Nachbarn unberührt.

Er spricht davon, dass jemand *jüdisch aussieht*. Was meint er damit? Eine Hakennase? Die Stereotypen aus dem *Stürmer*? Der Mann ist etwas über dreißig. Hat er in seiner Jugend überhaupt jüdische Menschen kennengelernt?

»Sie hatten gehört, sie wussten ...« Ihn beschäftigt, was die Generationen vor ihm gesehen oder nicht gesehen hatten, was sie ihm erzählten und was sie ihm nicht erzählten.

Nichts sehen, nichts hören, nichts sagen. Wir könnten einen vierten weisen Affen gebrauchen, der sich nichts vorstellen kann. Er hatte sich die Szenen ausgemalt, die sein Großvater und seine Mutter nicht hatten sehen oder hören wollen und über die sie nicht gesprochen hatten. Doch dann sitzt er neben mir. Und wir unterhalten uns. Plötzlich verkörpere ich all das für ihn: die geschlossenen Fenster, das Geräusch der Züge, die verschwundenen Nachbarn.

Ich fühle mich immer sonderbarer. Zuerst habe ich meinen Schrank betreten, durch die Schaukästen des Museums, und nun werde ich in den Kopf dieses Mannes gezogen. Oder dringt er in meinen Geist vor? Er sitzt zu dicht neben mir mit seinen glänzenden Brillengläsern und fordert von mir, dass ich sein jüdisches Vakuum fülle. »Sie haben die Züge gehört und gesehen, sie haben es gewusst ...«

Die Besucher werden aufgefordert, still zu sein. Dann klatscht jemand in die Hände. Der Stand-up-Comedian betritt die Bühne. Er verbeugt sich und beginnt zu reden, aber ich verstehe kein einziges Wort. Ich höre lediglich ein lautes Rauschen im Kopf. Ich bin nicht mehr Engländerin und Britin mit eindeutiger Nationalität, habe nun Verbindung zu dem Davor. Für den Mann neben mir habe ich mich verwandelt. Jetzt stehe ich für die Verschwundenen und für alles, was mit ihnen zu tun hat, der Stoff, aus dem seine Albträume sind.

Die Vorführung hat gerade erst begonnen, da dreht sich mir der Magen um, und ich hechte hinaus in die Kälte. Die ganze Welt scheint den Atem anzuhalten. Zitternd stehe ich an der Haltestelle und wünsche mir den Bus herbei. Später sitze ich im Bus, presse die Nase ans Fenster und starre auf einen Mond, der sich wie ausgeschnitten vom schwarzen Himmel abhebt. Ich wende den Blick nicht davon ab. Das darf ich nicht. Absolut nicht. Der Mond muss mich zusammenhalten, bis ich beim Hotel bin.

»Was haben Sie gegessen?« Am nächsten Morgen mustert mich die Rezeptionistin genau.

Das emotionale Unwohlsein ist zu einem körperlichen geworden, sodass ich den größten Teil der Nacht im Bad verbracht habe, wo der Tag wieder hochkam.

»Fisch? Fisch ist das Schlimmste.« Sie scheucht mich zurück ins Bett und erscheint fünf Minuten später mit einer Thermoskanne mit heißem Wasser sowie Pfefferminz- und Kamillenteebeuteln. Mein Flug geht erst am Abend, und das Zimmer ist nicht reserviert. Ich kann den ganzen Tag bleiben.

Die Thermoskanne wird ausgetauscht, und ich schlafe immer wieder ein, doch in dem Dunstschleier wandere ich irgendwann langsam zum Tisch. Frau Lenck ist am Telefon. Oder habe ich von ihr geträumt?

Ein lautes Klopfen weckt mich. Gerade habe ich so gut geschlafen, als hätten sich alle meine Gliedmaßen aufgelöst.

Eine ängstliche Frau Lenck steht auf der Türschwelle und umklammert ein Päckchen. »Fühlen Sie sich ein bisschen besser? Ich
habe mir überlegt, dass ich Sie besser zum Flughafen bringe.«

Pfefferminztee und Zwieback, das Allheilmittel meiner Mutter
gegen Kinderbauchweh. Ich traue mich nicht, einen Zwieback
zu essen, nicht vor dem Flug.

»Sie müssen aufstehen.«

Mein Koffer steht in der Zimmermitte. Vermutlich habe ich
ihn gepackt.

Frau Lenck stellt sich mit mir am Check-in-Schalter an. Ich
kämpfe noch mit meinem Koffer, als sie mich anstößt. »Er winkt
Sie heran.« Ich fingere weiter am Gepäck herum. Schauen Sie
sich das an: Ich muss nicht strammstehen, nur weil ein unifor-
mierter Mann es so will.

Kampfstiefel marschieren durch die Erinnerung meiner Mutter und hinterlassen ihr Echo in mir. Eine Geschichte, die sie
mir einmal erzählte. Wie sie von Berlin nach Paris reiste, um ihre
Schwester zu besuchen, im Gepäck Ölfarben in Tuben für Charlottes Liebhaber, den Künstler. Der Zug hielt an der Grenze, und
zwei deutsche Grenzpolizisten betraten das Abteil. Die franzö-
sischen Reisenden beachteten sie nicht, machten sich aber über
meine Mutter her. Sie durchwühlten ihre Unterwäsche und öffneten alle Päckchen. »Was ist da drin? Ölfarben. Tatsächlich?«
Langsam quetschten sie jede Tube aus und beobachteten, was das
mit dem jungen Mädchen machte, das sie in ihrer Gewalt hatten.

Ein unbedeutender Zwischenfall, der eine große Bedeutung
gewonnen hat, weil von ihm überhaupt erzählt wurde.

Ist das alles, was von meinem britischen Wesen übrig bleibt –
dass ich die Straße überquere, auch wenn das Ampelmännchen
rot ist, und dass ich mich weigere, harmlosen Anordnungen
Folge zu leisten?

Wieder zu Hause angekommen, schlafe ich, trinke Pfefferminztee, esse einen Zwieback und schlafe dann weiter. Erst als der letzte Tag im Januar, Max' Geburtstag, zu Ende geht, tauche ich wieder aus meinem Dämmerzustand auf. Irgendwo habe ich noch eine Packung Kerzen. Ich stelle eine davon in einem Glas auf die Fensterbank im Wohnzimmer.

»Das hat Mama nie für dich gemacht, Max. Und ich habe auch nie daran gedacht, weil es nicht meine Aufgabe war. Es ist ja ohnehin nicht so, als hätte ich dich gekannt. Kindliche Fantasien, mehr gab es nicht. Erst jetzt habe ich gesehen, wo du mit Mally gewohnt hast, und bin vor euren Stolpersteinen gestanden. Es denken Menschen an dich, nicht nur ich.«

Ich komme mir seltsam vor. Doch egal. Ich rede weiter.

»Was werden mir deine Briefe erzählen? Können sie mir doch noch helfen, dich wirklich kennenzulernen? Lass mich diese Kerze für dich und Mally anzünden.«

Ich sehe zu, wie die Flamme aufflackert und dann ruhig weiterbrennt.

»Das ist von Mama, die es nicht geschafft hat. Und von mir.«

Keine Bilder mehr, die aus der Tapete hervortreten. Keine Erwartungen und keine Hoffnung. Einfach nur ein Licht in der Nacht.

Teil 2

IHRE STIMMEN HÖREN

———

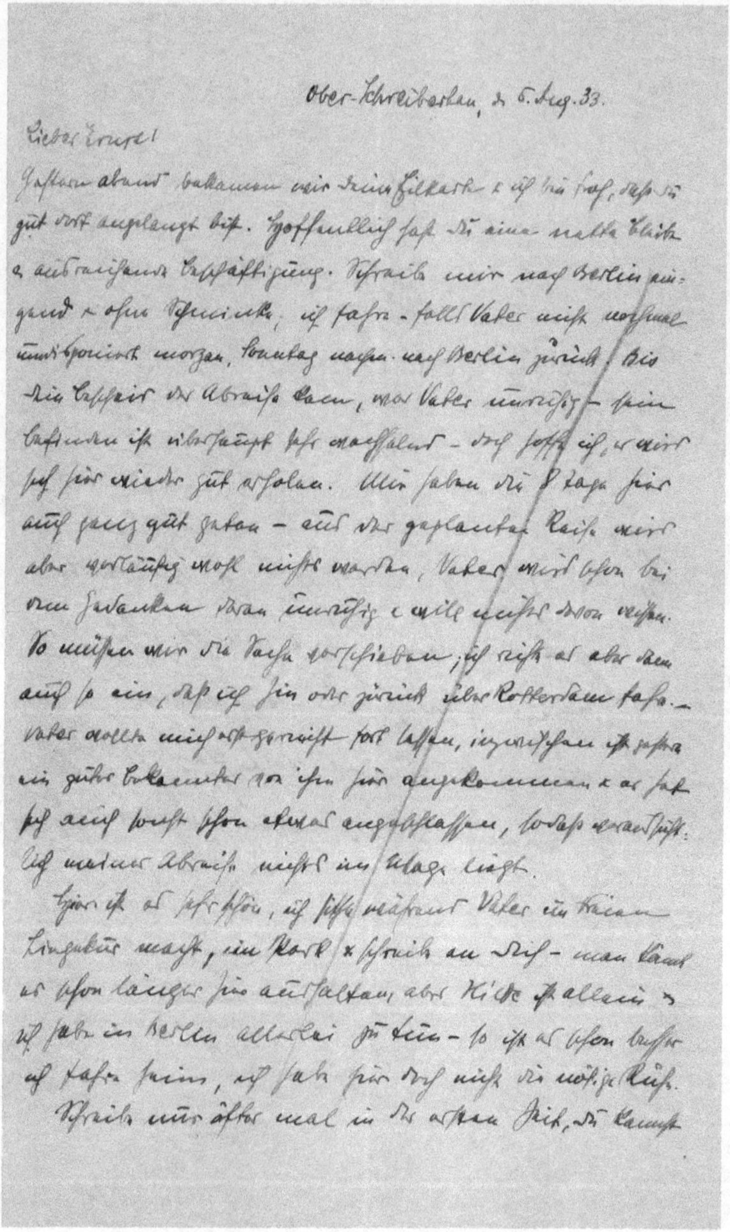

Ober-Schreiberhau, d. 5. Aug. 33.

Lieber Ernst!

Gestern abend bekamen wir Deine Eilkarte u. ich bin froh, dass Du gut dort angelangt bist. Hoffentlich hast Du eine nette Bleibe u. ausreichende Beschäftigung. Schreibe mir nach Berlin eingehend u. ohne Schminke, ich fahre – falls Vater nicht nochmal umdisponiert – morgen, Sonntag nachm. nach Berlin zurück. Bis die Sache der Abreise kam, war Vater unruhig – sein Befinden ist überhaupt sehr wechselnd – doch hoffe ich, er wird sich hier wieder gut erholen. Mir haben die 8 Tage hier auch ganz gut getan – aus der geplanten Reise wird aber vorläufig wohl nichts werden, Vater wird schon bei dem Gedanken daran unruhig u. will nichts davon wissen. So müssen wir die Sache verschieben; ich richte es aber dann auch so ein, dass ich hin oder zurück über Rotterdam fahre – Vater wollte mich erst gar nicht fort lassen, inzwischen ist gestern ein guter Bekannter von ihm hier angekommen u. er hat sich auch sonst schon etwas angeschlossen, sodass voraussichtlich meiner Abreise nichts im Wege liegt.

Hier ist es sehr schön, ich sitze während Vater eine kleine Liegekur macht, im Park u. schreibe an Dich – man könnte es schon länger hier aushalten, aber Hilde ist allein u. ich habe in Berlin allerlei zu tun – so ist es schon besser ich fahre heim, ich habe hier doch nicht die nötige Ruhe.

Schreibe nur öfter mal in der ersten Zeit, Du kannst

Mallys Brief an Ernst vom 5. August 1933

ERSTE BRIEFE

Zwei Wochen später erreicht mich der Umschlag mit Barbara Knolls Transkriptionen der Briefe meiner Großeltern. Ich trage ihn so lange umher, von Zimmer zu Zimmer, bis ich in der Küche ankomme. Dort fülle ich den Wasserkessel, bringe den Müll hinaus, setze Kaffee auf …

Werde ich enttäuscht sein, sobald meine Großeltern nichts Rätselhaftes mehr an sich haben? Sobald sich herausstellt, dass sie gewöhnliche Menschen waren, die ein gewöhnliches Leben führten, bis sie ermordet wurden? Einmal angenommen, ich mag sie gar nicht?

Ich nehme meinen Kaffee mit ins Wohnzimmer, setze mich in der Nähe der Terrassentür in einen blassen Fleck Sonnenlicht, schlitze den Umschlag auf und lese Mallys ersten Brief.

Ich begegne ihr im Garten eines Kurhotels, umgeben von riesigen Bäumen. Sie sitzt an einem Tisch im Schatten und hat Papier und Stift vorbereitet, um an Ernst zu schreiben. Es ist friedlich hier, doch sie ist unruhig.

Ober-Schreiberhau, den 5. August 1933 …

Wo liegt Ober-Schreiberhau? Ich schaue es nach. Ein schlesischer Kurort inmitten von Bergen, der einst berühmt für seine Glaskunst war. Ich vergewissere mich, was zu jener Zeit geschehen ist, als Mally ihren Brief begonnen hat, sowohl im Land als auch in der Familie.

Hitler war bereits seit sechs Monaten an der Macht. Am

ersten April hatte er seine erste antisemitische Aktion gestartet: den Boykott jüdischer Geschäfte und Firmen im ganzen Land. Braunhemden waren durch die Straßen gezogen und hatten Schaufenster und Namensschilder beschmiert. Sie waren vor den Geschäften gestanden und hatten Plakate hochgehalten: *DEUTSCHE! WEHRT EUCH! DIE JUDEN SIND UNSER UNGLÜCK!* und KAUFT NICHT BEI JUDEN. Einige Kunden hatten sich darüber hinweggesetzt und waren einfach durch den Mitarbeitereingang gegangen.

Der Boykott hatte zwar nur einen Tag gedauert, er hatte aber bereits angekündigt, was noch kommen sollte. Juden konnten nicht mehr auf den Schutz von Polizei und Justizsystem vertrauen. Als sich ein Münchner Anwalt über die Behandlung beschwerte, zwang ihn die Polizei, barfuß, mit geschorenem Kopf und mit einem Plakat um den Hals durch die Straßen zu laufen. Auf dem Plakat stand, dass er sich nie wieder beschweren wird. Eine Woche später wurde ein Gesetz erlassen, das es Juden verbot, juristische Berufe auszuüben oder für den Staat zu arbeiten.

Charlotte, meine Tante, packte sofort ihre Sachen und brach nach Paris auf. Mit fünfundzwanzig Jahren betrieb sie bereits einen eigenen Handel mit selbst gefertigtem Schmuck. Dadurch hatte sie sich viel Respekt bei ihren Eltern verdient. Allerdings waren die ganz anderer Meinung, was das Auswandern anging, und Charlottes bewegtes Liebesleben gefiel ihnen ganz und gar nicht.

Ein paar Monate später brach der achtundzwanzigjährige Ernst – Mallys Erstgeborener und ihr Liebling – in die Niederlande auf. Er war Zeichner und entwarf Werbematerialien. Als Zionist wollte er nach Palästina auswandern. Zunächst fand er aber in den Niederlanden Arbeit.

Max, Mally und meine Mutter blieben zusammen. Doch Max erkrankte durch die Belastungen so stark, dass ihn sein Arzt für einige Wochen zur Behandlung schickte und ihm absolute Ruhe verordnete.

Lieber Ernst!, schreibt Mally. *Gestern Abend bekamen wir Deine Eilkarte & ich bin froh, daß Du gut dort angelangt bist. Hoffentlich hast Du eine nette Bleibe & ausreichend Beschäftigung. Schreibe mir nach Berlin eingehend & ohne Schminke; ich fahre, falls Vater nicht noch mal umdisponiert morgen – Sonntag nachmittag – nach Berlin zurück.*

Ich stelle mir vor, wie sie Max betrachtet, der sich unter einer Kiefer neben ihr auf seine Liege gebettet hat und den kräftigen Harzgeruch einatmet, den die Sommerhitze freisetzt. Sie nimmt einige tiefe, belebende Atemzüge und schreibt dann weiter.

Bis Dein Bescheid der Abreise kam, war Vater unruhig – sein Befinden ist überhaupt sehr wechselnd – doch hoffe ich, er wird sich hier gut erholen. ...

Hier ist es sehr schön, ich sitze, während Vater im Freien Liegekur macht, im Park & schreibe an Dich – man könnte es schon länger hier aushalten, aber Hilde ist allein & ich habe in Berlin allerlei zu tun.

Oh ja, Hilde, meine Mutter. Achtzehn Jahre alt und gerade erst von der Schule abgegangen. Da ihr jetzt jede höhere Bildung verwehrt ist und Charlotte und Ernst fort sind, fühlt sie sich von allem abgeschnitten. Wenn sie nur alle aus Deutschland herauskämen, aber Max rastet schon bei dem Vorschlag aus. Tatsächlich ziehen Hilde und ihre Eltern um, allerdings nur in eine kleinere Wohnung in ihrem eigenen Wohnblock ein paar Straßen weiter.

Schreibe nur öfter mal in der ersten Zeit, schließt Mally ihren Brief. *Du kannst Dir ja sicher denken, daß wir auf Nachrichten warten. Wie hast Du es mit Wohnung & Arbeitsstätte getroffen? ... Schreibe, was Du noch brauchst oder vergessen hast, damit ich Dir die Sachen nachschicken kann.*

Es vergehen wieder zwei Wochen, bis sich Max gut genug fühlt, Ernst selbst zu schreiben.

Ober-Schreiberhau, 18.8.1933

Lieber Ernst,

jetzt habe ich schon 3 x Nachricht von Dir und konnte mich bisher immer noch nicht zu einem Schreiben an Dich aufraffen; ich hätte nicht geglaubt, daß ich so schwer wieder in Ordnung kommen würde; kompliziert wurde die Sache durch den infolge andauernder Aufregung entstandene diabetis; *Dr. Schmidt hatte ja in Berlin bereits Zucker festgestellt. …*

Ich freue mich, aus Deinen Mitteilungen zu ersehen, daß Du Dich dort gut einfühlst & Dir die dortige Art & Lebensweise gefällt. Das ist natürlich wesentlich … Es liegt ja leider nicht im Bereich der Möglichkeit, von hier aus irgendwelche Ratschläge zu erteilen …

Hier scheint Max zu zögern. Mit grafischer Kunst kennt er sich kaum aus. Die Poster, die Ernst entworfen hat, sind zwar hübsch. Aber kann er sich mit einer solchen Arbeit wirklich den Lebensunterhalt verdienen?

… doch ich zweifle nicht, fährt er vorsichtig fort, *an einem Gelingen; wenn auch zunächst nur in bescheidener Weise.*

Mutter hat jetzt viel am Hals: Die Verantwortung für Alles, da ich zu wenig Spannkraft für irgendwelche Dispositionen besitze; ich hoffe, sie hält durch, denn auch ihre Nerven haben gelitten. Wenn man eine Ahnung gehabt hätte, so hätte man Vieles anders machen können – das sind meine Hemmungen, über die ich so schwer hinwegkomme.

… Nun wünsche ich Dir alles Gute: in erster Linie Gesundheit & wirtschaftliche Erfolge, denn die Sorge um Deine und Lottes Zukunft lasten natürlich sehr auf den Eltern.

Sei herzlich gegrüßt

Vater

Mir fällt auf, dass er das schwierige Thema Zionismus nicht anschneidet. Die Bewegung missfällt ihm zutiefst, während Ernst aus vollem Herzen davon überzeugt ist. Als würden deutsche

Juden noch ein weiteres Heimatland brauchen. Schließlich haben Max und seine Generation – er ist stolzes Mitglied des Central-Vereins deutscher Staatsbürger jüdischen Glaubens – sich hier eine wirklich gute Heimat geschaffen. Also frage ich mich, was er anders hätte tun sollen, denn in diesen ersten Monaten des Naziregimes war er doch hauptsächlich damit beschäftigt, nicht aufzufallen. Bestimmt dachte er, der Nazi-Unsinn werde vorübergehen.

Im Herbst zieht Ernst nach Den Haag um. Max ist nun wieder im Büro und erteilt bereitwillig Ratschläge. Am 3. November 1933 schreibt er:

Die Invasion aus Deutschland in die Nachbarländer muß natürlich infolge Verdrängung von den Arbeitsplätzen zu Unzufriedenheit der betreffenden Landesbewohner führen. Dies ist das große Problem, welches von Tag zu Tag akuter wird. Meines Erachtens kann die Rückwirkung auf den Einzelnen nur dadurch vermieden oder vermindert werden, wenn er sich in dem fremden Lande äußerste Zurückhaltung auferlegt und überhaupt ein Hervortreten nach Möglichkeit vermeidet. Dazu gehört ebensoviel Takt wie Klugheit.

Sei bescheiden. Achte auf gutes Benehmen. Erwecke weder Neid noch Groll. Max' Haltung erinnert mich daran, was meine Eltern den *guten alten Antisemitismus* genannt hatten … wenn Juden von Golfklubs ausgeschlossen, aber nicht gleich ermordet wurden. Takt und Klugheit, zusammen mit Ehrlichkeit und Sparsamkeit, das waren die wichtigsten Maximen. Max begriff immer noch nicht – würde er es je verstehen? –, dass er bereits ein Fremder im eigenen Land war.

Ich lese die Briefe laut, um den Rhythmus ihrer Stimmen zu hören. Mally ist direkter als Max. Sie scheint ihre Gedanken unmittelbar aufzuschreiben, ohne auf die Zeichensetzung zu achten und unter Verwendung von Abkürzungen, um mit dem eigenen Gedankenfluss mitzuhalten. Seine komplizierten Sätze muss ich hingegen immer noch entwirren. Nebensätze mit Nebensätzen katapultieren die Verben meterweit vom Subjekt weg, an das ich mich klammere, bis ich zum Ende komme, außer Atem und kein bisschen klüger.

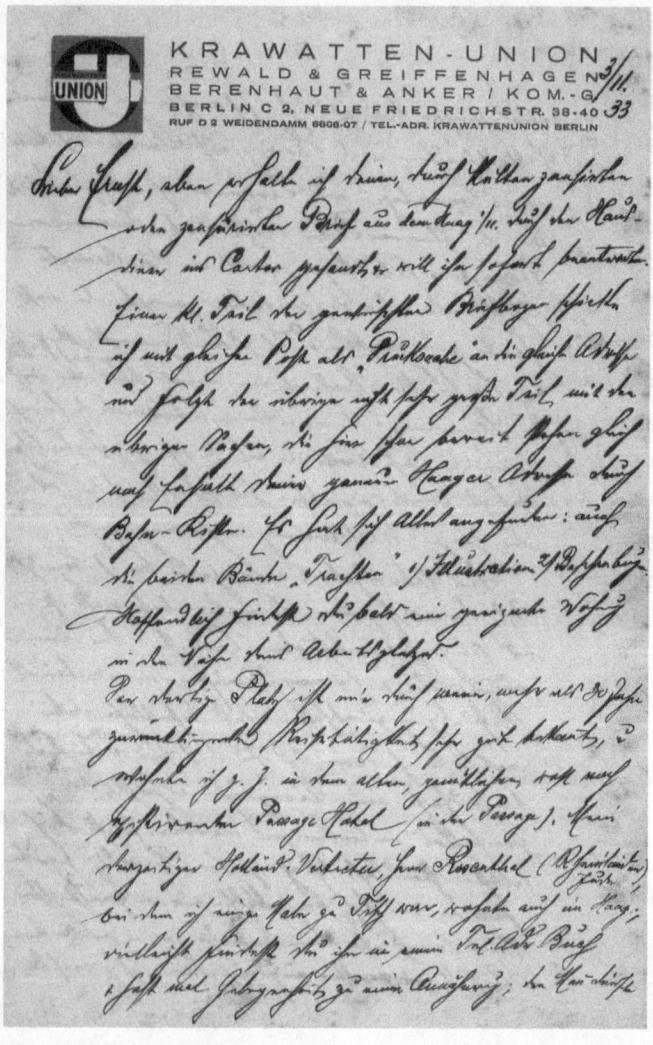

Max' Brief an Ernst vom 3. November 1933

Dein Arbeitsgebiet anlangend, bin ich überzeugt, daß Dein Aufgabenkomplex ebenso groß ist, wie er Gelegenheit bietet, Deine Kenntnisse & Dein Können auszuwerten und Dir neigungsmäßig wie materiell Befriedigung zu verschaffen.

Du meine Güte. Vielleicht will er einfach nur sagen: *Gib dein Bestes!*

Ich kehre zu einer Stelle weiter vorn im Brief zurück und suche zwischen den verdrehten Formulierungen nach dem Positiven, das mir ins Auge gesprungen ist. Ich finde es dort, wo Max sich daran erinnert, wie er als junger Mann einmal in Den Haag war.

Der dortige Platz ist mir durch meine mehr als 30 Jahre zurückliegende Reisetätigkeit sehr gut bekannt, und wohnte ich seiner Zeit in dem alten, gemütlichen, wohl noch existierenden Passage Hotel ... *Die schönsten Merkmale von damals sind mir noch in Erinnerung: Die geruhsame Lebensweise der Einwohner sowie der hohe Wert, der auf die sehr gepflegten Mahlzeiten gelegt wurde; inzwischen hat sich wohl auch der Holländer der ganzen Weltströmung mehr angepaßt ...*

Mein derzeitiger Holländischer Vertreter, Herr Rosenthal (Rheinländer, Jude, bei dem ich einige Male zu Tisch war, wohnte auch in Haag; vielleicht findest Du ihn in einem Tel. Adr. Buch & und hast mal Gelegenheit zu einer Annäherung; der Mann dürfte etwas jünger sein als ich.) Ich machte mit ihm damals Geschäftsreisen in die Provinz ... von s'Gravenhagen aus & erinnere mich außer den Hauptstädten an die kleineren Plätze Delft, Haarlem, Liuwarden, Groningen & und habe sogar einmal eine sehr bewegte Schiffsreise über den Zuidersee gemacht.

Fünf Minuten später bin ich auf dem Dachboden und wühle in einem alten Koffer mit Schulheften. Geografie ... ich öffne ein Heft mit gelbbraunem Umschlag. Erdnussanbau ... der Suezkanal ... Abscheu erregende Notizen über *Pygmäen*. Schnell schließe ich es wieder und öffne ein anderes. Europa. Hier ist sie: meine sorgfältig gezeichnete Karte der Niederlande. *Ijssel*

Meer steht da mit blauer Tinte und in Rot zweimal durchgestrichen. Das Wort *Damm* hebt grüne Bögen Marschland aus der Zuiderzee.

Dieser Sturm erinnert mich an die verschiedenen Welten, in denen wir gelebt haben, Max und ich. Seine Welt hatte ihm erlaubt, über ein Meer zu segeln, das durch meine zwei roten Striche auf der Karte ausgetrocknet und abgesperrt wurde.

Was, wenn er und Mally es geschafft hätten, aus Deutschland zu fliehen? Wenn er wie sein Vater über neunzig geworden wäre, hätte ich ihn kennenlernen können. Ich stelle mir vor, wie ich aus der Schule komme und er in seiner eigenen Welt ganz versunken ist. Ich gebe ihm ein Küsschen. Im ersten Moment kann er mich nicht einordnen. Bin ich seine Tochter Hilde? »Hast du dich angestrengt heute?« Ein Überbleibsel der alten Strenge.

»Wir haben heute in Geografie über die Niederlande gesprochen, Opa.« Ich öffne mein Heft. »Wir haben gelernt, wie aus dem Meer Ackerland gemacht wurde.«

»Ich bin einmal darübergesegelt.«

»Über das Land?«

»Es hat gestürmt.«

Seine Finger fahren die Linien auf meiner Karte nach, aber seine Augen sind nach innen gerichtet. Ich nehme seine Hand. Gemeinsam stemmen wir uns gegen das Schaukeln der Wellen. Wir erleben den Sturm, dem er damals ausgesetzt war, und wir erleben den Sturm, gegen den er sich hätte werfen können. Wenn er eine andere Entscheidung getroffen hätte, eine Entscheidung, die ihm eine Enkelin geschenkt hätte und ein anderes Leben.

GELD

In London ist die Sonne inzwischen verschwunden. Die Briefe immer noch in den Händen, starre ich durch die Glastür auf die Pflanzen, ohne etwas zu sehen.

Plötzlich fällt mir auf, dass die Christrosen blühen. Wann sind sie aufgegangen? Ich war so beschäftigt, dass ich gar nicht gemerkt habe, wie das Leben um mich herum weitergeht. Ich schüttele mich. Doch das wird nicht reichen. Die Winteriris sind auch schon da. Eine der Blumen hat sich zu einer wahren Pracht aus saphirblauen Blüten mit drei winzigen gelben Flecken entfaltet. Das Leben lässt sich nicht aufhalten. Nun, man kann es schon aufhalten, aber dann beginnt es von Neuem. Vielleicht arbeite ich deshalb so gern im Garten. Und ich koche gern. Wachstum und Nahrung. Die perfekten Gegensätze zur Auslöschung. Die gleiche Bedeutung hatte Geld vor dem Krieg für deutsche Juden. Vorausgesetzt, sie verfügten sowohl über genug Mittel als auch über die Voraussicht.

> *Money makes the world go around,*
> *the world go around ...*

Dieses Duett singen Sally Bowles und der Conférencier in dem Film *Cabaret* (nach dem Musical). Damit machen sie sich über die Nazis lustig, während im Nachtklub immer mehr Hakenkreuze auftauchen und die Bedrohung wächst. Sex und Brutalität, Glamour und Skandale. »Sie haben die Atmosphäre bis auf das i-Pünktchen getroffen«, stellte meine Mutter fest.

Der Conférencier trifft auch genau das Verhältnis der Nazis zu Geld. Kaum an der Macht, schränkten sie bereits die Berufe ein, die Juden ausüben durften. Außerdem erhoben sie gewaltige Steuern auf ihren Besitz, darunter auch die Reichsfluchtsteuer für jene, die emigrierten. Geld ins Ausland zu schicken war verboten. Da andere Länder von den Immigranten forderten, dass sie sich selbst finanzierten, bekam nur der ein Visum, der gute Verbindungen und ein Arbeitsangebot hatte. Wer für einen Urlaub ins Ausland ging, durfte nur zehn Reichsmark mitnehmen, und wenn man für Notfälle mehr dabeihaben wollte – das Maximum waren fünfzig Reichsmark –, dann musste man das beantragen. So sollte verhindert werden, dass jemand mit einer Menge Bargeld flüchtete.

In den Anfangsjahren des Dritten Reichs konnten Emigranten noch ihre Handelswaren sowie persönliche Möbel und Besitztümer außer Landes transportieren. Mit ein bisschen Glück auch ein paar Wertgegenstände. Doch zwischen 1933 und 1939 wurden die Schrauben immer fester angezogen, bis diejenigen, die erst später flohen, kaum noch etwas mitnehmen konnten. Damit waren alle ohne eine Arbeitsstelle oder einen Bürgen – also vor allem Kinder und Ältere – besonders verletzlich. Als der Krieg ausbrach, nahm die Flut an Flüchtlingen derart zu, dass viele Staaten – darunter die USA und Großbritannien – strenge Einreisequoten erließen und selbst denjenigen ein Visum verwehrten, die über eine finanzielle Bürgschaft verfügten.

Ich nehme den nächsten Brief von Mally zur Hand.

Berlin, 25. März 1934

Mein lieber Junge!

Inzwischen ist wieder Alltag um uns alle geworden, der Trubel war …

Ich überfliege die Zeilen. Mally, Max und meine Mutter sind nach Berlin zurückgekehrt, nachdem sie zuvor in Den Haag gemeinsam mit Charlotte und Ernst den siebzigsten Geburtstag von Max gefeiert hatten. Der Frühling hat begonnen. Die Zeit der Tulpen. Aber irgendetwas fehlt. Mit keinem Wort erwähnt Mally ein anderes bevorstehendes und wichtiges Familienereignis. Niemand hat es je erklärt, wahrscheinlich deshalb, weil nur Charlotte die ganze Geschichte kannte. Und dank ihrer Papiere kenne ich sie jetzt ebenfalls. Ich spule fünf Monate zurück zu dem Zeitpunkt im Herbst, als sie die Bombe platzen ließ.

Also der Erfolg mit Deinem Brief hierher war schlagend, schrieb meine Mutter ihr am 25. Oktober 1933. *Ich las ihn der Mally ungern vor, und ... ich hätte ihr erzählt, was drinsteht, nicht etwa vorgelesen, oho, nein, das hätte ich nicht.*

Mit der Sache mit Hurtig bin ich nicht sehr zufrieden. Mir ist es auch gar nicht peinlich, dass ich in das Töpfchen SCHMALZ trat. Ich hätte Dich doch eh nicht belogen.

Ich finde es nicht richtig so nur aus Vernunft zu heiraten. Ich glaube ja gar nicht an Liebesheiraten, die ewig dauern, und ich finde es für uns (Weiber) auch günstig, wenn der Mann mehr liebt, aber etwas Achtung (wenn schon keine Sinnenlust) müsste eigentlich vorhanden sein. Nur immer sich sagen, dass es ein gutter (sic) Mensch ist, nee wissense.

Zürne bitte nicht, dass ich das schreibe, und es ist mir auch nicht peinlich, wenn Du mir das nächste Mal schreibst, dass die Hochzeit am soundsovielten stattfindet, ich kann es ja verstehen. Bloss er tut mir leid. Du wirst fremd gehen und Dich, Gott behiete, wenn Dir ganz miess ist, scheiden lassen, und dann versaust Du ihm noch sein Leben. Aber was geht schiesslich (sic) er mich an, Du bist ja wichtiger.

Mein Gott, denke ich mir beim Lesen: Mit nur achtzehn Jahren hat meine schonungslos ehrliche zukünftige Mutter schon so einen scharfen Verstand und sieht genau voraus, was passieren wird. Und ich bin neidisch, ich wünsche mir, ich hätte mehr von dieser lebhaften Art bei ihr erlebt. In meiner Welt des Danach wurde sie – unterbrochen von kurzen spaßigen Momenten – immer zaghafter.

Da Charlotte jetzt in Paris war, fungierte meine Mutter als ihre Spionin und familiäre Vermittlerin.

Ich hab ihr nur gesagt, als sie mich fragte, was Du eigentlich zum Anziehen brauchst, ein Winterkostüm. Das hat sie nämlich lieb. Sie will mir im nächsten Winter ein beiges machen oder ein braunes mit dem braunen Persianer von ihrem Zuckerhutmantel. Was übrigens meinen Pelz betrifft ...
[Mally] überfiel den Max. Der sagte natürlich aus Prinzip nein. Wenn ich friere und einen M. brauche, bitteschön, einen Stoffmantel ...

Für mich übrigens wäre es (Deine Heirat) günstig, ich könnte immer Saison in Kairo *machen. Falls Du's nicht weisst, das war ein Film.*

Am folgenden Tag schrieb Mally an Ernst über ihren Umzug in die neue Wohnung, ohne Charlottes bevorstehende Hochzeit überhaupt zu erwähnen.

Berlin, 26. Oktober 1933
Mein lieber Junge!

Jetzt sind wir schon ziemlich in Ordnung, haben nur leider den Flügel und Salonmöbel noch nicht verkauft, und ich werde mich freuen, wenn wir erst ruhig in der recht gemütlichen Wohnung leben werden.

Gruß und Kuß, Mutter.
Vater ist beim Zahnarzt.

Ruhig leben, Mally? Wen willst du damit überzeugen?

Den Herbst und den Winter über schuftete meine Mutter für einen Sekretariatslehrgang. Sie war erpicht darauf, zu arbeiten und von ihren Eltern fortzukommen, übersah dabei aber, dass Max sein Bestes tat, um sicherzustellen, dass seine jüngere Tochter einen Beruf erlernte, bevor er ihr zu emigrieren erlaubte.

In der Zwischenzeit plante sie eine kleine Flucht für den Jahreswechsel zu ihrer Schwester in Paris.

Berlin, 12. Dezember 1933
Gott, bin ich fleißig, schrieb sie an Charlotte. *Ich sehe alles was ich höre stenographiert und tippe es im Geiste.*

...

Also, quant à mon voyage:

Der Max hat so gut wie jagesagt. Lecker, lecker. Drücke bitte den Daumen, dass ich das Visum bekomme, ich glaube ja auch, daß es für 14–10 Tage gar nicht so schwer sein kann …

Ich will bloss nicht hier sein Sylvester, zu Hause, wenn die Mally Punsch bringt und Berta reinruft zum Aufstossen, das würde ich nicht überstehen können ohne schwermütig zu werden. Max hat mir wieder eine Predigt gehalten, weil ich abends zu lange draußen bin. Ich spreche im Moment nicht mit ihm.

Ich kann mir Max und Mally wunderbar vorstellen, wie sie hilflos umhertappen und meine Mutter davon abhalten wollen, dass sie den gleichen ehrlosen Weg einschlägt wie ihre Schwester.

Vor ein paar Tagen fragte mich die Mally, wem ich schon einen Kuss gegeben hätte. Ich sagte: Na, rate mal … Ich fragte sie, wem sie außer dem Max schon einen Kuss gegeben hätte. Da wurde sie verschämt und rot und sagte, bei irgendeiner Hochzeit (ich hab vergessen welche) hat ihr ihr Tischherr einen gegeben. Und dann der Bruder von Onkel Hermann Katzenstein. Rheinländer sind doch so lustig. Da sagte ich: Da hast du aber was versäumt. Da ging sie raus. Finnste?

… Schreib den Eltern, daß eine Schlafgelegenheit beschafft ist oder werden wird, sonst lassen sie mich nicht. Mir ist es ja egal, ich schlaf auch im Stehen in der Badewanne …

Gruß H.

Zu der Zeit war der Mann, mit dem Charlotte zusammenlebte und den sie wirklich liebte, der Künstler Alfred Jan Weissembergh, genannt Nepo, ebenfalls ein jüdischer Flüchtling. Warum plante sie also, einen anderen zu heiraten?

Ich glaube, es ging um Geld. Von Max einfach so Geld zu bekommen war genauso schwierig, wie Geld aus Deutschland hinauszuschaffen. Doch Charlotte dürfte gewusst haben, dass sie eine finanzielle Absicherung erhalten würde, sobald sie heiratete.

Schließlich legte ihr Vater Wert auf Traditionen, und Töchter bekamen eine Mitgift. Das Problem war nur: Wie sollte er das Geld nach Paris schicken? Es gab zu dem Zeitpunkt nur ein einziges Land, in das man offiziell eine größere Summe überweisen konnte: Palästina.

Im 19. Jahrhundert kam es in Russland und Polen immer wieder zu Pogromen, was zu einem allgemeinen Anstieg jüdischer Emigration führte und den Erfolg der zionistischen Bewegung beförderte. Nach dem Ersten Weltkrieg versprach das neu geschaffene britische Mandat für Palästina, die Balfour-Deklaration von 1917 in Kraft zu setzen, um ein jüdisches Heimatland auf palästinensischem Boden zu errichten.

1933 schloss Hitlers funkelnagelneues Drittes Reich unter dem Druck ökonomischer Probleme das Ha'avara-Abkommen mit der Zionistischen Vereinigung für Deutschland und der Anglo-Palestinian Bank ab. Um einen drohenden Boykott deutscher Waren zu verhindern und vor allem um die eigenen Juden loszuwerden, erlaubte es die deutsche Obrigkeit Juden, für die Auswanderung nach Palästina eine Summe von tausend Pfund Sterling auszuführen (das entspricht heute etwa achtundsechzigtausend Euro). Das Ha'avara-Abkommen, eine zur damaligen Zeit sowohl bei Nazis als auch in jüdischen Kreisen umstrittene Angelegenheit, wird bis heute unterschiedlich diskutiert.

Charlotte musste nur einen Mann finden, der nach Palästina auswandern würde, ihn dort heiraten und ein paar Monate abwarten, bis sie *merken* würde, welchen Fehler sie begangen hatte. Dann würde sie ihren kulanten Ehemann um die Scheidung bitten und nach Frankreich zurückkehren, wo sie und Nepo das hätten, was von den tausend Pfund übrig wäre. Was konnte da schon schiefgehen?

Ein Familientreffen lieferte ihr schon bald einen passenden

Mann in Gestalt von Walter Hurtig, der mit seiner Mutter nach Palästina emigrieren wollte.

Im neuen Jahr schrieb sie ihren Eltern und legte ein Foto ihres Verlobten bei. Meine Mutter antwortete ihr.

Berlin, 19. Januar 1934

Deinen Brief bekam ich vorgestern … Die Mally fragte mich nach meiner Meinung. Ich wollte erst mal wissen, was der Max dazu gesagt hätte, der hatte sich aber noch gar nicht geäussert, der hatte ihr wie gewöhnlich den Brief aufs Bett gelegt und war weggegangen. Sie wollte schnell mal das Foto von Hurtig sehen und fand, dass er nicht schön, aber sicher intelligent, lebhaft und anständig sei.

Als der Max abends nach Hause kam, war er bösartig. Als die Mally ihn um Geld bat, brachen Orkane los, und die Mally fing an zu weinen, bekam Kopfschmerzen und zog sich (wie ein Kind) aus der Affäre, indem sie ins Bett ging. Berta hatte Ausgang und ich durfte das Abendbrot machen und die lieben Eltern bedienen. Der Max unterhielt sich nicht mit mir, und ich fing natürlich nicht an, plötzlich fragte er, ob der Russe in Paris sei.

André Andrejew, den russischen Filmarchitekten und Bühnenbildner bei der *Dreigroschenoper*, mit dem Charlotte früher liiert gewesen war, hatte meine Mutter gemocht. Charlotte und André hatten sie während der Dreharbeiten zu dem Film durch die Babelsberg-Studios geführt. Dabei war sie überrascht gewesen, die Bettler kennenzulernen, denn es handelte sich um echte Veteranen des Ersten Weltkriegs, die für gewöhnlich rings um den Kurfürstendamm zu sehen waren, jetzt aber als Statisten engagiert waren. Bei Hitlers Machtergreifung hatte André sofort die Berliner Filmwelt verlassen und war nach Paris gegangen, wohin ihm Charlotte gefolgt war. Da er nicht nur verheiratet und zwanzig Jahre älter war als Charlotte, sondern auch einen Beruf hatte, der ihn in die Studios von Rom, London oder wohin auch immer führte, gab es in der Beziehung der beiden viele Unterbrechungen. Unterdessen lernte sie Nepo kennen.

Ich kann mir vorstellen, dass Max die Liebhaber Charlottes, von denen er wusste, in Gedanken aufzählte, um aus der Hochzeitsidee schlau zu werden. War die Hoffnung, dass seine eigensinnige Tochter mit einem Ring am Finger zumindest sesshaft würde, allzu gewagt?

Zwei Monate später kamen Eltern und Kinder am 15. März 1934 in Den Haag zusammen, um Max' siebzigsten Geburtstag zu feiern. Das Datum hatte schon für Julius Cäsar Unglück bedeutet und einen Wendepunkt eingeleitet. Traurigerweise war es kein Wendepunkt für Max und Mally geworden. Hütet euch vor den Iden des März!

Worüber zum Teufel unterhielten sie sich miteinander? Über die Hochzeit? Über die Pläne von Max und Mally?

Ich kann mir genau vorstellen, wie Charlotte mit der Tür ins Haus platzt: »Nun? Habt ihr noch einmal darüber nachgedacht, Deutschland zu verlassen?«

»Um Gottes willen!« Mally kneift die Lippen zusammen. »Wir sind doch gerade erst in eine andere Wohnung gezogen. Und Vaters Siebzigster, falls du den vergessen hast ...«

»Ja, ich weiß. Es ist nur, weil ...«

»Du hast leicht reden. *Warum tut ihr dies nicht? Tut lieber das.*«

»Schickt doch wenigstens Wertgegenstände raus! Sachen, die sich verkaufen lassen.«

Bevor sie nach Paris zurückkehrt, macht Charlotte noch einen Abstecher nach Amsterdam, von wo aus sie Nepo schreibt.

22.3.34

Liebster Arsch, ich bin nämlich in Amsterdam und komme doch später nach Haus. Der Mann meiner Freundin hier verreist gerade und ich habe mich nötigen lassen, über Fickend hierzubleiben. Ich komme also Montag früh direkt vom Bahnhof in dein Bett. (Hältst du's noch aus? Sonst musst du eben onarnieren.) Kleiner, ich bin froh, ich habe die Haagerkonferen-

cen hinter mir und kann wieder etwas aufatmen. Heute früh um 5 wurde
Zibbe [Hilde] geweckt und dann verabschiedeten wir uns (der Berliner
Zug geht mächtig früh) und der Abschied nahm mich doch sehr mit. Jüdi-
sche Affenliebe gabs nie bei uns, und oft machte einer den andern nervös.
Du kennst ja ungefähr die Zustände bei uns in der Familie. Aber wenn
man dann so aufwiedersehen sagt und tröstend, dass ja das letzte Jahr
schnell vorbeiging und man sich in einem Jahr bestimmt wiedersieht, fällt
einem doch ein, dass man sich alle aufeinander vielleicht zum letzten Mal
sieht. Ich liess den Tränen freien Lauf, Zibbe stimmte ein, meine Mutter
liess sich auch nicht bitten und meinem Vater kullerte auch eine Träne
in den Bart. Es gibt schon Situationen um ½ 6 Uhr früh in hässlichen
Hotelzimmern.

Mein Bruder kam mit mir nach Amsterdam, und wir waren bis eben im
Museum. ... Schön wars Kleiner ... ich hätte dich ja so gern hier.

Nein, du bist wohl böse, dass ich noch 2 Tage bleibe. Sieh mal, wenn Pa-
ris auch lockt und lacht ... so jung kommt man nicht wieder nach Amster-
dam. Oder schließt du zur Strafe die Tür ab?

Heut früh, als sie alle weg waren und ich mich noch mal eingerollt und
in den Schlaf geweint hatte, war es ganz traurig. Die Zibbe fehlte mir so
beim Aufstehen und Anziehen, und ich machte, dass ich wegkam. Dabei
war sie diesmal gar nicht besonders nett. Auch ich hatte mich doch vorher
über sie geärgert.

Dicker, dich werden diese Sachen gar nicht interessieren, ich bedränge
dich hier mit meinen Alltagssorgen. Da werde ich dir lieber sagen, wo ich
bin. Ich bin im Dobrin *von Amsterdam, und hier sitzen die dicken Ju-*
denbabben vom Bayrischen Platz und sind ein trauriges Kapitel der Emi-
gration.

Und ich habe hier das Pech, dass man mich erkennt als Ausländer.
Die Fremdenführer verfolgen mich, und die Holländer haben Schaum vorm
Mund ob meines schwebenden Pelzberets.

... Kleiner Dicker, ich freue mich sehr sehr auf dich. Ich glaube du weisst
nicht wie sehr.

Weisst du, wie wir neulich in Rondels gedrückt haben bei Wie lieb hast du mich? – *was heisst* wir, *du hast gedrückt. Wenn ich auch Au schreie, ich habs sehr gern, wenn man mich belästigt. ... ich hab dich sehr lieb.*

Charlotte sollte Nepo irgendwann später heiraten und sich dann wieder von ihm scheiden lassen, sie hatte aber immer ein gutes Verhältnis zu seiner Familie. Als er Jahrzehnte später starb, durfte sie Gegenstände aus ihrer Ehezeit aus dem Nachlass wieder an sich nehmen. Vielleicht bekam sie bei der Gelegenheit ihre eigenen Briefe zurück.

Ich kehre zu dem einen Brief zurück, den Mally an Ernst schrieb, einige Tage nach dem tränenreichen Abschied in Den Haag.

Berlin, 25. März 1934

Mein lieber Junge!

Inzwischen ist wieder Alltag um uns alle geworden. Der Trubel war ja ganz nett, aber für die Dauer für alle Teile etwas anstrengend. Jedenfalls war es mir und auch Vater eine große Freude, mit dir und Lotte dort zusammensein zu können. Lotte hat sehr geweint beim Abschied, aber nach der Karte aus Amsterdam zu urteilen, sich bald wieder beruhigt.

Autsch! Dies ist das erste Mal, dass ich Einblick in ihre Stellung auf dem Familienkampfplatz erhalte.

Vater war erst recht frisch, hat auch die Reise gut überstanden; aber gestern und heut vormittag war er wieder matter. Die kleinste Ungelegenheit im Geschäft oder Haussache nimmt er gleich zentnerschwer.

Die Tulpen mußten wir verzollen, der Beamte war noch sehr nett und schätzte das garnicht auf 1/2 Kilo für 1,50 Mk. Hier kostet aber so ein Strauß 5 Mk, sodaß ich mit 80 cent und 1.50 Mk immer noch gut bedient bin. Vor allen Dingen machen uns die Blumen viel Freude und schmücken den Wintergarten.

Darüber muss ich schmunzeln. Mein Onkel und seine ausgefallenen Geschenke. Bei meinem ersten Israelbesuch hatte mich ein strahlender Ernst mit einer Tüte voller Pfirsiche begrüßt, die in der Augusthitze schnell zu Matsch wurden. Zumindest hatte sich Mallys riesiger Tulpenstrauß beim Ein- und Ausladen von Zug zu Zug nicht aufgelöst.

Vater hat hier noch ... bekommen, vom Vorstand der Freunde d. Taubst. 1 Ledertasche und Geldtasche, von den Kindern der Anstalt einen selbstgearbeiteten Chanukkaleuchter aus Holz ...

Heute Mittag war Tante Findel bei uns zu Tisch; Hildchen hat sich geopfert und sie abgeholt und wieder nach Hause begleitet. Tante läßt dich herzl. Grüßen ebenso Berta, die für deine Grüße dankt.

Soeben hat uns Frau Max Saenger und Inge besucht ...

»Wen interessiert das?«, rufe ich entnervt. Ich kümmere mich keinen feuchten Dreck um diese Leute, von denen ich noch nie etwas gehört habe, und die Einzelheiten ihrer Lebensumstände. Auf der anderen Seite interessieren mich diese Menschen natürlich schon, denn jede Textstelle, egal, wie oberflächlich sie ist, gibt mir Hinweise darauf, wie die Großmutter war, die mir die Nazis genommen haben.

Inge heiratet am 5. April ihren Vetter Katz (Dipl.-Ing.) und geht zu ihren Eltern nach Florenz, wo diese eine Pension übernommen haben.

Das Treffen in Den Haag verschaffte Max und Mally eine Atempause, eine Gelegenheit zum Nachdenken, eine Fluchtmöglichkeit. Außerhalb Deutschlands konnten sie frei sprechen und sich über ihre Pläne austauschen. Der Krieg sollte erst in mehr als fünf Jahren ausbrechen. Sie hätten immer noch Zeit gehabt, um sich darauf vorzubereiten. Und doch blieb dieser Weg ihnen genauso verschlossen wie ihr Geist.

Mally ist offensichtlich erleichtert, wieder zu Hause zu sein. Wieder bei ihren karitativen Aufgaben, bei ihrer Familie und ihren Freunden, im normalen Leben. Sie bleibt völlig stoisch, trotz der sich ständig ändernden Regularien, über die sich alle ärgern, besonders jemand wie der gewissenhafte und gesetzestreue Max. Als ihm der Boden unter den Füßen weggezogen wird, klammert er sich an das Einzige, worüber er noch Kontrolle hat: an das Geld der Familie. Dabei sieht er nicht die Zeit voraus, in der er es nicht mehr wird kontrollieren können.

A mark, a yen, a buck or a pound
is all that makes the world go around ...

Das Regime mag jetzt schon ein ganzes Jahr an der Macht sein, aber es kann sich dabei doch nur um eine Entgleisung handeln. Da kann Mally nur den Kopf gesenkt halten und unverzagt weitermachen.

ZEHN JAHRE STOLPERSTEINE

D as Telefon klingelt. Es ist Wolfgang, der mir von einer Konferenz zum zehnten Jahrestag des Stolpersteine-Projekts erzählen will. »Es findet eine Veranstaltung zum Thema Archive statt, auf der die Archivarin des Landeshauptarchivs von Brandenburg spricht.« Er legt eine Pause ein und scheint fast zu zögern. Auch wenn ich bezweifle, dass Wolfgang oft zögert. »Ich habe ihnen erzählt, dass du ein eigenes privates Archiv hast. Würdest du kommen und etwas über deine Familie erzählen?«

»Wann ist der Termin?«

»Im Mai. Am Abend gibt es einen Empfang für Gunter Demnig. Ein paar Tage davor wird er weitere Stolpersteine verlegen, du könntest ihn dort treffen.«

Bei den Vorbereitungen für dieses Gespräch komme ich mir wieder vor wie ein Kind. Inmitten von Fotos sitze ich auf dem Boden. Es sind Fotos derjenigen, die entkamen, und derjenigen, die nicht entkamen. Welche Geschichten soll ich erzählen? Charlottes Abenteuer im Nahen Osten könnten passen, vor allem mit den dazugehörigen Bildern: Kamele und verhüllte Menschen, wie direkt aus der Bibel.

Aus Tel Aviv schrieb sie an Nepo in Paris.

26. Juli 1934

Mein Liebling,

Jetzt deine Fragen. Manches tut dir weh, mein Hase – aber ich bin ehrlich mit dir.

1. *Wann ich heirate.*
   Ich habe vorgestern, am 24. eine Trauung gehabt, die war wie eine ganz doofe Beerdigung 3. Klasse, es warteten schon die folgenden Trauungen und es wurde nur hebräisch etwas vorgelesen und ich bekam einen Schluck Wein.
2. *Wie lange ich für einen Scheidungsgrund brauch*
   Gar nicht. Das ist hier so. Nach jüdischem Recht kann der Mann, wenn er die Frau nicht mehr will, einen Get (Scheidungsbrief) schreiben, und dann bekommt er die Scheidung genauso schnell wie die Trauung. Eine Frau braucht Scheidungsgründe, und es ist schwieriger, aber ich kriege bestimmt diesen Brief, er will mich nicht, wenn ich ihm sage, dass ich zu dir muss, das weiss ich. (Er hat es mir gestern gesagt.)

Das war also dann geregelt. Charlotte hatte ihrem neuen Ehemann von Nepo erzählt und war mit ihm zu einer Übereinkunft gekommen, so sah sie es zumindest.

3. *Wie lange eine Scheidung dauert. Nur wenige Tage.*
4. *Wann ich frühestens in Marseille sein kann. Im Herbst. So ist das. Wegen meiner Eltern kann ich nicht jetzt schon von meinem Mann weglaufen, ich muss das vorbereiten und schreiben nach und nach, dass ich mich schlecht fühle und dann nicht froh und dann unglücklich. Ich konnte damit erst nach der Trauung anfangen(heute schreibe ich den ersten Brief schon).*
5. *Ob wir schon in Ägypten wie Mann & Frau gelebt haben? Ja, Pappilein, denn es wäre viel schlimmer ...«*

Nach der Zeremonie bedienten sich die Neuvermählten bei Charlottes tausend Pfund, um eine Reise durch Palästina und Ägypten anzutreten. Charlotte schrieb regelmäßig an Nepo.

Jerusalem, Dienstag, es kann der
31. sein oder der 1.8.

Geliebter Pappi,

... ich war schon die ganze
Zeit in Jerusalem mit dir zusam-
men, du hast es nur nicht gemerkt,
aber ich kann hier gar nicht ohne
dich sein, und du musst es dir
schon gefallen lassen, wenn ich dich
überall mitschleppe. Ich knipse
fleissig und du siehst mir über die
Schulter, und du lachst, wenn eine
Meute Kinder hinter mir her sind
und bakschisch wimmern.

Pappilein, findest du nicht
auch, Jerusalem ist die schönste

Charlotte und Nepo

Stadt im Orient, hier ist es lebendig und tot, und modern und alt und inter-
national und niveau und am Tag warm und nachts kalt.

Nichts von der Flachheit von Tel Aviv – richtig gute Häuser, richtiger,
schöner Orient – Mensch, hier is richtig.

Gestern abend habe ich bei Mond im toten Meer gebadet ... man liegt
oben wie ein Blatt und es riecht nach Schwefel und Brom ... Geliebter Stin-
ker, das Gebirge war ganz verzaubert, als der Mond draufschien ...

Eben bin ich durch die Bazare gekrochen und jetzt habe ich schon eine
stattliche Anzahl von Armreifen, und es ist so schön, wo ich doch Handwerk
so liebe, bei der Arbeit zuzusehen. Der Orient ist doch gar nicht so schläfrig
wie man immer hört – es ist doch eine rege Betriebsamkeit ...

Lieber Pappi, ich bin ganz verkapselt, nur abgeschlossen nur zu dir spre-
che ich und nur für dich fühle ich, mit deinem geliebten Tapsgang sehe ich dich
gehen – so übern grossen Onkel ein bisschen vorgeneigt, deine Augen, die al-
les sehr schlucken alles was es hier gibt, und du bist bei mir und du schläfst
bei mir ein und wachst bei mir auf.

Ich wollte mich vor einer Liebe *schützen, als ich mit dir anfing. Nie habe ich bei dir geschlafen. Erst als du aus der Schweiz kamst. Dann fing es an ... zu brennen und ich war ganz glücklich wenn ich gesagt habe: Heut nacht bleibe ich bei dir. Und das hiess: Ich liebe dich. Aber ich habe es nie ausgesprochen.*

Jetzt werde ich zu dir kommen und immer bei dir bleiben ...

Einen Monat später nahm sich Charlotte, die jetzt in Ägypten war, Notizblätter von einem Block des Hotels und setzte sich zum Schreiben in den Schatten.

Hotel-Pension Astor

Kairo

(Warmes and kaltes fließendes Wasser in allen Zimmern)

31. August 1934

Süsser, süsser Pappi,

Kennst du den grossen friedlichen Park, der mitten in Cairo liegt? Da sitze ich drin und über mir hängen ganz vergrösserte Schoten [...] und vergrösserter gerollter Zimt liegt auf der Erde.

Ich komme grad von der Post und habe von dir einen Genfer Brief und 2 Familienkarten bekommen. Du bist so leergeschrieben mein süsser Hase und so ausgeschrieben – ich war sehr schlecht zu dir und muss so viel wieder gut machen. Aber inzwischen weisst du ja, dass ich nicht mehr nach Palästina umkehre.

Ich habe heute einen Brief an meine Mutter geschrieben, der mir sehr schwer wurde und ihr gesagt, dass nicht physische, sondern psychische Plagen mich bedrückten und dass mir so scheusslich wäre, weil mir unglücklich wäre und dass ich mir alles anders vorgestellt hätte. Jetzt ist das Eis gebrochen Pappi, und ich marschiere.

Über mir platzen harte Kerne vom Baum runter und ein Vogel der wie Matre Corbeau aussieht knackt sie alle auf.

Dann ist ein Limonadeverkäufer seines Wegs gezogen und ich sitze da mit einem Glas Limunuuum *und saufe damit ich wieder gut schwitzen kann.*

Ich freue mich, dass Tel Aviv mit seinem penetranten Familienleben weit und dunkel hinter mir liegt, und hier bin ich ganz zuversichtlich und freudig wenn auch die Aussprache noch hart und böse vor mir liegt. Aber ich gehe durch Pappi und zu dir in deine Arme in dein Bett in deinen Mund krieche ich rein und repariere in dir rum und wenn ich Luft haben will komme ich schnell mal unter deinem Arm raus und schnappe, und deine Filme nehme ich alle zum entwickeln weil du doch deine eigene Dunkelkammer bist.

Wir werden wieder lachen und unsern sonnigen Alltag weiter feiern und du machst aus mir eine lebendige Dame und ich aus dir einen Herrn der ins Leben lacht.

Ich bleibe auch deine Geliebte und Freundin, wenn ich auch deine Olle bin [...]

Geliebter süsser Mann, es dauert nicht mehr lange bis zu dem Telegramm: Komme dann und dann Marseille. *Packe man schon deinen Strichkoffer du alter Arsch.*

Ich streichle dich und küsse dich und halte hin und du kannst mir Gewalt antun.

Vielleicht gar nicht. Oder wie ließen sich die Auswirkungen erklären, die Charlottes Eindringen in meine behütete Kindheit hatte? Schließlich bestand für mich der Gipfel der Aufregung darin, mit meinem orangefarbenen Dreirad die Straße auf und ab zu fahren *(Aber stör die Nachbarn nicht!)*. Wie viel Geheimnisvolles und Gefährliches hatte ihre Ankunft aus Paris doch mit sich gebracht, bei der sie Knoblauch sowie blutroten Nagellack aus ihren Taschen geholt hatte. Sie war von einer sexuellen Aura umgeben gewesen, lange bevor ich gewusst hatte, was Sex ist. Sie war es, von der ich das Laufen lernte (daran erinnerte sie mich später). Offenbar war es mir bis dahin gar nicht in den Sinn gekommen, es zu versuchen, und auch meine Mutter war zufrieden gewesen, dass ich schon so sicher krabbeln konnte. Mit Sicherheit hatte Charlotte allerdings nichts am Hut. Von den 1920er und 1930er Jahren in Berlin und Paris geprägt, hätte sie sich an meiner Stelle voll in die Swinging Sixties gestürzt. Vielleicht enttäuschte ich sie, als ich es nicht tat ... nachdem ich unbeholfen durch die Pubertät getrampelt war.

Obwohl es ihren Eltern missfiel – oder wahrscheinlich genau deswegen –, nahm sie wirklich alle Erlebnisse und Erfahrungen mit, die sich ihr boten. Später sollte ich herausfinden, dass sie von allen drei Geschwistern während des Krieges den größten Gefahren ausgesetzt war. Nur dank ihres scharfen Verstandes überlebte sie. Doch auf der Konferenz, bei der ich sprechen soll, geht es gerade um jene, die nicht überlebt haben. Daher wäre es falsch, wenn ich mich auf Charlottes Geschichte konzentrieren würde. Schließlich war sie ja so voller Lebenskraft. Max und Mally sind diejenigen, denen meine ganze Aufmerksamkeit gelten sollte.

In Berlin beendete meine Mutter ihren Kurs und bewarb sich auf eine kleine Anzeige in der *Jüdischen Rundschau* als Sekretärin bei einem Zahnarzt. Als Dr. Rosenkrantz ihr die Stellung anbot, war dies der erste Schritt auf ihrem Fluchtweg.

Dann kam Ernst plötzlich nach Hause.

Er war nicht der Einzige, der den aus heutiger Sicht unvernünftig erscheinenden Schritt vollzog und nach Nazideutschland zurückkehrte. Es gibt viele Berichte darüber, dass 1934 und 1935 andere dasselbe taten. Nachdem die erste Welle antisemitischer Aktionen abgeebbt war, wirkte die Situation wieder weniger bedrohlich. Konnte es sein, dass Max und Mally doch recht hatten? Würde alles wieder zur Normalität zurückkehren? Die Nürnberger Rassengesetze – die das *Deutsche Blut und die Deutsche Ehre* schützen sollten, indem sie jüdische Mitbürger ausschlossen – wurden erst im September 1935 erlassen.

Als er es sich zu Hause wieder gemütlich machte, bekam Ernst die Nebenwirkungen von Charlottes Liebesleben zu spüren.

Der Max hat mich als ich ihn mal im Geschäft abholte – prophylak-
tisch – mit allerlei Nettigkeiten incl. historischer Jugendsünden erfreut,
schrieb er Charlotte am 15. Januar 1935. *Ich als älterer Bruder hätte*
Deiner Sache mit dem Andrei entgegenwirken müssen; wenn ich z.B. damals
hätte heiraten wollen, ein anständiges Mädel, wäre es wegen dieser Angele-
genheit nicht gegangen. Na, einiges habe ich ihm geantwortet ...

Das war dann in Ordnung für Max. Männer hatten vor der
Ehe Sex, Frauen galten als Schlampen, das war nichts Neues.
Und Charlotte fürchtete bei all ihrem Draufgängertum doch
die Missbilligung ihrer Eltern. Die einzigen Briefe von Max und
Mally, die sie aufbewahrte, waren diejenigen, in denen es um
ihren wilden Abstecher in den Nahen Osten ging. Es sollte noch
einige Zeit dauern, bis ich verstand, worum es darin ging: um die
Fassungslosigkeit wegen ihres Verhaltens. Außerdem bezogen
sie sich auf einen *hässlichen Brief,* den Charlotte ihren Eltern geschrieben hatte, weil sie verletzt war, dass Max und Mally Mitleid
mit ihrem Ehemann Walter Hurtig hatten und sie kaum unterstützten. Max war entsetzt, dass sie schnurstracks nach Paris zu-
rückgeeilt war, ohne zuvor ihre Papiere in Ordnung zu bringen.
Sie brachen den Kontakt ganz ab, und diese Funkstille dauerte
länger als ein Jahr.

Noch schlimmer war der Umstand, dass Charlottes großer
Plan scheiterte. Die mündliche Vereinbarung, die sie mit ihrem
Kurzzeitehemann getroffen zu haben glaubte, war null und nich-
tig. *Ich habe getan was ich konnte, indem ich an Ehre, Gewissen und alle*
schönen Eigenschaften appellierte, würde sie später an Ernst schreiben
und bekam darum nur die Antwort, dass ich nie einen Sou zu sehen bekäme,
das käme nicht in Frage ... Es ist sehr nett von dir, dass du dich darum
kümmern willst, aber glaube mir, was zu machen war habe ich gemacht.
Es bestehen erstens keine Dokumente oder Schuldscheine und zweitens
von seiner Seite schlechter Wille. Sie schrieb von dem *zweiköpfigen*
Hurtigmonster, Mutter und Sohn, die dank ihrer Hilfe im neuen

Land nun gemachte Leute waren. *Ich war dumm und habe Ehrengeld zahlen müssen.* Die verschwendeten tausend Pfund nahm sie gelassener hin als die abweisende Haltung ihrer Eltern. Die würde eine bleibende Narbe hinterlassen. Als ich Charlotte kurz vor ihrem Tod besuchte – da ging sie bereits auf die neunzig zu –, sagte sie mir rundweg: »Mutterliebe? Habe ich von Mally nie bekommen ... dafür war unser Kindermädchen zuständig.«

Inzwischen tickte die Uhr weiter, die Nazis zogen die Schlinge weiter zu. Charlotte befürchtete, Ernst werde nicht mehr wegkommen, sobald er die Füße unter Mallys Tisch gestellt hatte. Also beschwor sie ihn von Paris aus, seine Auswanderung nach Palästina voranzutreiben.

Ernst verteidigte sich. *Ich komme aber nur langsam weiter ... Mir tut es auch wirklich gut, hier für einige Zeit die ständige Sorge um das Morgen loszuwerden ... Leider bin ich ständig nicht ganz ausgepennt, weil ich nicht früh nach Hause komme und morgens Bertha mit Taschenlampe und Löffelgeklapper erscheint. Dafür kocht sie aber gut. ... Dass ich mein Ziel nicht aus den Augen lasse, ist doch klar; ich setze mich zwar epps schwer in Bewegung, wie das Beispiel lehrt, aber jetzt bin ich drin!*

Mit Hildchen freue ich mich ganz besonders, auch beim Zahnarzt, der reichlich in mir bohrte. Gedenke nicht auf meine Rechnung ...

Für die Zeit der Konferenz haben meine Zähne beschlossen, mich in Ruhe zu lassen. Ich komme also in Berlin mit einer provisorischen Füllung im Backenzahn an. Wolfgang holt mich vom Flughafen ab. Er und Barbara haben mich eingeladen, bei ihnen zu wohnen, und als er meinen Koffer zum Haus hinaufzieht, heißen mich drei Flaggen willkommen, eine mit dem Berliner Bär, eine Deutschlandfahne und der Union Jack. Die Treppen führen hinauf zu Bücherregalen, die überquellen mit Arbeiten über Hitler und den Holocaust. Eine Treppe weiter oben befindet sich mein Zimmer.

Es ist Zeit fürs Mittagessen. Ob ich ein Wurst- oder Käsebrot möchte?

Aber sicher will ich das. Die Aussicht auf ein Brot ist genauso verlockend wie die auf Wurst und Käse. Landbrot: Brot mit Mohnsamen, Sonnenblumenkernen, Roggen, Weizen … Ich beiße von einem Stück Pumpernickel ab und kaue und kaue … Mein Backenzahn fühlt sich fürchterlich hohl an, füllt sich dann aber mit einer wässrigen Masse. Die provisorische Füllung ist auf die andere Seite gewandert und steckt in der Vertiefung, in der früher einer meiner Weisheitszähne saß. Ich versuche, die Füllung mit der Zunge herauszulösen.

Brot und Zahnmedizin. Gibt es vielleicht eine Verbindung zwischen unseren unterschiedlichen Traditionen auf diesen beiden Gebieten? Meine Mutter war völlig schockiert, als ein junges Paar in der Praxis in Willesden Green auftauchte und die Extraktion perfekter Zähne aus dem Ober- und dem Unterkiefer verlangte. »Damit wir damit keinen Ärger bekommen, wenn wir verheiratet sind …« Während die Briten vor dem Krieg ihre Zähne als Belastung empfanden, die nur Schmerzen und Entzündungen mit sich brachte, verlangten Deutsche für ihre Zähne Füllungen, Kronen und Brücken, und als letzten Ausweg forderten sie Zahnersatz. Die Deutschen kauten weiterhin Vollkornbrot und riskierten, dass ihre Füllungen auf den Teller fielen, während die Briten ihre falschen Beißerchen in weiche Weißbrotscheiben senkten.

»Alles in Ordnung bei dir?«, fragt Wolfgang.

»Ja, alles gut.« Ich lockere die provisorische Füllung und schiebe sie unter die Pumpernickelkrümel.

Früh am nächsten Morgen brechen Wolfgang und ich zu unserem Treffen mit Gunter Demnig auf. Erste Station: Pariser Straße. Wir halten hinter einem roten Lieferwagen, dessen Türen offen stehen.

Der Künstler in Arbeitsstiefeln und mit Kniepolstern ausgerüstet, beschäftigt sich gerade mit Eimern, Meißeln, Holzhämmern und schweren Arbeitshandschuhen. Er untersucht das Straßenpflaster vor einem Restaurant. »Das muss ich aufbohren«, sagt er. »Wie viele?«

»Zwei.« Wolfgang holt sie aus der Reihe glänzender Steine im Kofferraum seines Wagens heraus. Dann verschwindet er mit einem Verlängerungskabel im Gebäude.

Zwei Männer mittleren Alters mit Baseballkappen sehen uns zu. Letztes Jahr haben sie an der feierlichen Verlegung von vierzehn Stolpersteinen für die Juden teilgenommen, die aus einem großen Haus in ihrer Straße deportiert worden waren. Alle jetzigen Bewohner hatten sich an den Kosten beteiligt, und das hatte diese Männer so gerührt, dass sie selbst ein Zeichen setzen wollten. »Wir haben gefragt, ob wir Stolpersteine für Menschen stiften können, von denen es keine lebenden Verwandten mehr gibt«, berichten sie mir. »Das sind die unseren.«

Hier wohnte Ernestine Plaut geb. Löwenthal, JG. 1864. Das lese ich auf einem der Stolpersteine. Genauso alt wie Max, genau wie er Ende siebzig bei der Deportation nach Theresienstadt, wo sie ein paar Monate später starb. *Hier wohnte Hanna Plaut, JG. 1896.* Die Daten legen nahe, dass Hanna die unverheiratete Tochter von Ernestine war. Sie überlebte zwei Jahre in Theresienstadt, bevor sie in Auschwitz ermordet wurde.

Wolfgang schleppt eimerweise Wasser herbei und hilft beim Anrühren des Zements. Gunter Demnig senkt die Quader in die vorbereiteten Vertiefungen, Ernestine über Hanna, die Mutter über der Tochter. Max' und Mallys Stolpersteine liegen nebeneinander, vielleicht eine dezente Art, die Beziehung der beiden zueinander anzudeuten.

Ich frage mich, welchen Reim sich Passanten auf all das machen. Die meisten werfen uns einen kurzen Blick zu, gehen aber schnell weiter. Manche bleiben stehen, stellen Fragen und hören zu, bevor auch sie ihren Weg fortsetzen. Ein Mann brummt: »Ich sehe nur auf den Boden, um nicht in Hundehaufen zu steigen.«

Der unter seinem Hut mit der breiten Krempe verborgene Künstler glättet die Oberfläche und bürstet sie ab, bis die Inschriften alle sauber und auf einer Höhe mit dem Straßenpflaster sind, über das die beiden Frauen einst gingen. Er legt eine Atempause ein und erzählt mir, wie großartig er es findet, wenn Schulklassen Stolpersteine stiften. »Selbst wenn nur wenige Kinder aus der Klasse positiv beeinflusst werden, ist das schon ein großer Erfolg.«

Ich erzähle ihm, wie mir sein Projekt geholfen hat, den lange verschlossenen Schrank mit meinen Verlusten zu öffnen.

Einen Moment lang herrscht Schweigen. Dann steht er plötzlich auf und wendet sich an Wolfgang. »In Ordnung, was steht als Nächstes an?«

Jetzt komme ich mir fehl am Platze vor. Ich frage mich, ob Menschen wie ich, die danach kommen, unwichtig sind. Oder bricht sich da eine Empfindlichkeit aus meiner Kindheit bei mir Bahn? Sind das die Auswirkungen des jahrzehntelangen vorsichtigen Umgehens des verbotenen Themas? Oder sind die wichtigsten Worte ohnehin auf den zehn mal zehn Zentimeter großen Messingplatten eingehämmert? Sodass wir keine Zeit mit unwichtigen Worten verschwenden, sondern weiter die stumme Bitte der Toten erfüllen sollten.

Meine Empfindsamkeit regt mich an, über die Langzeitwirkungen nachzudenken, welche die letzten beiden Jahre in Berlin auf meine Mutter hatten. Seit Ernst in Palästina war, lebte sie wieder allein mit ihren Eltern und fühlte sich noch stärker isoliert, da Charlotte zur *Persona non grata* geworden war. Sie hatte ihrer Schwester zwar eine andere Adresse angegeben, an die sie schreiben sollte. Doch Charlotte hatte es erst einmal falsch gemacht.

Dein Brief kam leider ziemlich mit Verspätung, antwortete meine Mutter am 18. November 1935. *... Also, Kinder, Ihr wisst gar nicht, wie dankbar ich Euch bin, dass Ihr Euch über mein Sein und Werden den Kopf zerbrecht, das sind wirklich keine leeren Worte ...*

Es war gar nicht schlimm, Dein Brief nach Hause, sondern das einzig Richtige. ... Als die Mally mir sagte, sie müsse an Lotte schreiben, sagte ich ihr: Hör mal zu, wenn Du jetzt schreibst, musst Du schon freundlichst auf ihre Frage antworten. Na, und da unterhielt sie sich mit dem Max, und nun gehts auf einmal ...

Und nun Palästina. Ich weiss selbst sehr gut, dass es das einzige ist, was für mich in Frage kommt, selbstverständlich wäre ich lieber bei Euch, aber nicht als Leidegeier, und ich glaube beinahe, dass den Eltern, abgesehen von der Entfernung auch lieber sein wird, wenn ich in P. bin, wegen der Aussichten auf Arbeit ...

Ob es so schnell gehen wird, wie Ihr gern wollt, und ich eigentlich auch, weiss ich nicht, den erstens ist doch Ernsts Aufenthalt dort jetzt in der Schwebe. ... und sollte er Gott behüte noch einmal fort müssen bevor er eine Auswanderung hat, dann ist es unmöglich, dass ich hin kann.

Die britische Verwaltung von Palästina hatte Ernsts Antrag auf einen dauerhaften Flüchtlingsstatus abgelehnt, sodass er jetzt auf den Berufungsbescheid wartete.

Als Du mir Rosch ha-Schanah geschrieben hast, ich soll kommen, war es ausgeschlossen, der Max machte einen Krach in alter Form und Frische. Es verging aber von da an kein Tag, an dem ich nicht das Gespräch auf meine Reise Weihnachten brachte, und da hatten sie sich gewöhnt, denn Du bist ja jetzt genau so wenig verheiratet wie vor 3 Monaten, und das war doch der Grund. ...

Kinder ... ich sage auch nicht dass das jetzt in der kurzen Zeit nicht geht, weil ich zu bequem bin und mich treiben lasse, wie Ihr wahrscheinlich denkt. Die Bequemlichkeit ist mir vergangen. ...

Ach, Ihr Stinker ... hier habe ich kein Aas, mit dem ich mich richtig aussprechen kann, alle denken an sich.
Schreibt bald ...

In diesen Tagen ist Gunter Demnig sehr damit beschäftigt, den Bedarf an Stolpersteinen zu erfüllen. Daher überlässt er die meisten Gedenkzeremonien, bei denen die Steine eingeweiht werden, lokalen Organisationen. Am nächsten Nachmittag begleite ich Wolfgang und Barbara zu zwei dieser Gedenkzeremonien.

Es überrascht mich, dass wir vor einer mir bekannten Haustür stehen bleiben, dem Eingang des Hotels, in dem ich im Januar so krank war. Im Pflaster davor befinden sich nebeneinander zwei Stolpersteine für die Eltern einer Stifterin. Da sie selbst nicht kommen kann, liest ihre Cousine eine Nachricht von ihr vor:

Liebe Mama, lieber Papa, es fällt mir schwer zu glauben, dass ich dieses Haus im Jahr 1938 verlassen habe. Sogar jetzt, mehr als sechzig Jahre später, denke ich jeden Tag und jede Nacht an euch. Ich denke an euch, bevor ich ins Bett gehe, und frage mich: Wer wird mir vergeben, dass ich euch nicht gerettet habe, denn ich kann mir selbst nicht vergeben. Heute sind zwei Stolpersteine zu eurem Gedenken verlegt worden, vor dem Haus, in dem ihr so viele glückliche Jahre mit uns, euren Kindern, verbracht habt.

Im Verlauf all dieser Jahrzehnte hat eine Tochter sich jeden Abend an ihre Eltern und an ihre eigene Schuld erinnert. Sich erinnern oder vergessen? Ihre Strategie oder die Strategie meiner Mutter? Welch schlimme Wahl ...

Das nächste Treffen findet in einer ruhigen Straße in einem Wohngebiet statt. Bei unserer Ankunft ist die Familie, die die Stolpersteine gestiftet hat, nirgends zu entdecken. Ein paar Leute stehen herum und unterhalten sich. Ich lese die drei Inschriften. Eine davon erinnert an ein Baby, das 1942 geboren wurde. Der kleine Junge hatte kaum das Licht der Welt erblickt, da war es schon wieder erloschen.

Die Eingangstür des Hauses wird aufgestoßen, und vier Personen drängen heraus. »Entschuldigung, Entschuldigung, aber ich weiß, welche Wohnung es war!«, erklärt eine ältere Frau aufgeregt. »Vor zwanzig Jahren bin ich schon einmal mit meiner Mutter hier gewesen, also konnte ich die Wohnung diesmal meinem Mann, meinem Sohn und meiner Tochter zeigen.«

Die Gedenksteine sind ihrer Tante und ihrem Onkel sowie deren kleinem Sohn gewidmet. Sie wendet sich dem Stolperstein ihrer Tante zu. »Meine Eltern haben mir erzählt, dass du als Einzige in unserer Familie blonde Haare und blaue Augen hattest. In der Familie meines Mannes gibt es das auch nicht. Also, wer weiß? Vielleicht kommen meine Kinder nach dir.«

Sie legen Blumen ab, und wir machen Fotos. Die Zeremonie ist vorbei, doch alle zögern zu gehen. Es ist, als wollten wir alle diese kleine Familie im Zentrum unserer Gedanken behalten, bevor unser eigenes Leben wieder den ganzen Raum einnimmt.

Als sich die Menschen schließlich langsam zerstreuen, bleibe ich zurück und blicke zu den Fenstern hinauf. Genau diese Räume begehen zu können, in denen die Familie tatsächlich gewohnt hatte ... ich beneide die Frau um ihr Wissen und darum, dass ihre Mutter es mit ihr teilen konnte.

Im April 1936 hatte es Charlotte endlich geschafft, hatte alle Papiere zusammen, um ihre erste Ehe zu beenden, und heiratete Nepo im Rathaus von Montparnasse. Meine Mutter war das einzige anwesende Familienmitglied, und da sie als Trauzeugin noch zu jung war, musste ein Passant aushelfen. Anschließend war sie als fünftes Rad am Wagen bei der Hochzeitsreise zu den

Chateaux de la Loire dabei, bevor sie widerwillig zu Max und Mally nach Berlin zurückkehrte.

Zu der Zeit wartete Ernst immer noch auf einen Bescheid im Berufungsverfahren, damit er in Palästina bleiben konnte. Einen Monat später, im Mai 1936, genehmigte ihm die Einwanderungsbehörde in Jerusalem endlich einen dauerhaften Aufenthaltsstatus.

Da hatte Mutter sich schon gegen Palästina entschieden und plante, nach London auszuwandern, wohin ihr Zahnarzt schon bald emigrieren wollte. Er hatte ihr eine Arbeit in seinem Haushalt versprochen, eine Fluchtmöglichkeit, der auch Max schließlich zustimmte. Wenn sie dort wäre, müsste sie die Schreibmaschine erst einmal stehen lassen – zumindest offiziell – und dafür den Schrubber zur Hand nehmen. Fast die einzige Möglichkeit für Frauen, Zuflucht in Großbritannien zu bekommen, war eine Arbeitserlaubnis für Hausangestellte.

Hilde trainiert für das Londoner Leben

Berlin, den 8. August 1936

Geliebte Stinker,

ich sitze nun hier und verwalte die Praxis und bin gruen vor Aerger. Wir haben schon eine englische Schreibmaschine, deshalb muss ich ae und oe und ue tippen. Was ist eigentlich das da @? Das wissen wir nämlich alle nicht.

… seine Abreise nach L. am vorigen Sonnabend ging so unerwartet aus der Praxis raus nach einem Telephongespräch mit seiner Frau … Er schrieb mir, dass mein permit zwar für ein Jahr reicht, aber dass ich innerhalb von 2 Monaten nach Ausstellung drueben anfangen muesste, sonst verfaellt es,

und ob er dann schon drueben sein kann, stuende in den Sternen. Vielleicht muss ich also auch noch rueberfahren, schrieb er mir, das ist wie das Maerchen, wo die ganze Familie nacheinander in den Keller geht, um Wein zu holen, und einer geht immer um den andern zu holen, und dann sind sie schliesslich alle unten.

... Nun moechte ich gern, wenn ich nach L. fahre, ob jetzt oder in ein paar Wochen, ueber Paris fahren, das kann man ja.

... Ich war inzwischen schon beim Anwalt mit Mally, aber Max war bis jetzt noch nicht hinzuschleppen, und ohne ihn gehts leider nicht, und wenn ich ihm erzaehle, was der Anwalt meint, und er sagt, dass das Unsinn ist, kommt man ja auch nicht weiter. Jetzt hat er mir wenigstens zugesagt, den Anwalt, der die Sachen fuer Ernst erledigt hat, mal zu uns zu bitten. Es ist wirklich zum Verruecktwerden, sowas verhaertetes, dazu ist das Wetter schlecht, und ich finde, soviel Salz kann man gar nicht verschuettet haben, wie ich mich jetzt aergere ...

Bitte schreibt mir bald, ihr seid mein einziger Trost.

Bei dem Gespräch mit dem Anwalt ging es um Geld. *Es gab zwei verschiedene Visa-Arten für Palästina*, hatte meine Mutter mir bei einem der Interviews erzählt, die ich auf Tonband aufgenommen hatte. *Entweder bist du mit einem Kapitalistenvisum gekommen und hast 1000 Pfund mitgebracht [nach der Ha'avara-Vereinbarung], oder du kamst ohne Geld, hattest aber ein Jobangebot. Also hatte der Ratgeber meines Vaters zu ihm gesagt: Der Sohn eines anderen Klienten von mir geht mit dem Arbeitsvisum nach Palästina, aber wir können es so einrichten, dass er für Geld geht. Da Ihre jüngere Tochter nach England emigriert, kann ich Ihnen garantieren, dass das Geld sicher wäre und zu ihr dorthin transferiert wird. Aber mein Vater meinte, das verstößt gegen das Gesetz, und mein Vater war ein gesetzestreuer Mensch.* Ich habe den scharfen Unterton meiner Mutter immer noch im Ohr. Diese tausend Pfund hätten wohl ausgereicht, damit meine Großeltern es nach Großbritannien geschafft hätten. Max hatte meiner Mutter im Endeffekt die Mittel verwehrt, die sie später als Bürgschaft hätte einsetzen können.

Die Achtung der Gesetze war bei meinem Großvater wie in Stein gemeißelt. In seiner Jugend waren es die Gesetze von Moses und Israel gewesen, wie sie in der Bibel und im Talmud überliefert sind, und nun gehorchte er den Gesetzen des Staates, ganz gleich, wie absurd diese waren.

Ich sitze in meinem Zimmer im Haus von Wolfgang und Barbara und unterstreiche Passagen aus Briefen zum Zitieren. Dabei denke ich mir: Hätte Max bloß auf seine Kinder gehört, dann würde ich das hier alles nicht machen. Doch er war der Vater, und in Max' Welt hatten die Eltern immer das Sagen. *Ehre deinen Vater und deine Mutter, damit sie lange leben in dem Land, das der Herr, ihr Gott, dir gibt.*

Ebenso ausgeprägt wie die Gesetzestreue war bei Max auch der Familiensinn. Er verstand sich als verantwortliches Oberhaupt seiner Familie und als loyaler Helfer aller weiter entfernter Verwandten. Solange er noch das Sagen in finanziellen Fragen hatte, behielt er verbissen die allgemeine Kontrolle. Also ignorierte er auch die bereits stattfindende Zersplitterung und organisierte ein weiteres Familientreffen. Diesmal sollte es in der Schweiz stattfinden, die Tickets dorthin sowie die Hotelunterkunft zahlte Max in Reichsmark. Doch würde sich meine Mutter überhaupt anschließen können, da sie ja nach London aufbrechen sollte?

Berlin, den 15. September 36

Meine geliebten Stinker

Ich hätte Euch gern schon früher geschrieben, aber glaubt mir, ich bin nur noch der Schatten meiner selbst, die Praxis geht im Augenblick wie toll, 35– 40 Patienten am Tag, dazu die täglichen Auseinandersetzungen zu Hause und in der freien Zeit (wo habe ich schon) meine Besorgungen. …

Es ist übrigens leider noch gar nicht raus, dass ich die Reise mitmachen kann, Max scheint Euch das als sichere Tatsache mitgeteilt zu haben …

2 Kostüme sind in Arbeit, jedes Stück ein Kampf. Mally besteht auf einem Abendkleid, auch Rosenkranz, mit dem das Gespräch neulich darauf kam, mit Mally, ist sehr dafür, es hat auch keinen Zweck wenn ich sage: Sonst was da. Sonst was da kriege ich sowieso (oder auch nicht, wie Mally will), aber Du weißt ja, wie es ist, da ist man machtlos. Nun schreib mir bitte, was für Material und Farbe, möglichst etwas, das nicht zu schnell unmodern ist.

Ich stelle mir wieder so ein Aschenputtel-Erlebnis vor. Meine Mutter legt ihren Wischmopp beiseite, steckt die kleinen Jungs ihres Chefs ins Bett und schlüpft für einen Abend in der Stadt in einen aufreizenden Fummel.

Und ob ich mir eventuell ein Samtkleid machen lassen soll zum Pelz (der noch nicht bestellt ist, weil Max noch nicht sein Jawort gegeben hat)? Ach, Ihr Süssen, wenn ich Euch nur zur Seite hätte ...

Aus der Reise wird ja wohl was werden, nur ebent vielleicht without me ...

Die Reise in die Schweiz fand tatsächlich statt, und die Fotos zeigen, dass auch meine Mutter mitfuhr. *Lugano, Oktober 1936* steht auf der Rückseite.

Bis auf Charlotte, die gerade Asche von ihrer Zigarette abstreift, haben alle unbequem wirkende Posen auf einem Balkon eingenommen.

Max

Max sitzt an einem Tisch und schreibt in Ruhe Postkarten.

Mally und Ernst lächeln allzu bemüht.

Max liest Zeitung, während Mally ins Leere starrt.

Eine steife Mally umklammert ihre Handtasche, während Charlotte sich ereifert und meine Mutter gezielt in die andere Richtung schaut.

Der unsichtbare Fotograf war der neue Schwiegersohn von Max und Mally, der nun – gerade mal so – in der Familie willkommen geheißen wurde. Wohl kaum der Mann, den sie für ihre Tochter ausgesucht hätten. Nepo verdiente als Porträtmaler und Restaurateur alter

Mally, Charlotte und Hilde

Bilder sehr wenig, außerdem verachtete er das konventionelle Leben. Doch immerhin waren sie jetzt verheiratet.

Wieder einmal frage ich mich, worüber sie sich wohl unterhielten. Charlotte hatte sich gerade erst wieder mit ihren Eltern versöhnt, Ernst musste sich in seiner neuen Heimat noch zurechtfinden, und meine Mutter stand kurz davor, in ihre neue Heimat aufzubrechen. Bei ihnen allen mussten die Nerven bis zum Zerreißen gespannt gewesen sein. Ich kann mir

Mally, Nepo, Max und Ernst

vorstellen, dass sie sich auf unproblematische Themen konzentrierten, auf das Wetter … die Gesundheit von Tante Soundso … lasst uns nächstes Jahr wieder zusammenkommen … Nachdem sie so viel Widerstand erlebt hatten, würde ich darauf wetten, dass diesmal keins der Kinder die Eltern fragte:

Und? Wie sieht es aus? Wann geht ihr auch aus Deutschland fort?

Zum letzten Mal sollte die ganze Familie zusammenkommen. Ernst kehrte nach Tel Aviv zurück, Charlotte und Nepo fuhren nach Paris, meine Großeltern und meine Mutter nach Berlin.

Zwei Monate später, im Dezember 1936, brach meine Mutter schließlich nach England auf.

Ich versuche mir den Abschied vorzustellen, als sie in Berlin in den Zug stieg. Flossen dabei Tränen so wie in Den Haag? Oder wurden sie zurückgehalten, weil sonst der Damm gänzlich gebrochen wäre? Begleiteten Max und Mally meine Mutter bis ins Abteil, oder suchte sie sich selbst ihren Platz und vermied es, ihre Eltern anzusehen? Wollte sie, dass dieser Moment schnell vorüberging und sich der Zug in Bewegung setzte?

Andere Szenen dieser Reise kann ich mir problemlos ausmalen. Wie der Zug durch Norddeutschland zuckelt. Wie er in Hamburg hält, wo Mallys Bruder Fritz – der Lieblingsonkel meiner Mutter – zum Bahnhof kommt, um sich gemeinsam mit seiner Tochter Ursula zu verabschieden. Fritz und Ursula winken. Ursula läuft neben dem anfahrenden Zug her und wirft meiner Mutter Luftküsse zu. Doch Max' und Mallys Abschied von ihrer Tochter kann ich mir gar nicht vorstellen. Es ist, als würde sich der Vorhang, den sie in ihrem eigenen Kopf zugezogen hat, auch auf mich ausdehnen, sodass dieser Moment völlig im Dunkeln bleibt.

Hildes Passbild mit britischem Einreisestempel vom Tag ihrer Ankunft

Mit dem Zug gelangte sie zunächst nach Hoek van Holland, von wo aus sie über die Nordsee nach Harwich übersetzte. Danach sollten mehrere Jahrzehnte vergehen, bis sie Deutschland wieder betrat.

Am nächsten Morgen treffen Vertreter der Öffentlichkeit, Schülerinnen und Schüler, Eltern und Lehrkräfte in Berlin Kreuzberg auf Freiwillige des Stolpersteine-Projekts aus ganz Deutschland. In mehreren Klassenzimmern werden zeitgleich verschiedene Workshops veranstaltet, und ich entscheide mich für den zum Thema Archive. Mein eigener Vortrag soll erst nachmittags stattfinden, also will ich jetzt von der Brandenburger Archivarin so viel wie möglich erfahren.

Sie projiziert ein Dokument nach dem anderen auf die Wand des Klassenzimmers und zeigt damit die Besessenheit des Dritten Reichs für lückenlose Dokumentationen. Formulare, Listen, Verlautbarungen, Fragebögen. Sind Sie Arier oder Nicht-Arier? Warum wollen Sie auswandern? Aus Existenzgründen. (Das muss ganz wörtlich verstanden werden: um existieren zu können.)

Ein regionales Karteisystem umfasst hundertfünfzigtausend Namen. Hunderfünfzigtausend Schicksale. Im Vergleich zu sechs Millionen ist das nur ein Tropfen auf den heißen Stein, doch auch wenn das so ist … wie können wir solche Zahlen überhaupt begreifen? An diesem Nachmittag werden es nur zwei sein. Meine zwei. Ich werde die letzte vom Roten Kreuz übermittelte Nachricht meiner Großeltern herzeigen, ihre finalen fünfundzwanzig Wörter, sorgfältig aufgeschrieben von Max. Er hat mit seinem Namen unterzeichnet: *Max Isr. Rychwalski. Isr.* steht für *Israel*. Alle männlichen Juden wurden gezwungen, den Namen *Israel* anzunehmen, die Frauen *Sara*. Ein weiterer Schritt auf dem Weg der Entmenschlichung, der Anonymisierung, des Verschwindens …

bis zum Nichtvorhandensein. Max pflichtbewusst bis zuletzt. Wie ich mir wünsche, er hätte das *Isr.* weggelassen, hätte ein winziges Zeichen des Widerstands gezeigt! Ein Zeichen des Widerstands gegen ein Regime, das ihn und Mally in Luft auflösen wollte. Doch er hat sich den Falschen widersetzt: seinen eigenen Kindern. Ernst, Charlotte und meine Mutter haben das mit sich herumgetragen, und ich habe mit den Folgen gelebt.

»Im Brandenburgischen Landeshauptarchiv in Potsdam sammeln wir Beweise, um alle zu widerlegen, die den Holocaust leugnen«, erklärt uns die Archivarin. »Die Gestapo hat ihre Akten zerstört, als sie erkannt hat, dass der Krieg verloren war. Doch das Finanzministerium hat die Akten aufbewahrt.« Juden mussten vor ihrer Deportation eine Vermögenserklärung ausfüllen. Sobald sie in Viehwaggons gezwängt und nach Osten verschickt worden waren, sandte die Gestapo eine Kopie dieser Aufstellung an das Finanzministerium, worauf alles, was auf der Liste stand, beschlagnahmt wurde. »Diese Listen sind der Beweis für die systematische Judenvernichtung durch die Nazis«, sagt sie. »Für die *Endlösung der Judenfrage.*«

Nach dem Abschied meiner Mutter von ihren Eltern bis zu ihrem Tod vergingen sechs Jahre. In dieser Zeit schafften sie es irgendwie, mit ihrem Leben weiterzumachen. Wie schrecklich es auch war, das Leben musste gelebt werden, und wenn mir irgendjemand helfen kann, es zu erforschen, dann diese Archivarin. Präzise, beschlagen, korrekt und gründlich. Sie gibt mir ein Gefühl von Sicherheit.

Sie wirft das grieselige Schwarz-Weiß-Negativ einer Transportliste an die Wand. »Wir haben Tausende davon«, erklärt sie. »Jeder einzelne Deportierte ist auf einer solchen Liste verzeichnet.«

Wir schauen uns die Nummern 1 bis 20 von siebenhundertdreiundsechzig Juden an, die in den Transport XIV/1 gepfercht wurden. Er fuhr am 27. August 1942 von Tilsit in Ostpreußen in Richtung Theresienstadt. Die Informationen zu jeder Person sind detailliert: Name, Adresse, Geburtsdatum, Gesundheitszustand, gegebenenfalls für den Arbeitseinsatz nützliche Fertigkeiten.

Ja, ich werde möglichst alles über meine Großeltern herausfinden, bis hin zu dem Zeitpunkt, an dem sie von diesem Nichtvorhandensein geschluckt wurden. Jede Einzelheit ihrer letzten Jahre, Monate und …

Plötzlich bleibe ich bei einem Wort auf der rechten Seite hängen. Bei dem Ortsnamen BETSCHE. Ich kenne ihn. Es gab ein Betsche im ehemaligen deutschen Gebiet Posen. Meine Mutter erzählte mir, dass Alfred dort gelebt habe, ihr älterer Cousin, der im Ersten Weltkrieg verwundet wurde. Er war eine gute Seele, hatte ein Mädchen aus Betsche geheiratet und mit ihr drei oder vier Kinder gehabt. Meine Mutter konnte sich nicht erinnern, wie viele es waren. An dieser Stelle war ihre Geschichte unklar geworden, beinahe herablassend: Verwandte vom Land, aus der Pampa … weit weg von ihrem gehobenen Berliner Zuhause. Niemand von ihnen hat überlebt. Und ich hatte mir eine Horde kleiner Kinder vorgestellt, die barfuß über eine ungepflasterte Straße liefen.

Vielleicht kannten diese armen Leute Alfred. In einem so kleinen Ort kann es doch nicht so viele Juden gegeben haben …

Gütiger Gott. Das sind sie. Nummer 3, 4, 5, 6 und 7. Alfred (48 Jahre), seine Frau Ruth (42), die Schwiegermutter Henriette (78) und zwei Töchter – nur zwei –, Helga (17), eine Fabrikarbeiterin, und Emmi (7). Beide Mädchen wurden als arbeitstauglich eingestuft. Ich erfahre sogar, wo in Betsche sie gewohnt hatten: Marktplatz 74. Von allen Listen hatte sich die Archivarin gerade diese herausgesucht.

»Entschuldigung«, melde ich mich zu Wort. »Das sind die Verwandten meiner Mutter. Alfred – ganz oben – war ein Cousin von ihr. Hat im Ersten Weltkrieg gekämpft. Dabei ein Auge verloren. Sie hat sich daran erinnert, wie er sie hoch und runter hat hüpfen lassen. Dann wollte sie immer unter seine Augenklappe schauen. Er hat ihr die allererste Orange geschenkt, die sie je gesehen hat, und hat ihr geholfen beim Schälen und Essen.«

Mehrere Sekunden lang herrscht Stille. Wir stellen uns alle vor, wie der verwundete Soldat die Frucht schält, ein Stück löst und es dem neugierigen Kleinkind gibt, das sich nicht entscheiden kann, ob es das Orangenstück essen oder lieber sein Gesicht berühren will. Cousin Alfred steigt aus den fragmentarischen Erinnerungen auf – die nicht einmal meine eigenen sind –, steigt aus der Liste hervor und betritt den Raum. Immer noch rührt sich niemand. Dann dreht sich vorn eine Frau um und starrt mich eindringlich an.

Der Bann ist gebrochen, und diese Einheit der Tagung ist vorbei. Die Leute strecken sich und stehen auf. Aus den Augenwinkeln nehme ich wahr, wie die Frau, die mich gerade so intensiv gemustert hat, mit ihren fransigen Haaren und dem vielen Schmuck, auf mich zusteuert. Ihr Eifer macht mich unruhig. Ich brauche einen ruhigen, verlässlichen Menschen. Ich brauche die felsenfeste Archivarin in ihrem schlichten Hosenanzug. Allerdings wird sie umringt von Leuten, die ihr Fragen stellen wollen.

Die Frau berührt mich am Arm. »Als ob sie gewartet hätten«, flüstert sie.

Da fängt es an …

»Als ob sie nach Ihnen gerufen hätten …«

Auren und Ley-Linien. Totaler Quatsch.

Am Ende kommt die Archivarin zu uns herüber. Zum Glück.

»Nehmen Sie es an. Nehmen Sie es einfach an.« Die Frau lächelt und zieht sich zurück.

Doch was ist los mit der Archivarin, meinem Fels in der Brandung? Sie starrt mich merkwürdig an und sinkt auf einem Stuhl zusammen. »Das hat mir einen Schauer über den Rücken gejagt.«

Auch du, Brutus! Mir ist schwindelig, mir fehlt der Halt. Ich komme mir vor, als würde ich von der ganzen ermordeten Familie zurückgedrängt, die sich auf einmal auf mich stürzt. Ja, ich will meine Großeltern aus dem Nebel herausholen. Und ja, dabei brauche ich Hilfe. Doch ich kann mich einfach nicht gleichzeitig noch um alle anderen kümmern. *Frau Dr. Archivarin? Würden Sie sich bitte wieder aufrecht hinsetzen und Ihre Nadelstreifen geradeziehen?*

Wir machen Mittagspause. Aus den angrenzenden Klassenzimmern strömen Menschen, und ich bin erleichtert, dass ich mitgeschwemmt werde, dass ich unter lebendigen, atmenden Menschen bin, die sich unterhalten, während sie die Treppe zur Kantine hinuntergehen.

Das Schlimmste sind die Listen. Die Tausende, Hunderttausende, die Millionen … Ich muss sie aus meinem Kopf verbannen und mich auf zwei Menschen konzentrieren. Auf meine zwei.

Es ist wärmer hier unten, und es riecht nach Curry. Nach Fisch. Ich stelle mich in die Schlange und schiebe mich näher an die dampfenden Töpfe heran. Eine andere Frau aus der Einheit heute Morgen kommt auf mich zu. »Als ich klein war, hatten wir eine jüdische Nachbarin. Sie hatte wunderschöne Kleider und dazu passende Schuhe, die wir anprobieren durften. Ich war die Jüngste von vier Geschwistern, und wir hatten sechs Lebensmittelkarten. Als sie keine Karte mehr bekam, haben wir ihr Essen gebracht.«

Ich bin auf gleicher Höhe mit einem Berg aus Reis und Hähnchencurry.

»Plötzlich war sie verschwunden.«

Das Geklapper der Teller und das Klirren des Bestecks werden ohrenbetäubend.

»Wir haben nichts gewusst.«

Und ihr habt auch nicht gefragt.

Zurück im Klassenzimmer, beginne ich meinen eigenen Vortrag mit einem Brief von Max und Mally an Ernst, den sie geschrieben haben, als sie schon fast zwei Jahre allein waren.

> *Berlin, den 27. Aug. 38*
>
> *Lieber Ernst,*
>
> *es ist wirklich eine Freude für uns, daß Du jetzt öfter mal schreibst …*
> *alles, was Dich betrifft, interessiert uns, auch Dein Hund, Deine Blumen etc.*
>
> *… Hier ist die Hitze gründlich vorbei und es ist trübe und herbstlich geworden was einem dann wieder leidtut. Hoffentlich ist bei Euch die schlimmste Zeit bald vorüber, ich kann mir vorstellen, wie die Menschen darunter zu leiden haben.*
>
> *… Hilde schrieb uns sehr nette Briefe aus Bréhat (Bretagne), ist schon wieder in London.*
>
> *… Wir sind gesund … und suchen so gut als möglich die schweren Zeiten zu tragen …*

Die Erwähnung der *schweren Zeiten* ist das Einzige, mit dem sie ihre Notlage andeuten.

> *und hoffen, daß wir auch nochmal erleben, unsere …* Hier hat Mally mitten im Satz aufgehört.

> *was?*, hat Max eingefügt, *(sie meint gewiß ›die Kinder wiederzusehen‹) – das wünsche ich auch von ganzem Herzen.*

Mally hat in einer Fußnote erklärt:

> *Ich mußte die Tür öffnen und habe dann vergessen weiter zu schreiben.*

Warum habe ich diesen Brief ausgewählt? Es ist nicht gerade so, als würde viel darin stehen. Es läutet an der Tür, Mally lässt den Stift fallen und springt auf, um zu öffnen. Max findet den Brief, beendet Mallys Satz für sie und bringt zum Ausdruck, was sie beide empfinden. Nicht weiter bemerkenswert.

Und doch habe ich immer wieder zu diesem Brief gegriffen, denn seine Wärme hat mich überrascht – als hätten die Großeltern aus meiner Vorstellung etwas von der Monstrosität in sich aufgenommen, von der sie später aufgesogen wurden. Dann wiederum hat es mich überrascht, dass ich überrascht war. Während sich manche Leute freuen, wenn sie einen Vorfahren entdecken, der legendär gewesen ist – einen Helden, einen Draufgänger oder einen Schurken –, hat es mich entzückt, meine gewöhnlichen Großeltern auszugraben. Das ist es, was ich allen vermitteln will.

Ich zeige Fotos vom letzten Familientreffen in der Schweiz. Allerdings hatte meine Mutter nicht damit gerechnet, es dorthin zu schaffen. Charlottes Ehemann hatte sich auf freizügige Schnappschüsse spezialisiert. Ein Stück nackter Oberschenkel hier, ein flüchtiger Blick auf ein Unterhöschen dort. Bei einer gemeinsamen Bootsfahrt mit den zwei Schwestern war er startklar.

Meine Mutter will zum Ruder greifen. Sie nimmt ihren Ring vom Finger und einen Augenblick später …

Klick. Liegt er im Wasser. Sie kann nicht glauben, was gerade passiert ist.

Klick. Hände vors Gesicht geschlagen.

Klick. Lächeln und Tränen wegwischen.

Klick. Das Geständnis. Wieder am Ufer, reißt Mally schockiert die Hände hoch.

»Aber sie sehen … so normal aus«, sagt irgendjemand.

Genau. Sie hatten weder ihre Opferrolle demonstriert noch Zeichen getragen, die sie als Juden auswiesen. Keine Schläfenlocken oder Scheitelkappen. Keine Scheitel (Perücken). Tatsächlich hatten sich Max und Mally, wie viele assimilierte deutsche Juden, von den orthodoxen Juden aus Osteuropa distanziert. Obwohl sie für jüdische Wohltätigkeitsorganisationen spendeten und die Synagoge besuchten, huldigten sie auch dem Gott der Natur. Sie schwammen in deutschen Seen, wanderten durch deutsche Wälder, kletterten auf deutsche Berge und fuhren mit den Skiern wieder hinunter. Sie lasen Goethe und Schiller und gingen ins Konzert, um die Musik von Mozart, Beethoven und Schubert zu hören. War nicht ein Neffe von Max im Kampf fürs Vaterland gestorben? Und waren nicht drei verwundet worden? Er selbst hatte großzügig für die Sache des Kaisers gespendet. Sicherlich hatten die Nazis es doch nicht auf Juden wie sie abgesehen.

Ich hole Mallys Medaillon hervor. Es ist ein emailüberzogenes flaches Oval mit einer winzigen Perle inmitten goldener Blütenblätter. Wenn ich es öffne, sind hinter Schutzglas ihre Eltern zu sehen. Der adrette Moritz Meseritz betrachtet mit seinen dunklen Augen Hulda, die wiederum unverwandt uns anschaut. Huldas bezaubernd helle Haare sind zu Zöpfen geflochten, die sie am Kopf hochgesteckt hat. Nach ihr haben meine Großeltern meine Mutter benannt. Dabei hatten sie noch nicht gewusst, dass sie Hilde für ihr zukünftiges Leben in England gut ausgestattet hatten, indem sie das *u* in ein *i* abwandelten.

»Der Ring meiner Mutter liegt vermutlich immer noch auf dem Grund des Luganer Sees, aber das Medaillon meiner Großmutter ist hier, aus Berlin herausgeschmuggelt zu meiner Tante in Paris. Sie flüchtete über die Pyrenäen, bestieg dann ein Schiff nach New York und gab es mir irgendwann später in London. Siebzig Jahre nachdem es Berlin verlassen hat, ist es wieder hier.«

Ein Mädchen hebt die Hand. »Könnte ich es bitte halten?«

Ich reiche es ihr.

Sie umfasst es mit beiden Händen, als wolle sie die Geschichte begreifen, für die das Schmuckstück steht. Ein Objekt, das der Beschlagnahmung, dem Diebstahl und dem Verlust entging. Ein Objekt, das Kontinente überquerte, Kriege und Generationen überdauerte und das – anders als seine Besitzerin – überlebt hat.

Hulda und Moritz Meseritz

Das Gespräch ist vorüber, und ich sammele meine Zettel zusammen. Stühle werden zurückgeschoben, und die Menschen brechen auf, nur das Mädchen rührt sich nicht. Still bleibt es sitzen und hält Mallys Medaillon in Händen, als sträube sich etwas in seinem Innern gegen das Loslassen.

DEN CODE ENTSCHLÜSSELN

Spät am Abend, als wir wieder bei Wolfgang und Barbara zu Hause sind, analysieren wir den Tag. Ich bin zu aufgekratzt, um ins Bett zu gehen, und Wolfgang zieht los, um eine Flasche Wein zu holen.

Barbara erzählt mir, dass es sie – genau wie Gunter Demnig – immer besonders bewegt, wenn Schulkinder in das Projekt einbezogen werden. »Für sie ist das so weit weg. Sogar ich habe während meiner Kindheit nie richtig begriffen, was geschehen war. Ich weiß nicht, wie viel meine Eltern vor uns verschwiegen haben.« Sie hilft Wolfgang bei seiner Forschungsarbeit, ist aber manchmal überwältigt von seinen Bücherregalen des Grauens. »Solche Bücher sind nichts für mich.«

Ich nehme an, Barbara hatte sich auf eine ganz andere Form des Ruhestands gefreut. Vielleicht wollte sie verreisen. Mehr Zeit mit den Kindern und Enkeln verbringen. Stattdessen ist sie versunken im Holocaust und trifft sich mit Leuten wie mir.

»Hat dich die Beschäftigung mit den Briefen meiner Großeltern belastet?«, frage ich sie.

»Im Gegenteil, sie haben mich gefesselt. Sie sind etwas Persönliches und erzählen eine individuelle Geschichte.«

Das ist die Gelegenheit für mich, sie zu fragen, ob sie noch ein paar Briefe transkribieren kann, aber ich sage nichts. Was hält mich davon ab? Liegt es daran, dass Barbara bereits viel getan hat und es daher zu viel von ihr verlangt wäre? Nein, das ist es nicht. Während ich zögere, kommt Wolfgang mit einer Flasche Rotwein, drei Gläsern und einer Nachricht zurück.

»Vorhin hat eine Frau angerufen, Julia Schumann. Sie wohnt im Mietshaus deiner Großeltern und möchte mehr über die Stolpersteine wissen. Willst du sie treffen?«

Was für eine Frage.

Ich sage den Stolpersteinen von Max und Mally Hallo, steige über sie hinweg und drücke auf den Klingelknopf, woraufhin Julia den Türöffner betätigt. Ich durchquere den Innenhof und komme an der unheimlichen Garage vorbei, dann betrete ich das Rückgebäude. Die Ausstattung hier ist schlichter, keine aufwendigen Schnitzereien am Treppengeländer. Der Lift ist neu. Dieser Teil des Mietshauses dürfte in früheren Zeiten weniger teuer gewesen sein, wohingegen er jetzt attraktiv wirkt. Er ist weiter von der Straße entfernt und somit viel ruhiger.

Julias Wohnung ist nicht modernisiert, die Räume sind hoch und luftig. Sie hat Kaffee und Snacks in der Küche vorbereitet. »Aber vielleicht wollen Sie sich erst umsehen. Auch wenn Ihre Großeltern vermutlich im Vordergebäude lebten.« Sie stößt jede Tür auf, damit ich die Zimmerdecken und die Holzböden, die Messingtürgriffe und den Gipsputz an den Wänden sehen kann. Cremeweiße Fliesen mit hier und da holländischen Figuren zieren die Küchenwände. Das ähnlich gefliese Bad hat eine Toilette mit einer darüber hängenden Spülung, die durch das Ziehen an einer Kette betätigt wird. Der Keramikgriff dafür steckt in einem alten Halter an der Wand, damit die Kette nicht hin und her pendelt und die Benutzer am Kopf trifft. Meinen Großeltern mit der Kette einer Toilettenspülung nachzuspüren kommt mir lächerlich vor. Trotzdem drücke ich auf den Auslöser meiner Kamera.

Julia scheint das Understatement zu lieben, denn in ihren Räumen gibt es kein Durcheinander. Sie lebt schon lange hier, erzählt sie mir. Ihre Wohnung erwarb sie von dem Mann, dem das ganze Gebäude gehörte und der jede Wohnung einzeln verkaufte. Damit machte er viel Geld.

Beim Kaffee zeige ich ihr einige der Fotos aus der Schuhschachtel. Genau wie Wolfgang wünscht sie sich, die Namen im Straßenpflaster mit Gesichtern verbinden zu können.

»Wann hat Ihre Familie das Mietshaus gekauft?«

»Das weiß ich nicht.«

»Das lässt sich herausfinden.« Als Eigentümerin kann sie das Grundbuch einsehen, in dem alle Details zu sämtlichen Transaktionen in Bezug auf das Gebäude verzeichnet sind. Sie überreicht mir ein großes Kuvert. Es enthält gute Fotos der zwei Stolpersteine, jedes im Format zehn auf zehn Zentimeter, also in Originalgröße.

Ein warmes Gefühl erfüllt mich, ähnlich wie für Frau Lenck, als sie mir das Gedichtbuch schenkte. Menschen, die mir die Hand hinstrecken. Die sich besonders bemühen. Daran könnte ich mich gewöhnen.

Wir sitzen in Julias Küche, in genau jenem Gebäude, das von den Nazis konfisziert wurde und das sich die überlebenden Erben später zurückholten, die sich dann allerdings über den Verkauf zerstritten. Maries Nachkommen hätten es gern behalten, während meine Mutter, Ernst und Charlotte es loswerden wollten. In genau jenem Gebäude, in dem meine Großeltern die meisten ihrer Briefe schrieben, dämmert mir, warum ich Barbara nicht gebeten habe, noch mehr zu transkribieren. Dennoch kann ich es nicht genau benennen. Erst später, als ich im Bett liege und die Fotos der Stolpersteine betrachte, begreife ich, was es ist. Über fünfzig Briefe und Postkarten warten noch darauf, entziffert zu werden. Aber nicht von Barbara, sondern von mir.

Schon einmal beschäftigte ich mich mit unmöglichen Handschriften. Als Doktorandin rekonstruierte ich eine französischjüdische Gemeinde, die im 18. Jahrhundert existierte, von der aber nur noch schriftliche Zeugnisse vorhanden waren. Da ich nur über die jeweiligen Handschriften verfügte, um einzelne Individuen desselben Namens voneinander zu unterscheiden, war das Kopieren von Hand die schnellste Möglichkeit zur Identifizierung. Als ich in diesem Nachmalen besser wurde, schimmerten die einzelnen Persönlichkeiten zwischen den Strichen durch. Schnörkel, Wellenlinien und Kleckse zeigten in der einen Handschrift Selbstvertrauen, in der anderen Zögern. Eine Person hatte gar jedes einzelne *i* mit einem Punkt versehen. Genauso könnte es Max gemacht haben.

Damals hatte ich keine Ahnung, was mich antrieb, doch jetzt erscheint es mir ganz offensichtlich. Es bedarf keines Sigmund Freud, um zu erkennen, warum ich eine verschwundene Gemeinschaft rekonstruieren wollte. Warum ich gewöhnliche Menschen beleuchten wollte, die gelebt, gearbeitet, gekämpft und geliebt hatten und dann vergessen wurden. Das war eine sichere Methode, mich mit dem Judentum und dem Antisemitismus zu beschäftigen, ohne gleich die Pferde – oder meine Mutter – scheu zu machen.

Ein anderes Land, ein anderes Jahrhundert, eine andere Sprache, aber die Entschlüsselungsverfahren dürften gleich sein.

Es ist ein anspruchsvolles Unterfangen, ein Hindernis zu überwinden, um Menschen zu erreichen, die sich jedem Zugriff zu entziehen scheinen. Und noch schwieriger wird es, wenn diese Menschen dein eigenes Fleisch und Blut sind. Max' und Mallys Briefe liegen seit Jahrzehnten unangetastet herum und warten darauf, dass ich sie finde. Und da brauche ich keine Vermittlerin. Die Briefe zu entziffern wird unsere einseitige Beziehung vertiefen. Es wird mich den Großeltern näherbringen, die mich nie umarmen konnten.

Zurück in London, öffne ich den Ordner von Ernst und starre auf zwei Briefe. Den einen verfassten Max und Mally gemeinsam, den anderen Mally allein, beide auf dem dünnen Notizpapier, das in Max' Firma für Durchschläge genutzt wurde.

Mally ... Max, mein Blick wandert hin und her, ich überfliege die Zeilen, suche mir die Satzzeichen heraus, will ein Gefühl bekommen für ihre offene Schrift und seine engere, für den schnellen Fluss von Mallys lockeren, helleren Buchstaben im Gegensatz zu den genauen, sehr schwarzen Tintenzeichen von Max. Er lässt genug Platz zwischen den Zeilen für wuchtige Großbuchstaben mit langen Abstrichen und für nachträgliche Einfügungen.

Lieber Ernst, schrieb Mally in modernen Buchstaben. Dann wechselt sie auf Sütterlin. Ich lasse meinen Blick über die Seite wandern, und es stechen ein paar Worte hervor. *Paris + Hilde.* Außerdem ihre Unterschrift *Mutter.* Es muss üblich gewesen sein, Eigennamen und Fremdwörter in modernen Buchstaben zu schreiben, damit sie sich von reinem Deutsch unterschieden (und dieses nicht verunreinigten). Ich bleibe an noch einem Wort hängen: *Patience.*

Meine Mutter spielte an unserem Küchentisch immer Patiencen. Oder heißt es, sie *legte* Patiencen? Wenn sie darauf wartete, dass Obst und Zucker im Topf kochten, damit sie Marmelade zubereiten konnte, holte sie das leicht klebrige Kartenspiel hervor.

Das nächste Wort scheint mit einem *g* zu beginnen, dann kommt ein Schnörkel und dann ... ist das ein *l*? Ich hole das Sütterlin-Alphabet hervor. Es sieht aus wie ein *l.* Dann wieder ein Schnörkel, ein weiteres *g* und am Ende ein *t.* Gelegt. *Ich habe eine Patience gelegt.* Derselbe Satz auf Deutsch und auf Englisch bringt mich meiner Großmutter einen Schritt näher.

Das *Lieber Ernst* in Max' Handschrift kann ich nicht erkennen, aber was sollten diese ersten zwei Worte sonst bedeuten? An dem anfänglichen *L* ist oben ein großer Haken, und unter dem *E* von *Ernst* windet sich ein Schwänzchen. Ein anderer Mammutbuchstabe beginnt weit unter der Zeile und schwingt sich dann in Rundungen nach oben, sodass sich das *B* erkennen lässt. Der letzte Buchstabe dieses Wortes gleicht einem *f,* und ein Punkt, der über der Wortmitte schwebt, lässt ein *i* vermuten. Da ich immer stärker davon überzeugt bin, dass Max weder ein *i* ohne Punkt gelassen noch ein *i* falsch gesetzt hätte, muss aus *B-i-f* fertig ergänzt *B-r-i-e-f* werden. Also lese ich: *Brief v. 28/8.* Die Antworten von Max und Mally, die in moderner Schrift datiert waren (*Berlin, den 1. September 1938*), sind also nur vier Tage später geschrieben worden als Ernsts Nachricht aus Tel Aviv. Der Post ging es gut in diesen Zeiten, wenn auch sonst niemandem.

Ich drehe das Blatt um (Max schrieb auf beide Seiten des hauchdünnen Papiers, was das Ganze noch schwieriger macht). Und dann finde ich noch ein Wort: *Paris*. Wenn mir so immer wieder einzelne Wörter ins Auge springen, sollte ich das Ganze wie ein Puzzle betrachten, von dem ich Stück für Stück zusammensetzen kann.

Kaum ist mir dieser Gedanke gekommen, erhalte ich auch schon wieder einen Dämpfer, denn ich werde mit einer Fülle schwarzer Buchstaben konfrontiert, die bis ganz unten zur Ecke des Blattes laufen und, soweit ich es sehen kann, sogar darüber hinaus. Das Sütterlin-Alphabet ist da keine Hilfe mehr. Zu meiner inneren Qual bleibt Max unerreichbar.

Mich erreicht eine Einladung. Freunde bitten mich zum Tee bei Edith. *Sie interessiert sich sehr dafür, was Du in Berlin herausgefunden hast*, teilen sie mir mit.

Da müssen sie mich nicht zweimal fragen. Außerdem wird der Tee von einer Sachertorte begleitet sein, denn Edith ist in Wien aufgewachsen, woher diese ultraschokoladige Spezialität stammt.

Im März 1938, kurz nachdem fanatische Österreicher Hitler willkommen hießen und den *Anschluss* begrüßten, bereitete die achtzehnjährige Edith ihre Flucht vor. Mit einer Arbeitsgenehmigung für Dienstboten kam sie nach England wie so viele andere geflohene Frauen auch. Dabei hatte sie in ihrem ganzen bisherigen Leben noch kaum ein weiches Ei zubereitet. Sie verwüstete einige Küchen, bis sie schließlich die Genehmigung zur Büroarbeit bekam.

»Ich verstehe es einfach nicht. Ihre Großeltern hatten Geld. Warum haben sie Deutschland nicht verlassen?«, fragt mich Edith.

»Ich wünschte, das wüsste ich. Vielleicht könnten es mir ihre Briefe verraten, wenn ich sie bloß lesen könnte.«

»Sind sie in der alten Schrift geschrieben? Die haben wir in der Schule noch gelernt«, erklärt sie. »Ich könnte Ihnen beim Entziffern helfen.«

So beginnen also unsere Dechiffrierstunden. Wir sitzen nebeneinander auf dem Sofa in Ediths Arbeitszimmer und nehmen diesen Brief von Mally in Angriff. Während Edith jeden Satz entschlüsselt, lasse ich das Aufnahmegerät laufen.

Berlin, 1. September 1938

Lieber Ernst,

... Ich habe heute, für dich resp. im? Gedanken an dich eine Patience gelegt, die wunderbar gut aufgegangen ist – möge es ein gutes Omen für dich und deine Zukunft sein!

Wie immer sind wir sehr froh, von dir gute Nachricht zu haben und hoffen, daß alles weiter gut und besser wird! Daß du vorsichtig bist und unnötige Ausflüge und Gefahren vermeidest, beruhigt mich, du hast es mir ja auch versprochen.

Welche Gefahren? Wieder zu Hause, überprüfe ich, was zu jener Zeit in Palästina geschah. Nach dem starken Zustrom jüdischer Einwanderer, von denen viele Hals über Kopf aus Hitler-Deutschland geflohen waren, gab es einen arabischen Aufstand, den die britische Regierung schließlich niederschlug. Daraufhin bombardierten arabische Gruppen jüdische Wohngebiete. Und dann übten wiederum jüdische Gruppen Vergeltung.

Ich stelle mir vor, wie Mally beim Schreiben seufzt und sich fragt, ob Juden in diesen Zeiten überhaupt irgendwo sicher sein können.

Die Kinder aus Paris und Hilde schreiben zufriedenstellend; wir leben ruhig und bescheiden und sind gesund – was die Hauptsache ist. Um uns herum rüsten viele zur Auswanderung – oder sind schon fort – aber bei den Meisten ist die Vorbereitung sehr schwierig und langwierig, weil der Andrang auf allen nötigen Stellen zu groß ist – und die Möglichkeiten sehr klein.

Während ich der Aufnahme lausche, schaue ich mir den Text an. Mally verwendet eine Menge Gedankenstriche und Abkürzungen, um mit der Geschwindigkeit ihres Gedankenflusses Schritt zu halten. Stück für Stück öffnet sie sich für mich, wie eine Blüte die Blätter öffnet, lässt mich um sie herumschwirren und ihren Nektar in mich aufnehmen.

Der größte Zug ist jetzt von den reiferen Altern nach U. S. A. – soweit Auforderungen (sic) und Affidavits erreichbar sind.

Für die Grüße von Djumbo danke ich herzlich und lasse ihn ebenfalls grüßen – in Ermangelung von sonstigem Nachwuchs muß man auch zufrieden sein, wenn man nur Hundegroßmutter ist!

Schreibe weiter fleißig und sei gegrüßt und geküßt von
Mutter

Einige Besitztümer von Ernst hatte sie Freunden und Verwandten anvertraut, die nach Palästina ausgewandert waren. *Hoffentlich bist du inzwischen zu deinen Sachen gekommen …* Am meisten Raum müssen in ihren Gedanken aber doch die Bombenattentate und Ernsts Sicherheit eingenommen haben. Also schreibt sie das Wesentliche auf und schickt den Brief ab, ganz egal, ob noch ein spezielles Wort fehlt oder nicht. Ihre Sätze sind direkt, klar und einfach zu verstehen.

Bei Max' Briefen ist das absolut nicht der Fall. Am Anfang ist sogar Edith ratlos. Sie deutet auf einzelne Wörter, schüttelt den Kopf, murmelt etwas vor sich hin und versucht es an einer anderen Stelle. »Bomben!«, ruft sie plötzlich und dann: »Juden!« Genau wie ich scheint sie sich auf einzelne Wörter zu konzentrieren, die sie irgendwie anspringen, bevor sie diese zusammenzufügen versucht. Doch dort, wo ich versage, gelingt es ihr immer besser. Zwar hat Max sich selbst in Schachtelsätzen und sprachlich komplizierten Windungen verausgabt, seine Handschrift aber ist konsistent. Über dem *u* erhebt sich immer ein kleiner Kringel, sodass es sich besser von einem *n* unterscheiden lässt, wohingegen ein besonders problematischer Schnörkel entweder ein *w* oder ein *e* ist. Das wird dann irgendwann im Zusammenhang klar.

Berlin, 1.9.1938

Lieber Ernst

Dafür, daß du unseren Wunsch nach öfterem Schreiben erfüllst, sollst du Zug um Zug dein? Brief v. 28/8. bestätigt erhalten, der uns ein ziemlich anschauliches Bild, besonders über die Rätsel der in ausgesprochen arabischen Gebieten losgegangenen Bomben gibt. Es muß so etwas? doch wohl zum unerläßlichen Rüstzeug der Terroristen gehören – auch ohne sich über Motive und Endzweck Rechenschaft zu geben.

Das wirklich Hoffnungsvolle an diesem wirren Toben scheint mir für uns die von/m Beginn? der Unruhen an von den/m/ jüd. Jugend gezeigte Zuversicht, sowie die zähe und mutige Haltung, die freiwillig und ohne Gesten? ihr Blut für ihre Ideale? hergiebt.

Auch hier wird es, scheint mir, weder Sieger noch Besiegte geben; für uns Juden aber scheinen mir die Opfer? und Entbehrungen nicht vergeblich gebracht zu sein – und schließlich arbeiten – statt der? Zeit – die Engländer für die Juden, ohne welche? diese strategisch lebenswichtige? Position kaum gehalten werden kann.

...

Wie sich Max' Haltung verändert hat! Vorbei die Zeit, als er sich wenig Gedanken über Zionisten machte, als er sich noch sicher war, dass Deutschland seine Heimat ist. Jetzt, da ihm seine Bürgerrechte genommen wurden und er mit staatenlosen osteuropäischen Juden – die Erfahrungen mit Pogromen haben – über einen Kamm geschoren wird, da setzt er seine Hoffnung auf diese jungen Kämpfer und auf Großbritannien.

Bei unserer nächsten Dechiffriersitzung sind wir versucht, es uns mit einem weiteren Brief von Mally leichter zu machen. Allerdings schreibt Max viel häufiger, also atmen wir einmal tief durch und lassen uns dann darauf ein.

Welche Überraschung! Wir hatten erwartet, wieder in einem Satzdickicht gefangen zu sein, doch überraschenderweise beschreibt Max einfach nur, was um ihn herum vor sich geht.

6. November 1938
Lieber Ernst

Wir wollen heute deinen letzten Brief v. 25/10 – an einem trüben Herbst-Sonntag-Nachmittag – bestätigen. Mutter und Hede, welch letztere sich bei uns besuchsweise zwecks Vervollständigung ihrer Ausrüstung zur Ausreise nach Holland befindet, hören Radio. Herrn Ginsberg und noch einen Bekannten aus dem Brüder-Verein (der vorübergehend geschlossen bleibt) hatte ich am Vormittag hier zum Skat; nach dem Abendbrot gehen wir zu den Charles', die auch auf dem Sprung stehen zur Übersiedelung nach Melbourne, wohin sie ihr Sohn abruft; die Ausreisen nach überall hin sind z. Z. furchtbar erschwert, sodaß ein großer Teil der uns Nahestehenden warten und warten und so mancher seine schon verpackten Sachen zum Gebrauch wieder lüften muß, auch bei Charles' geht es ähnlich. …

Mit unserer Geschäfts-Auflösung, die zwangsläufig vor sich geht, denken wir Ende des Jahres fertig zu sein; die Phasen einer solchen einreißenden Tätigkeit zu durchleben und dabei aktiv – und noch nahe leistend, beteiligt zu sein, gehören zu den traurigsten Kapiteln unserer geschäftlichen Arbeit. Manfred, der sich schon seit langem geschäftlich in Holland aufhält, kommt nicht mehr zurück.

Im glücklichen Gegensatz hierzu stehen Gott Lob die Berichte, die wir von dir, Paris und London erhalten. Hilde wurde anlässlich ihrer …

Beim Vorlesen versiegt Edith die Stimme. Sie sitzt völlig starr da und bewegt sich nicht. Plötzlich habe ich Angst, dass das alles zu viel wird für sie. Ihr von Natur aus offenes, neugieriges Wesen lässt mich ganz vergessen, dass sie nur ein paar Jahre nach meiner Mutter geboren wurde und mit ihren eigenen Geistern aus der Vergangenheit klarkommen muss – zum Beispiel mit dem ihrer Stiefmutter. Denn Edith hat es nie geschafft nachzuforschen, was mit ihrer Stiefmutter geschehen ist. Dafür hatte sie zu viele Schuldgefühle, weil sie sie nicht hatte retten können.

»Sollen wir aufhören?«, frage ich.

»Warum?« Überrascht blickt sie auf. »Das ist doch spannend. Nur das hier kann ich nicht entziffern.«

Ich schaue auf den Text. *4jährigen* ... irgendetwas mit *R*. ... Das ist eine Abkürzung. Natürlich! »Das muss *Dr. R.* heißen«, sage ich. »Kurz für Dr. Rosenkrantz, den Chef meiner Mutter. Sie ging 1933 von der Schule ab und arbeitete seit 1934 für ihn. Jetzt ist 1938. Vier Jahre.«

Zum ersten Mal habe ich etwas schneller entschlüsselt als Edith. Allerdings kenne ich die Zusammenhänge und sie nicht. Vielleicht ist das also ein Glückstreffer. Oder auch nicht. Es fühlt sich auf alle Fälle großartig an, und ich spüre eine Veränderung.

Edith vertieft sich weiter in den Text.

Hilde wurde anlässlich ihrer 4 jährigen Tätigkeit bei Dr R. durch ein kl. Fest-Essen gefeiert; in Paris scheint es wirtschaftlich so wenig aussichtsreich zu sein, daß sich die beiden (Charlotte und Nepo, erkläre ich) *nach anderen Ländern umschauen; eine Geschenk-Passage wie wir sie dir z. Z. machten, ist heute leider nicht mehr (devisentechnisch) möglich; ich gab mir große Mühe, eine solche (Frankreich-New York und retour) zu verlangen, vergeblich. Jetzt will ich nochmals durch den Hilfsverein einen Versuch machen.*

In mir reift eine Entscheidung heran. Es ist Zeit geworden, dass ich selbst mit den Handschriften klarkomme. Da wird es zweifellos Lücken geben, und Edith wird mir helfen, diese zu füllen. Doch von nun an will ich die allererste Person sein, die ihre Briefe liest, seit Ernst sie erhalten hat. Nur Mally, Max und ich. Endlich.

Daß du – trotz der dortigen Zustände – stimmungsvoll schreibst freut uns besonders; Jumbo scheint allerdings einen gewissen Anteil daran zu haben. ...

Schreibe uns doch mal einiges über die verschiedenen uns bekannten und befreundeten Menschen von dort ...

Überall in ganz Deutschland stehen zur Abreise fertig gepackte Koffer und Kisten herum. Trotzdem betrachtet Max die Vorschriften noch immer so, als wären sie vorübergehend; seine Loge ist nur *vorübergehend geschlossen.* Er beobachtet die Emigrationsanstrengungen als Außenstehender und ist eher damit beschäftigt, dem Befehl zur Schließung seines eigenen Geschäfts Folge zu leisten. Und was Mally angeht ... Ihr würde der bloße Anstoß von Max genügen, dass sie zu ihrem Sohn eilt, Bomben hin oder her, da bin ich mir sicher. Derweil setzt sie ihr Vertrauen in den Ausgang einer Patience und bleibt ihrem alten Ehemann treu, der einst einen Sturm überstand auf einem Meer, das nicht mehr existiert.

Man müßte doch jetzt hart um eine Klärung der dortigen Krise stehen; es ist nun auf Englands anständige Staatsmänner zu hoffen ...

und sei für heute herzlich gegrüßt

Vater

Ich schaue noch einmal auf das Datum des Briefs, 6. November 1938. Drei Tage vor der Reichskristallnacht.

DER DAMM BRICHT

—————

9. November 1938. Reichskristallnacht, so benannt nach den Scherben und Splittern, mit denen jüdische Wohnungen, Geschäfte und umliegende Straßen nach der von Nazis initiierten Zerstörungsorgie übersät waren. Ausgebrannte Synagogen, entweihte Thorarollen und dreißigtausend zusammengetriebene jüdische Männer. Unter ihnen auch zwei Neffen von Max: Kurt und Horst, die Söhne seines jüngsten Bruders. Der lebte zu dem Zeitpunkt immer noch in Tirschtiegel, jener kleinen Stadt, in der die ganze Familie aufgewachsen ist. Die beiden Männer wurden ins Konzentrationslager Sachsenhausen verschleppt und bekamen dort einen Vorgeschmack auf die noch größeren Brutalitäten zu spüren, die kommen sollten.

Am 18. November 1938 schrieb meine Mutter an Ernst: *Was macht man bloss mit Max und Mally. Alle Leute, die noch Eltern in Deutschland haben, versuchen jetzt, sie rauszuholen, und ich komme mir immer wie ein Rabenkind vor, dass ich so gar nichts unternehme, aber was sollen wir tun? Geld haben wir doch all keins, und warten, bis mich ein Ölmagnat heimführt können wir auch nicht, und wenn man denkt, wie schön sie draussen sein könnten, wenn sie auf uns gehört hätten. Wenn sie jetzt noch versuchen würden, rauszugehen (und weiss man überhaupt, ob sie wollen) würden sie keinen Pfennig mitkriegen, man nimmt ihnen doch alles weg. Wiederum ist es besser, draussen nichts zu haben als in Deutschland. Was meinst Du?*

Ich weiß, was ich denke: über die tausend Pfund, die Max

meiner Mutter nicht geschickt hat; über die tausend Pfund, die Charlottes erster Ehemann, Herr Hurtig, ihr gemopst hat; und über die einzige Person, die tausend Pfund bekommen hat und die sie, soweit ich weiß, behalten hat: Ernst. Wie viel davon hatte er noch übrig? Veranlasste ihn der verzweifelte Brief meiner Mutter zum Handeln, oder hätte er sowieso etwas unternommen?

Zehn Tage später brach der Damm.

Berlin, 29.11.1938

Lieber Ernst …

Ich brauche zwei Tage für Max' Brief, dabei wandere ich vom Arbeitszimmer in die Küche und wieder zurück, mache mir einen Tee nach dem anderen, die ich dann alle kalt werden lasse, und gehe bei Regen spazieren, auf dass der Nebel von Max' Worten gewaschen werde und sie endlich funkeln. Und den Großteil des Briefes schaffe ich allein.

… Der Hauptinhalt Deines Briefes hat uns sehr erregt; gerade 2 Tage vorher hatten wir zum ersten Male Deine Gedanken ins Auge gefaßt, ohne uns bewußt zu sein, daß Du uns hierfür auch eine materielle Grundlage anbieten könntest. Du schenkst uns dadurch, und durch die dabei bewirkte Aufrichtung soviel, daß wir seit langem wieder einmal einen Lichtstrahl sehen, der uns mit Gottes Hilfe noch einmal ein neues, wenn auch bescheidenes Glück bereiten kann. Es scheint, daß das was Ihr schon immer ahntet nicht zu vermeiden sein wird, und so wollen wir Dich wissen lassen, daß Du so schnell es möglich ist, Schritte einleitest um uns anzufordern. Der Andrang hierzu ist von allen Seiten so stark, daß keine Minute verloren gehen darf, die eine Chance verzögern könnte; es gehört ja selbst bei normalem Ablauf eine lange Zeit dazu. … Wir bitten Dich daher, die Sache sofort in die Hand zu nehmen und uns ständig auf dem laufenden zu halten und zu informieren.

Unser Geschäft wird wohl kurz nach Jahresschluß zur Auflösung gelangt sein.

Deine sonstigen Zeilen sind für uns insofern eine Beruhigung, als sie uns
von Deinem tiefen Gefühl und Deinem starken Sinn über zeugen.
   Sei für heute gegrüßt
   von Vater

Oh, Max! Ich sehe ein Reh vor mir, das im Scheinwerferlicht
eines Autos vor Schreck erstarrt. Der Paterfamilias, der nie Widerspruch duldete, hat die Kontrolle verloren. Und immer noch
wickelt er das Geschäft ab, statt es einfach den Bach runterge-
hen zu lassen und sich darauf zu konzentrieren, wie er und Mally
flüchten können. Währenddessen formuliert er seine verschach-
telten Sätze, mit denen er Ernst anweist, *die Sache sofort in die Hand*
zu nehmen. Zuzugeben, dass seine Kinder die ganze Zeit recht hatten, kann ihm nicht leichtgefallen sein, und ich vermute, dass er
das auch nur seinem Sohn gegenüber getan hat.

Mally hat noch etwas ergänzt.

Mein lieber Junge!

Als wir Sonnabendabend auf 1 Stunde bei Vosses waren und hörten,
daß sie Affidavit für USA hätten, ist Vater doch endlich der Gedanke ge-
kommen, daß auch wir guttun würden, über unsere Möglichkeiten nachzu-
denken.

Ich verstehe. Die Vosses (wer auch immer das ist) waren der
Auslöser. Nicht Max' Kinder. Nicht seine eigene Frau. Die Vosses – Herr Voss wahrscheinlich. Wenn *er* sich schließlich dazu
aufraffte, nicht nur über eine Flucht nachzudenken, sondern tatsächlich etwas in diese Richtung zu unternehmen …

Da kamen wir auf die Idee, daß einzig für uns der Weg nach Pal. der
richtige wäre – aber in der Meinung, daß wir in der Lage sein würden, dort
selbst für uns zu sorgen, nur Dich um Anforderung zu bitten, damit alles
beschleunigt werden könnte. Wir werden uns hier beraten lassen und geben
Dir auch Nachricht über alles. Jedenfalls war uns Dein treues und lie-
bes Angebot eine große Freude. Ich hoffe aber, daß sich noch bis wir so-
weit sind, irgendwelche Möglichkeiten bieten werden, respektive daß wir

*unter günstigeren Bedingungen übersiedeln können und Du nicht belastet
mit uns bist.*

Auch für Mally widersprach es der natürlichen Ordnung, wenn
Eltern von ihren Kindern abhängig waren, deshalb begab sie sich
schnell wieder in ihre Mutterrolle.

*Ab voriger Woche sind einige Musterpäckchen von uns mit Most, Feurich
(Schokolade) an Dich abgesandt, und Du mußt schreiben, ob sie gut an-
gelangt sind und was Du nachbestellen würdest. Lasse Dir inzwischen die
Mustersendungen gut schmecken. Zum Geburtstag schreiben wir nochmal.*

Gruß und Kuß

Mutter

Das mit dem Verschicken von Päckchen war so ansteckend
wie die Hoffnung. Auch meine Mutter sandte ein Geburtstags-
geschenk an Ernst.

London, 1. Dezember 1938

Lieber Bruder Ernst

*Zunächst mal many happy returns of the day, 'ealth and 'appiness (wie
die Cocneys (sic) sagen) and bessere Zeiten, viel Geld, Glück in der Liebe
und im Spiel und alles in allem einen schönen Geburtstag! Als kleine Aufmerksamkeit schickte ich Dir gestern einen Dundy (sic) Cake von Lyons,
das isst Du doch gern, so richtiger engl. Kuchen, er hält sich gut, ausserdem
befindet er sich in einer Blechschachtel. Hoffentlich musst Du keinen Zoll
zahlen, ich hätte ihn hier zahlen können, aber er wäre teurer gewesen als
Kuchen und Porto zusammen, und das Fräulein bei Lyons sagte, dass er
möglicherweise ohne Zoll durchkommen würde wegen der vielen Weihnachts-
pakete, die jetzt abroad geschickt werden.*

*Da man in Geburtstagsbriefen nicht schimpft, sage ich auch nicht dass
Du ein altes Arschloch bist and that I would like to kick you in the pans
(sic), sondern ich sage dass ich mich sehr freuen würde, von Dir zu hören,
wenn Du Dir vielleicht 10 Minuten Zeit nehmen würdest, Deiner kleinen Schwester zu schreiben. Du hast Ihr ungefähr vor 1/2 Jahr zuletzt geschrieben.*

Lange musste sie nicht warten. Die Entscheidung von Max und Mally löste eine Flut von Briefen der drei Kinder aus. Von den drei Geschwistern war Ernst immer derjenige gewesen, der außen vor war und der einen anderen Sinn für Humor und andere Interessen hatte als seine Schwestern. Die machten sich gern über seine Sammelwut lustig, die sich auf alles erstreckte, egal, ob lebendig oder tot, alt oder neu. Sein Berliner Schlafzimmer war ein Sammelsurium aus Insekten, Fischen, Mäusen, Fossilien, Plakaten, stapelweise Werbebroschüren und Alben, die vor Briefmarken und Fotos überquollen. Charlotte nahm es Ernst besonders übel, dass er Mallys ganze Liebe beansprucht hatte, sodass nichts für sie übrig blieb. Die Gefühle meiner Mutter waren eher Wut und Verärgerung über den gedankenverlorenen Bruder, der eine Bananenschale über der Stuhllehne hängen ließ oder ihren Geburtstag vergaß. Doch jetzt versuchten alle drei, ihren Eltern zu helfen.

Am 13. Dezember 1938 schrieb meine Mutter an Charlotte.

Gestern hatte ich Briefe von Max und Mally und endlich von Ernst … Ich finde es von Ernst wirklich fabelhaft und es gibt doch auch keinen andern Weg, als sie nach Palaestina anzufordern, England hat doch keinen Zweck zu versuchen, hier liegen, wie ich gestern aus ganz zuverlaessiger Quelle gehoert habe 40 000 Antraege beim Homeoffice, und die Garantiesumme ist groesser als in Palaestina, und dann waere doch das bisschen Geld doppelt so schnell alle hier als dort, wo man billiger lebt. Ernst schreibt, man kann sich Kapitalistenvisen beschaffen, die kosten allerdings 60 £, ich koennte nichts weiter tun, als meinen Schmuck verkaufen, aber es wird ja immer schlimmer, und jetzt wo sies endlich erfasst haben, muss man sie rausholen, es hilft nichts, dass wir wissen wie falsch sie alles gemacht haben. Habt Ihr Ernst schon geschrieben und was ist Eure Meinung? Weiss Gott, wie alles werden wird, Max als Bettler, aber sie haben jetzt erfasst, besser Bettler draussen als in Deutschland, wenn man sie nur noch rauskriegt.

Am 12. Dezember 1938 schrieb die weniger dankbare Charlotte an Ernst.

... jetzt kommt die Hauptsache, Mally-Max.

Dass du dafür bist, dass sie rausgehen und zwar schnellstens ist auch meine Meinung. Dass du deine Ersparnisse zur Verfügung stellst ist sehr schön und Zibbe und (Hilde und) ich täten es auch wenn wir es hätten.

Du hättest ihnen aber klar schreiben sollen was für sie zur Verfügung steht und ob sie auf dieser Basis heraus wollten. Sie haben das nämlich bereits zweimal missverstanden.

Natürlich ist es gut, dass es jetzt zur Sprache kommt, denn praktisch sieht es so aus. Je eher man anfordert usw. usw., und ausserdem glaube ich daran, dass es so wird wie in Russland. Gegen schwere Lösegelder wird man die Menschen herausbekommen, die die Nazis jetzt zwar ohne Pfennig aber später auch ohne Billet und noch später für Phantasiesummen »verkaufen« werden. Ausserdem sind sie jünger je eher sie kommen und ich glaube sicher, dass Mutter sich betätigen kann, und wäre es nur dass sie für jemanden mitkocht oder so etwas. Ich werde sowas nicht vorschlagen, denn es wird falsch verstanden, das ergibt sich von selbst. Menschen stellen sich erst um, wenn es so weit ist, von theoretischer Umstellung halte ich nichts.

Gestern abend hatte ich von Max and Mally einen Brief, der mit lauten und stillen Vorwürfen gegen mich voll war: »Ernst ist der Einzige der die Lage übersieht und wird uns angefordern (sic).« Erstens hast du noch garnicht angefordert und zweitens übersehen andere auch die Lage.

...

Vielleicht habe ich noch heute abend Kraft ihnen darüber zu schreiben, auch Missverständnisse aufzuklären.

Vier Tage nachdem sie diesen Brief abgefeuert hat, lädt Charlotte ihre Schreibmaschine nach und nimmt Ziel auf ihre Eltern. Für Ernst macht sie eine Kopie.

Paris, 16.12.38

Liebe Eltern,

Ich hatte Euren Brief schon mehrere Wochen erwartet und habe, falls Ihr Euch erinnert, mehrmals nach Euren Plänen gefragt.

...

Eure Meinung, dass nur Palästina in Frage kommt, ist auch unsere, denn erstens hat Ernst als Einziger die Möglichkeit, Euch anzufordern, zweitens wäre es unverantwortlich, wenn man auswandert, in Europa zu bleiben (wie Ihr sicher durch Gerties Freundin erfahren habt, haben auch wir Pläne weiterzuwandern und wollen versuchen, den Ereignissen zuvorzukommen), drittens lebt man dort billig, kommt mit Deutsch aus, trifft alte Bekannte wieder ...

Es geht nämlich alles wenn es gehen muss, und ich bitte Euch, nicht noch mehr falsch zu machen als schon gemacht worden ist und jetzt, nachdem bei Euch, wie es gut berlinisch heisst der Groschen gefallen ist auf Eure Kinder zu hören und Eure Auswanderung zu betreiben.

...

Du solltest Dich, lieber Vater, nicht mehr für eine Sache wie die Taubstummenanstalt einsetzen, denn Du kämpfst auf verlorenem Posten. So traurig das für Dich ist, denn ich weiss wie Dir diese Lebensarbeit ans Herz gewachsen ist. Du solltest jetzt endlich vorwärts sehen und in Euerm und im Interesse Eurer Zukunft nur an Euch denken. Es ist schon viel Zeit verlorengegangen, aber es ist noch nicht zu spät.

Euer stiller Vorwurf, dass Ernst der Einzige ist, der die Lage übersieht sagt mir, dass Ihr unseren Brief mit den Bitten um Kleinigkeiten und Medikamente völlig missversteht. Vielleicht merkt Ihr jetzt dass ich die Lage seit einigen Jahren übersehen habe und auch jetzt übersehe und dass meine Briefe, die Ihr sicher grob findet, gut gemeint sind.

Von Medikamenten sind bisher dankend zu bestätigen: Felamin, Amphotropin, Frontesil und Zupakotabletten.

Die Tabletten dürften zwar Charlottes Gallenblase geheilt haben, nicht aber ihre Verärgerung über Max und Mally.

Einige jüdische Anwälte fungierten, nachdem sie nicht mehr praktizieren durften, als Berater für diejenigen, die aus Deutschland fliehen wollten. Bei den sich ständig ändernden Regularien war die Wahl des Beraters lebensentscheidend, besonders nach der Reichskristallnacht, als eine rasant ansteigende Menge Verzweifelter die Verwaltungen zu verstopfen drohte. Ernst hörte sich nach einem Berater um und informierte seine Eltern umgehend.

Ich habe mich hier erkundigt und gehört, dass als zuverlässige Berater in B. ASCHNER und GOTTLIEB gelten. (18. Dezember 1938)

Max setzte seinen eigenen Ratschlag, dass *keine Minute verloren gehen darf,* noch nicht um. Doch Mally unternahm etwas. Sie ging direkt zum Palästina-Amt der Jüdischen Agentur, wo sie allerdings einem Fräulein Holder aus dem Weg gehen musste, denn Max hatte diese Dame im Jahr zuvor mit seinen antizionistischen Ansichten beleidigt, sodass diese Mally *sofort mit Vaters Einstellung ins Gesicht sprang (und sagte) daß wir in dieser Hinsicht vielleicht Schwierigkeiten bei einer Auswanderung haben könnten.* Stattdessen suchte sie unverzüglich Benno Cohen auf, den Leiter des Palästina-Amtes, den Ernst kannte. Am 23. Dezember 1938 berichtete sie Ernst.

Er war sehr nett und weist solche Zweifel wegen früherer Dinge ganz zurück. Sie sind da um zu helfen. Er nannte mir Dr. Rich. Marcuse als Berater. Benno C. fragte, ob du uns schon angefordert hast und an welchem Datum; er meint, daß es bei dem Andrang schwerlich für diese Schedule gelingen wird, daß du aber bei Absage gleich für die nächste wieder anmelden sollst. Ich soll ihm deine Briefe am Telephone vorlesen, resp. die betr. Stellen und er ist auch persönlich jederzeit für mich zu sprechen. (Benno Cohen sollte später als Abgeordneter für die Liberalen im Parlament des jungen Staates Israel sitzen.)

Ernst befolgte Charlottes Instruktionen, um Missverständnisse aus dem Weg zu räumen, und schrieb am 1. Januar 1939 einen ermutigenden Brief nach Berlin, von dem er eine Kopie aufbewahrte.

Zunächst kommt es mir so vor, als ob Ihr mich – unberechtigter-weise – als das einzige gute Kind anseht, das etwas für Euch tut. Wir Geschwister haben uns manche Köpfe zerbrochen und hin und herkorrespondiert und das Ergebnis ist doch logisch, da Hilde und Lotte von ihren Wohnorten nichts tun können und ich in einem Lande lebe, in der ich als Bürger berechtigt FORDERN kann und – ausserdem eine bescheidene finanzielle Grundlage besteht. Ich möchte noch einmal betonen, dass ich mit meinen Geschwistern darin konform gehe, dass ich etwas Selbstverständliches tue, dass sie – wenn sie könnten, genau so tun würden.

...

Über die Zukunft allzuviel nachzudenken, ist zwecklos. Auf jeden Fall habt Ihr 3 Kinder, die jedes in seiner Art, tüchtig und ganze Menschen sind und die alle bestrebt sein werden, Alles für Euch zu tun. Ich persönlich bin überzeugt, dass Lotte und Hilde auch praktisch für Euch in Zukunft da sein werden. Was mich angeht, so glaube ich, dass die Verantwortung für mich ein grosser Ansporn sein wird.

Nun noch ein paar Worte zu dem Thema Warum Palästina. *Die Hauptgründe habe ich schon gesagt. Es gibt aber eine Reihe Nebengründe. In jedem anderen Land seid Ihr als ältere Leute isoliert, Fremde, geduldete noch dazu. Hier gehört Ihr vom ersten Augenblick mit dazu. Derselbe Palästinenser, der einem jungen Menschen nur in seiner Sprache antwortet, nimmt alten Leuten gegenüber alle Rücksicht, wie man immer wieder beobachten kann. Es gibt für Euch keine Sprachenfrage. Ihr trefft, wenn Ihr wollt, genug nette Leute Eurer Sphäre und Eures Alters, die sich freuen werden, nette Gesellschaft zu finden ... nur Theater und Politik bleiben Euch durch die Sprache nur halb erschlossen.*

Um Max und Mally die Bedenken darüber zu nehmen, dass sie ja keine Zionisten waren, fügte Ernst hinzu:

Ich halte es für ganz ausgeschlossen, dass man Nichtzionismus nachträgt. Berechtigt ist es allerdings meiner Meinung nach, wenn alte Zionisten, wenn wenig Zertifikate da sind, bevorzugt werden.

Als Max sich dann endlich für einen Berater entschied, ignorierte er die Empfehlungen von Ernst genauso wie die von Benno Cohen. Stattdessen hielt er sich an die einzigen Regeln, die sein Leben bestimmt hatten, die er verstand und auf die er vertraute: Such dir jemanden mit Bezug zu deiner Familie, der auf Einzelheiten achtet.

Die von dir benannten Herrn Dr Aschner und Gottlieb bieten uns z. Z., besonders wegen ihrer Überlastung nicht die Chance einer so gründlichen Bearbeitung, wie es bei diesem Herrn der Fall zu sein scheint; Dr. Jacobi ist übrigens ein Bundesbruder von ... (6. Januar 1939)

Dr. Jacobi ließ sich Zeit, was Max als Gründlichkeit interpretierte. Falls Mally verstand, dass Eile geboten war, so schwieg sie. Als sie am 19. Januar 1939 feststellte, dass der erste Brief von Ernst an Dr. Jacobi auf dem einfachen Postweg transportiert worden war, bemerkte sie lediglich: *In Zukunft werde ich ihn bitten, alles per Luftpost zu erledigen.*

Meine Mutter hatte da schon Zweifel, ob ihre Eltern es schaffen würden. Am 9. Januar 1939 schrieb sie an Ernst:

Von Max und Mally hatte ich Brief, Max schreibt hilflos und zerstreut und ich hab das Gefühl, dass sie dem allen gar nicht mehr gewachsen sind. Schreib mir doch mal, ob schon irgendetwas passiert ist. Besorgst Du die Kapitalisten-Visen von denen Du schriebst dass sie £60 kosten? Glaubst Du, dass sie noch einen Pfennig retten können? Man könnte sich wirklich selbst in den Arsch beissen, wenn man bedenkt, wie es hätte sein können. Na, ist zu spät, und wir müssen eben jetzt alle ran.

Meine Mutter arbeitete von früh bis spät in der kleinen Wohnung in Willesden Green und schlug abends ihr Bett im Esszimmer auf, damit sie ein paar Stunden Schlaf bekam, bevor sie den Raum am nächsten Morgen wieder in das Wartezimmer für die Patienten verwandelte. Durch jede neue Flüchtlingswelle wuchs auch die Menge derjenigen an, die Probleme mit ihren Zähnen hatten. Sie brachten neue Geschichten mit: über Verfolgung, verschärfte Regularien, die Möglichkeiten, diese zu umgehen, und den besten Ratgeber bei der Antragstellung. Diese Nachrichten gab sie nach Berlin weiter, und am 4. Februar 1939 berichtete sie darüber auch an Ernst.

Liebes Brüderchen,

... Schreib mir doch mal was mit Max und Mally los ist, von denen höre ich nicht viel, und sie scheinen auch gar nichts zu tun, sondern sich nur auf Dich zu verlassen. Ich hörte z. B. neulich von einem Berater in Berlin, der phantastisch gut und schnell arbeiten soll (Finanzamtsachen und Abwicklungen) allerdings wahnsinnig hohe Preise nehmen soll, weil er sichs wegen Nachfrage leisten kann. Aber es ist doch egal, nur hat Max glaube ich bis heute noch nicht begriffen, dass man nicht mehr sparen muss. Jedenfalls schrieb ich ihm Namen und Adresse von dem Herrn, und da schrieben sie zurück, dass sie bereits Herrn X. hätten, der sehr gut ist.

Charlotte hatte Ernst schon am 19. Januar 1939 bildlich beschrieben, wie unfähig ihre Eltern waren, sich zu beeilen.

... Es ist ja nun wirklich ein Wille zur Umstellung, dass sie ihre Betten, in denen sie gewohnt waren zu schlafen, als Couches modernisieren und es ist eigentlich rührend und erschütternd, dass sie die Schreibtische aufgeben wollen und sich mit einem Schrank zum Aufklappen begnügen wollen. Dass sie aber all das nicht mitnehmen können und lieber Sachen, die sie behalten wollen, herausschicken, darauf kommen sie nicht und das lassen sie sich nicht erklären. Als wir ihnen vor einigen Tagen (ohne an dem Möbelumbau, der ja nur ein unproduktives Detail ihrer Einstellung und Tätigkeit ist, zu kritisieren) schrieben, dass andere Leute z. B. die Angehörigen vom Alten kofferweise Kleidung, Wäsche usw. nach dem Ausland schicken, und was sie dazu meinten, schrieb Max, wobei man seine Stimme zu hören glaubt: »Über diesen Umstand herrscht ziemliche Unklarheit, weshalb ich diese Frage, liebe Lotte, nicht präzise beantworten kann. Was wir tun können wird getan; was andere machen, wissen wir nicht.« ...

Diese Kofferschickerei, die ja in Palästina nicht so üblich sein wird wie in Paris seit einigen Wochen, hat so etwas tragikkomisches und es gibt Situationen, die man sich nicht vorstellen kann. Wir bekommen z. B. aus dem Ausland, von irgendeinem Ausreisenden einen Kofferschlüssel und einige Tage später von einer anderen Person aus dem Ausland einen Gepäckschein. Das traut man sich nicht aus Deutschland zu schicken, ebenso sind die Koffer auf einen falschen Namen aufgegeben. Man geht also auf den Bahnhof und gibt den Gepäckschein einem Träger. Das heisst, man will, aber es sind 20–30 Emigranten da, die mit Gepäckscheinen fuchteln, auf denen Berlin Zoo – Paris Nord steht, und der Gepäckträger, der schon begriffen hat, was los ist, sagt »Ah, les valises de ma mère.« Nach einer Weile wird man den Schein los und der Träger kommt und sagt, ist das Ihrer? Da geht man um den Koffer rum und sagt ja, ich glaube … Da doch die Gepäckscheine keine Namen haben, die Angehörigen die Koffer nie gesehen haben und nicht daran denken, auf die Nummer zu achten, kommt der Gepäckträger in die Verlegenheit wenn er fragt »Welcher ist Ihrer?« mehreren fragenden Leuten gegenüber zu stehen. Schlüssel werden versucht, die zu beiden Koffern passen. Endlich können die Emigranten an den Initialen der Wäsche feststellen, welcher zu welcher Familie gehört. Und dann wird man vom Vérificateur gefragt, ob was zu verzollen wäre. Nun sind die Leute in Deutschland in solcher Verwirrung und Panik, dass sie nur daran denken, den Kram, der sonst versteuert oder überhaupt nicht herausgelassen wird, rauszuschicken. Sie vergessen, dass der Zoll in fremden Land existiert, und die Schuhe sind nagelneu, die Wäsche möglichst noch mit Etikett usw. Der Zoll benimmt sich sehr nett (mir hat der Vérificateur nur gesagt »Glauben Sie, dass es Spass macht, in fremden Sachen zu wühlen? Ça me dégoute.«) Er hat neuen Stoff, neue Wäsche und Anzüge durchgehen lassen und hat nur einen schlecht versteckten neuen Photoapparat dabehalten, den ich entweder verzollen oder plombiert weitergehen lassen muss. Da die Familie vom Alten nach Amerika geht, lässt man die Rolleiflex durchgehen und sie verkaufen sie in Amerika. Wir haben das Atelier voll mit Riesenkoffern und es tut mir leid, dass Mallymax so bockig sind und auf ihrer Habe hocken.

Charlotte & Alfred Jan

Das Atelier von Charlotte und Nepo,
Weihnachtskarte von 1938

Der Dundee Cake von Lyons ist inzwischen zollfrei in Tel Aviv angekommen. Der begeisterte Ernst hat ihn unverzüglich vertilgt und sich bei meiner Mutter bedankt.

Am 4. Februar 1939 antwortete sie ihm.

Liebes Brüderchen,

Ich muss schon sagen, wir führen in den letzten Monaten eine ausgesprochen rege Korrespondenz, alles was recht ist, nur weiter so! …

Jetzt komme ich auf Dein BlusenAngebot zurück. Also, wenns gibt, wäre mir lieber Leinen als Wolle … Ich hatte so eine hübsche aus Berlin, die zerfällt jetzt. Polohemd-Form zum offen und geschlossen tragen, ganz einfach … Also kiek mal, obs das gibt … Ich laufe doch (unterm Kittel) meist in Rock und Bluse rum, und das wäre sehr »useful«.

Und über ihre Eltern schreibt sie:

Glaubst Du überhaupt, dass sie noch einen Pfennig rausbringen? Nach allem was man hier hört, ist es ganz unwahrscheinlich, viele kriegen nicht mal ihre Möbel mit raus. Und mit Neuanschaffungen ist es auch so schwer, weil man ihnen doch das eigene Geld zuteilt. Es ist ja bei Max nicht rauszukriegen, was er besitzt, wir haben es ja früher auch nie gewusst. Jedenfalls fände ich es schon grossartig, wenn sie rauskommen, ohne Geld und Möbel, und für Dich wird es ja leider am schwierigsten sein, jedenfalls zuerst, ich werde ja hoffentlich eines Tages mehr verdienen als £1 die Woche, im Dezember läuft mein Permit ab, und ich hoffe stark auf ein permanentes, dann könnte ich alles arbeiten, daraufhin lerne ich bereits engl. Stenographie.

Jetzt, da ich mich genauer mit meinen Großeltern befasse, überrascht es mich, dass ich mich diesem Patriarchen, der seine

Sätze zu wahren Schachtelgebilden um mich herum auftürmt, so verbunden fühle. Ohne Zweifel ein pedantischer Pfennigfuchser ohne Anpassungsfähigkeit, aber einer, der Mally wertschätzte und arbeitende Frauen respektierte. Kontrollversessen und zugleich warmherzig. Diese Wesenszüge kamen nicht vor in dem Bild, das ich mir ausgemalt hatte.

Und noch etwas. Eins von Max' charakteristischen Merkmalen erinnert mich auf unangenehme Art an mich selbst. In der Grundschule verbrachte ich Stunden damit, verschlungene Zeichnungen anzufertigen, für die ich goldene Sternchen bekam. Als ich mich später mit antiken Dokumenten befasste, fragte ich mich immer, woher ich meinen Sinn für Details habe. Sicherlich weder von meinem Vater noch von meiner Mutter. Mein Vater erledigte seine Arbeiten immer ruckzuck, damit er fertig wurde, und meiner sorgfältigeren Mutter ging schnell die Puste aus. Der Nachteil von Gründlichkeit besteht darin, dass man bei wichtigen Entscheidungen entweder so lange braucht, um das Für und Wider abzuwägen, dass man dann zu spät dran ist, oder aber man verfällt in Panik. *Dass keine Minute verloren gehen darf.* Für Max ist das lange Herumtrödeln vorbei, an seine Stelle ist eine brodelnde geistige Aktivität getreten, aber wenig aktives Handeln.

Wenn ich daran zurückdenke, wie mir mein Vater bei unseren Spaziergängen durch Hampstead Heath immer von seiner knapp geglückten Flucht berichtete, so kann ich mir leicht vorstellen, dass ich ebenfalls überlebt hätte. Schließlich bin ich die Tochter meines Vaters. Und sicher hatte sein Glück auf mich abgefärbt. Doch angenommen, ich bin eher so wie Max? Vielleicht hätte ich mich dann an Kleinigkeiten aufgehängt und wäre zu spät losgekommen.

Andererseits … warum war es zu spät? Andere ältere Leute hatten es doch geschafft, in allerletzter Minute zu fliehen. Besonders diejenigen mit erwachsenen Kindern außerhalb von Deutschland, von denen sie nachgeholt werden konnten.

Ich habe ein fürchterlich seltsames Gefühl. Könnte es sein, dass das angespannte Verhältnis zwischen den zwei Schwestern und ihrem Bruder einen ernsteren Ursprung hatte als nur Geschwisterrivalität? Vielleicht können mir die restlichen Briefe erklären, warum Max und Mally die Flucht nicht gelang. Und vielleicht können diese Briefe auch zeigen, ob es eine Verbindung gibt zwischen diesem Versagen und der Kluft zwischen den Kindern, die später sogar noch breiter zu werden schien.

ENTSCHEIDENDE MONATE

Max hatte gute zwei Wochen gebraucht, um auf den Brief von Ernst zu antworten, in dem er die vielen Vorteile von Palästina hervorgehoben hatte.

Berlin, 19. Januar 1939

Lieber Ernst,

es liegt uns schon die ganzen Tage am Herzen, Dir zu schreiben; erstens drückt es Mutter, daß sie dir bis heute deinen Geburtstagsbrief noch nicht beantworten konnte; ferner müssen wir dir noch besonders danken für deinen v. 1/1. d. J. zurückliegenden ausführlichen Brief. Dieser drückt soviel warmherzigen Zuspruch, Ermunterung und Zuversicht aus, daß hierdurch allein schon die Bedenken, Hemmungen und sonstige Umstände, die ein solcher Auswanderungsplan in sich schließt, beseitigt wurden. Gerade deine Schilderungen über die dortigen Lebensverhältnisse, menschliche Umgebung, den Fortfall von Sprach-Schwierigkeiten, und nicht zuletzt die Naturschönheiten dieses Landes sind es ja, die auch uns, bevor wir deinen ersten Brief erhielten die Überzeugung nahelegten, daß kein anderes Land für uns in Frage käme.

Ich erstarre völlig, während ich mir einen aufgeregten Max vorstelle, der fast über seine Stiftspitze fällt, damit er nur alles aufschreibt und erfasst, sodass manche Wörter am Ende fast verschwimmen, aber nie ganz.

Es kommt jetzt, wie du auch schreibst darauf an, jetzt noch richtig zu machen, was nach reiflicher gegenseitigen Überlegung noch richtig zu machen erscheint.

Meine Güte, wie viel reiflicher sollen die Angelegenheiten denn noch überlegt werden?

Ich wechsele zu Mally, die eine Woche nach dem 12. Januar, ihrem Geburtstag, Folgendes schreibt:

Ich hatte eigentlich gar keine Lust, an meinem Geburtstag Besuch zu haben, aber der Gedanke, daß wir und so manche andere nächstes Jahr s. G. will kaum noch hier sein werden, hat uns doch einige Abendgäste eingebracht. Onkel Louis und Lina, Reichs, Hartwig und Regi Voss, Ludwig und Else Meseritz und Alfred Rychw., der gerade hier war, waren unsere Gäste.

Wir geben uns Mühe, jung und elastisch zu bleiben und sehen mit gutem Mut in die Zukunft. Wie Vater schon schrieb, hatten wir ja schon vor deinem frdl. Anerbieten für uns nur an Palästina gedacht – nachdem wir überhaupt erst mal an Auswanderung gedacht haben. Wir hätten aber sicher ohne deine Ermutigung noch dringendere Not abgewartet, ehe wir dich um Anforderung gebeten hätten.

Bei allen Göttern, wie viel dringender muss die Not denn noch werden? Und was das *jung und elastisch bleiben* angeht …

Durch deinen liebevollen Hinweis ist uns dies leichter geworden – nicht, daß wir dir damit eine Verantwortung zuschieben wollen – daran haben wir nie gedacht und du mußt unsere diesbezügl. Zeilen falsch gedeutet haben. Daß die anderen Kinder ebenso für uns eintreten würden glaube und hoffe ich – doch hoffe ich auch, daß es nicht nötig sein wird. Hilde schreibt immer lieb und herzlich; die Pariser meinen es wahrscheinlich auch gut, doch kennst du ja den Ton von Alfred, er hat allerlei alte Kamellen aufgewärmt und uns in der schon schweren Zeit noch unnötig aufgeregt und bedrückt. Lotte war ja uns gegenüber nie besonders herzlich – doch glaube ich natürlich, daß beide im Notfall zur Hand sein würden. Ich denke, wir werden es mit deiner Hilfe für die erste Zeit schon schaffen und uns – wenn auch klein – durchschlagen, ohne dir eine zu schwere Last zu sein. Wenn wir erst wissen, ob und wann besprechen wir erst noch mit dir die Wohn- und Einrichtungsfrage. Ist ein Frigidär und od. ein al. Herd nicht sehr richtig? …

Für heute Gruß und Kuß
von Mutter

Ein Kühlschrank und ein Herd? Geht einfach. Packt eine Tasche und geht.

Bis zum Februar hatte Dr. Jacobi sie auf die Dringlichkeitsliste der Jüdischen Agentur gesetzt. Max' Alter und die karitativen Tätigkeiten von Mally sollten ihnen helfen. War es jetzt an den britischen Behörden in Palästina, oder sollten sie von Berlin aus noch irgendetwas unternehmen? Max ging immer noch ins Büro, vermisste aber sein Geschäft. Zwei ehemalige Angestellte von ihm kümmerten sich noch um die Auflösung. Er und Mally fühlten sich sehr müde.

Bis zum März wurde es in ihrer Welt immer einsamer. Freunde kamen vor ihrer Abreise nach Palästina bei Max und Mally vorbei, konnten aber nicht einmal eine Kleinigkeit für Ernst mitnehmen, *da jetzt alles, sogar das Handgepäck, kontrolliert wird.*

Felix Reich, Direktor der Israelitischen Taubstummen-Anstalt, schaute vorbei, bevor er mit einer Schülergruppe nach England aufbrechen wollte. Max hatte seit über dreißig Jahren im Vorstand der Anstalt gesessen, und die beiden Männer waren alte Freunde. Auch Hede, deren Arbeitsstelle in Holland sich als nicht dauerhaft erwiesen hatte, ging schließlich nach England. Zu diesem Zeitpunkt begann dann sogar Max, Dr. Jacobi zur Eile anzuhalten.

Mitte April diesen Jahres hatten sie schon seit Wochen nichts mehr von Ernst gehört. Der Rabbiner Dr. Nussbaum kam zu ihnen, um für den Keren-Hajessod-Verein zu sammeln. Er deutete an, dass eine größere Spende helfen könne, die Angelegenheit bei der Jüdischen Agentur in Berlin zu beschleunigen. Max gab ihm dreitausend Mark. Sollte er Ernst die Quittung schicken? Sie versuchten, sich vorzubereiten. Aber solange sie nichts von Ernst hörten, konnten sie ihren Haushalt nicht auflösen und andere abschließende Vorkehrungen treffen. Die Jüdische Agentur teilte ihnen mit, nichts weiter veranlassen zu können, bis die Einladung eingegangen war.

In den Zeitungen wurde darüber berichtet, dass die britische Verwaltung Palästinas wieder über eine Beschränkung der Einwanderungszertifikate diskutierte.

Es wurde Mai; immer noch kein Brief von Ernst.

Lieber Ernst,

Ich bitte dich aber, sofort nach Erhalt dieses um Bescheid, da ich mit Mutter am 18.5. auf ev. 10 Tage (über Pfingsten) zur Ausspannung in die Nähe von Hamburg reisen möchte, u. ev. schon vorher etwas in unserer Sache unternehmen möchte.

Ein Erholungsurlaub? Jetzt? Ein schlecht gewählter Moment. Andererseits brauchten sie vielleicht gerade jetzt Zeit zum Durchatmen vor der nächsten Anstrengung. Außerdem lebten Mallys Bruder Fritz und ihre Schwägerin Olga in Hamburg. Wahrscheinlich wollten sie sich von ihnen verabschieden.

Mally fügte hinzu: *An Hilde hast du schon 1 Monat zu früh gratuliert – die hat erst am 27. Mai Geburtstag. Wir wissen, daß Du für uns nichts aus dem Ärmel schütteln kannst – möchten aber Bescheid u. zwar bald, ob Du uns schon anfordern konntest. Das ist für uns hier die Grundlage für alle Bemühungen – die erste Frage jeder amtl. und Beratungsstelle.*

Am 11. Juni 1939 schrieb Ernst endlich seinen Eltern. Er war in eine andere Wohnung umgezogen, außerdem machte ihm die extreme Hitze zu schaffen.

»Du Idiot!«, platzt es aus mir heraus. »Warum musst du genau in dieser Zeit umziehen?« Fauler ... pflichtvergessener ... Die Kritik der Schwestern an ihrem Bruder kommt bei mir hoch wie Galle. »Und du kannst dir noch nicht einmal merken, wann meine Mutter Geburtstag hat. Komm mal endlich in die Gänge!« Hätte doch nur Charlotte in Palästina die Stellung gehalten. Sie hätte die ganzen Bürokraten niedergewalzt, wäre mit dem Beamten der Einwanderungsbehörde ins Bett gegangen und hätte die Fangarme mit den blutrot lackierten Krallen über das Mittelmeer und die Alpen ausgestreckt, um Max und Mally herauszuzerren und in Sicherheit zu bringen. Stattdessen stellte sich langsam heraus, was ich vermutet und befürchtet hatte.

Ein einsamer Max beschreibt, wie sie dem nächsten Schwung Flüchtlinge helfen, Deutschland zu verlassen. Alfred aus Betsche, der Cousin meiner Mutter mit der Augenklappe, blieb bei ihnen, nachdem er gerade erst seine älteste Tochter mit einem Kindertransport nach England geschickt hatte.

Am 22. Juni 1939 schrieb Max: *Was hältst du eigentlich von der Möglichkeit bezw. von den Aussichten für uns, nach dort zu kommen? Von hier aus ist im Augenblick nichts zu machen, da das Pal. Amt bei der stockenden Ausgabe von Zertifikaten nur ganz dringende Fälle bearbeiten kann, und die Tätigkeit beim Engl. Konsulat durch die bekannten Zustände der illeg. Einwanderung, uns durch die politischen Vorgänge verstopft zu sein scheint.*

Ich kämpfe mich durch einen Brief nach dem anderen, die Wochen vergehen, und Ernst schweigt weiter. Doch ich will, dass meine Großeltern ihre Wohnung endlich zurücklassen und diese Geschichte beenden.

Dann, plötzlich, *gibt* es eine Veränderung.

Berlin, 5. Juli 1939

Lieber Ernst,

Gleichzeitig mit diesen Zeilen erhältst Du einen Brief durch meinen Anwalt Dr. Marcuse (Kanone auf diesem Gebiet) … Ich habe beim Palästina-Amt schon vor Monaten stark gearbeitet.

Richard Marcuse, die Kanone auf diesem Gebiet, war genau der Berater, den Benno Cohen vom Palästina-Amt Mally schon vor sechs Monaten empfohlen hatte. Endlich beauftragt, legte er sofort los. Die britischen Behörden in Palästina mussten erst grünes Licht geben, bevor ihr Konsulat in Berlin Visa ausstellen konnte. Allerdings hatte das Konsulat den Antrag von Max und Mally noch gar nicht weitergeleitet, da weder das Palästina-Amt noch der bisherige Rohrkrepierer von einem Berater Druck gemacht hatten. Jetzt stellte Richard Marcuse sicher, dass das geschah. Gleichzeitig schrieb er an Ernst: *Bitte könnten Sie die Dinge beschleunigen, indem Sie den Fall Ihrer Eltern persönlich beim Einwanderungsamt in Jerusalem vorbringen?* Max erklärte Ernst: ... *daß unsere Auswanderungs-Angelegenheit von hier aus in Schluß gekommen ist.* Und Mally fügte noch hinzu: *Jetzt scheint es wirklich vorwärts zu gehen ...* (5. Juli 1939)

Also hatte Ernst geschwiegen, weil er nichts weiter unternehmen konnte, bevor der Kanonen-Mann die ganze Sache entschlossen in die Hand genommen hatte. Haben seine zwei Schwestern das überhaupt je erfahren? Vermutlich nicht. Was den schriftlichen Austausch anging, war Ernst nicht sonderlich geschickt. Wenn er erst einmal redete, hörte er so schnell nicht mehr auf, egal, ob es um seine Keramiksammlung ging oder um Flora und Fauna der Wüste. Charlotte und meine Mutter verdrehten dann immer die Augen und schalteten ab.

Ich habe Mitleid mit ihm, meinem zurückhaltenden Onkel, der es gewohnt war, sich von Mally anleiten zu lassen und zu tun, was Charlotte ihm auftrug. Doch plötzlich trug er die Verantwortung in einer aussichtslosen Situation, die sich seiner Kontrolle entzog. Dennoch frage ich mich, während der Krieg näher rückt, ob er mehr hätte tun können. Ob er mehr hätte kämpfen können. Das Problem ist: Er war eben gerade kein solcher Mann, der an verschlossene Türen hämmert und fordert, dass seine Eltern eingelassen werden.

Während ich weiter auf diese verzweifelten letzten Briefe starre, begreife ich, dass mein brodelnder Argwohn von niemandem geteilt wurde. Charlotte und meine Mutter kritisierten ihren

Bruder wegen seiner Unentschlossenheit und Knauserigkeit, wegen der Heimlichtuerei und seiner Nähe zu Mally. Außerdem fragten sie sich, ob er schwul sein könnte. Nicht, dass es sie gestört hätte, aber warum ging er nicht offen damit um? Sie wiesen darauf hin, dass alle seine Freundinnen einen anderen geheiratet hatten (statt ewig auf seinen Antrag zu warten). Inzwischen glaube ich, dass die Kluft der Nachkriegszeit einfach einen Riss aus der Vorkriegszeit neu geöffnet hatte, mit einer zusätzlichen Komponente. Ich war erst zwölf, als uns Ernst zum ersten Mal besuchte, doch mich hatte trotzdem das merkwürdige Gefühl beschlichen, ich sei älter als er. Er benahm sich wie ein kleiner Junge, als er am Küchentisch saß und in einer Tour redete, bis er sich schließlich wieder auf ein frisches Stück Apfel- oder Käsekuchen stürzte. Meine Mutter, die sich in stiller Geschäftigkeit um ihn herum bewegte, hatte sich in eine Ersatz-Mally verwandelt. Kein Wunder, dass sie sich unwohl fühlte. Dennoch ist es unwahrscheinlich, dass die Schwestern Ernst stärker für die missglückte Flucht ihrer Eltern verantwortlich machten als sich selbst.

Bei Ernsts Tod beinahe dreißig Jahre später fand ich heraus, dass drei seiner Freundinnen – eine in Österreich, eine in Deutschland, eine in Schweden – mit ihm Kontakt gehalten und ihn weiterhin besucht hatten. Inzwischen waren sie alle drei verwitwet und hatten auch einen guten Draht zueinander gefunden. Sie hatten auf ihn aufgepasst, und keine der Schwestern hatte etwas davon mitbekommen.

Im Frühling und Sommer 1939 – in dieser entscheidenden Zeit – fühlten sich die drei Geschwister vielleicht zum ersten und einzigen Mal wirklich miteinander verbunden. Als es darum ging, wie sie ihren Eltern helfen konnten, sandten sie einander Neuigkeiten, Empfehlungen, Updates und Vorschläge. Währenddessen wurde Max' und Mallys Situation immer düsterer.

So verging der Juli.

Und der halbe August.

Aus ihrem Sommerurlaub an der Côte d'Azur schrieb Charlotte an Ernst: *Im Moment sind die Eltern, glaube ich, ganz froh, dass es nicht so schnell vorwärts geht und dass sie in Deutschland bleiben können, da es doch im Moment wieder »ruhig« ist. Ich weiss nicht, ob und auf welche Weise du es schon weisst dass Max sich geäussert hat: »Ach, könnte man nur in Deutschland bleiben, und wenn es in der Grenadierstrasse sein müsste.« Du weisst ja, wie Max die Ostjuden und die Ghettos verachtet und jetzt siehst du wie gegen ihren Willen sie nach Palestina streben.*

Die Korrespondenz zwischen meiner Mutter und Ernst war versiegt. Doch irgendwann am Ende ihres eigenen Sommerurlaubs schrieb sie ihm dann doch.

21. August 1939

Liebes Brüderchen

Wir sind wohl einander wert, das heisst Du bist schlimmer, Du hast mir nie meinen letzten Brief beantwortet, und ich habe nie die blaue Bluse bestätigt. Sie kam ohne Zoll durch, ich bügelte sie und trage sie hier zu weissen Shorts, habe vielen Dank.

...

Ich bin, wie der kluge Leser wohl schon an der Briefmarke gemerkt hat, auf Sommerurlaub in Juan-les-Pins. Ich habe noch 1 Woche und dann wieder zurück nach dem Scheiss-London, das mir inzwischen zum Hals rauskommt. Wenn ich irgendeine Möglichkeit finde, in Frankreich zu arbeiten, werde ich es tun.

...

Sag mal, Du alter Stinker, wieso schreibst Du denn nie? Du brauchst ja keine langen Episteln zu schreiben, aber man möchte doch schliesslich einigermassen regelmässig korrespondieren.

...

Mallymax betreffend weisst Du wohl genau so viel oder wenig wie ich, sie

schreiben zwar immer ganz zuversichtlich, aber ich sehe nicht, wie sie raus-
kommen sollen.

Der letzte Brief von meinen Großeltern an Ernst vor dem
Kriegsausbruch ist auf den 16. August 1939 datiert. Max
schrieb:

Lieber Ernst,

Diesmal sind wir es, die unsere Briefschulden zu tilgen haben; wir
hätten es längst getan, wenn mir nicht immer die Hemmung angekom-
men wäre, einen Brief zu schreiben, ohne irgend etwas Reales darin über
unsere Auswanderungsangelegenheit einfließen zu lassen; das konnte ich
auf Grund deines, diese Materie behandelnden Berichts nicht tun. Es ist
ja unter solchen Umständen der Gedanke nicht loszuwerden, daß unser
Antrag bei dem Imigration-dep. bis in die Ewigkeit schmoren kann, so-
fern man unter keinen Umständen in der Lage ist, von dort aus an diese
Behörde heranzukommen. Wenn man nur wüßte, daß solche, hier mit gro-
ßen Anstrengungen erzielten Erfolge sich dort überhaupt auswirken wür-
den, so brauchte man eines bestimmten Termins wegen keine Sorge zu
haben.

Mir stockt der Atem, denn ich weiß, dass es schon zu spät ist,
aber sie wussten es nicht. Dasselbe Gefühl hatte ich schon einmal, in einem Zweierkanu bei der Talfahrt *La Descente des Gorges*
de l'Ardèche, auf einem spektakulären Abschnitt der Ardèche, wo
sich der Fluss verengt und sich die Ufer zu beiden Seiten zu Klip-
pen auftürmen. Wenn du vorn sitzt, musst du paddeln. Unaufhörlich. Gleichmäßig. Das Steuern übernimmt derjenige hinten.
Wenn du in die Flussenge einfährst, so ist die Wasseroberfläche
glatt wie Seide. Fort sind die Wellen und Strudel. Alles wirkt ruhig, und doch hast du an Geschwindigkeit zugelegt. Du liegst
so tief im Wasser, dass du die Stromschnelle erst in dem Moment bemerkst, wenn du hineingerätst. »Los, los, los!«, schreit die
Stimme von hinten, während du dich über den Rand des Kanus
beugst. Ringsum spritzt und schäumt das Wasser. Du paddelst

wie eine Wahnsinnige, um die Strömung zu bezwingen, paddelst und paddelst, bis du im ruhigen Wasser ankommst.

Wie wir unsere Tage verbringen? es ist für mich schwer, ohne geordnete Tätigkeit mit der Tages-Einteilung und mit der Zeit überhaupt fertig zu werden, während Mutter doch(?) im Haushalt zu tun hat; sie besorgt ja die Küche ganz allein; ich suche die Zeit durch reichliche Korrespondenz, Krankenbesuche, einige soziale Betätigung im jüd. Bezirk, viel Lesen – und etwas Kartenspiel mit Mutter – zu verbringen; zum Ausgehen kommt für uns nur ins Kulturbund-Theater in Frage; kaum einmal ins Freie.

Ich denke an Mally und ihre Haushaltsführung. Ein Probestück davon habe ich nach Ernsts Beerdigung in Tel Aviv zu sehen bekommen. In seiner Wohnung habe ich in einem Schrank einen Stapel Leinentücher gefunden, die wohl einmal weiß gewesen waren. Als ich die nun gelblichen Tücher aus feinem Damaststoff auffaltete, entdeckte ich in einer Ecke ein aufgesticktes *R.* Mir lief ein Schauder über den Rücken, denn ich war überzeugt, als Erste diese Tücher in ihrem neuen Zuhause auszubreiten. Mally hatte die Tischtücher eingepackt und nach Tel Aviv geschickt. Ernst hatte sie dann bis zur Ankunft seiner Eltern beiseitegeräumt und – als Max und Mally ausblieben – weiter aufbewahrt.

Im folgenden Brief vom 16. August 1939 unternahm Mally noch einen letzten Versuch, sich das Leben in Palästina vorzustellen.

Wir bedauern, resp. ich bedauere auch, nicht vorher in Palästina gewesen zu sein – hoffe aber mit deiner und anderer Hilfe richtige Maßnahmen zu treffen. Willst Du eigentlich dann mit uns zusammenwohnen oder nur Verpflegung? Jedenfalls denke ich mir, daß eine nicht zu kleine Wohnung nicht viel teurer sein wird als eine kleine und daß man ev. 1 oder 2 Zimmer vermieten kann. Kannst Du überall wohnen, oder bist Du geschäftlich an einer Gegend gebunden? Einen sehr guten Schrank mit Rolljalousie aus unserem Geschäft nehme ich mit für Deine Zeichnungen. Hier warten

viele Eltern auf ihre Auswanderung und wir müssen uns ebenfalls ge-
dulden.

Im Augenblick ist Onkel Fritz meine größte Sorge, und ich hoffe nur,
daß ihm das Augenlicht wieder gegeben wird. Vater steht ihnen pekuniär
nach Möglichkeit bei, die Unkosten für Operation und Krankenhaus zu
tragen. Auch all die Auswanderer der Familie wenden sich an ihn und es
ist gut, daß wir immer sparsam gelebt haben und auch für andere etwas
übrig haben.

Das letzte Foto von Max und Mally, das ich besitze, wurde
zwei Jahre zuvor aufgenommen. Es zeigt die beiden zusammen
mit Ernst am Bahnhof, auf der Rückseite steht 1937. Max hatte
in seinen Briefen aus diesem Jahr noch ein Treffen in der Schweiz
vorgeschlagen, und das Foto sieht so aus, als sei es beim Abschied aufgenommen worden.

Das letzte Foto von Max und Mally mit Ernst

Max betrachtet Ernst mit einem freundlichen Lächeln, was dieser erwidert. Beide geben sie ihr Bestes, um der Aufforderung des Fotografen zu folgen. Mally steht zwischen ihnen. Obwohl auch sie in die Kamera blickt, sind ihre Augen leer, und darunter liegen tiefe Schatten. Ihr Mund ist so verzogen, dass ich es für ein Lächeln halten könnte, wenn da nicht der restliche Gesichtsausdruck wäre. Sie richtet den Blick nach innen, auf eine Stelle, die sonst sogar vor ihr selbst verborgen ist. Es ist, als würde sie in dem Moment, als der Auslöser betätigt wird, deutlich spüren, dass sie ihren Sohn niemals wiedersehen wird.

DAS WAGNIS EINGEHEN

Gegen Ende August senkt sich langsam ein Vorhang und trennt die Zurückgelassenen von denjenigen, die weggegangen sind. Ohne Bürgschaft oder Visum sind die Fluchtrouten versperrt. Die Söhne von Max' jüngstem Bruder Eugen, Kurt und Horst, die in der Reichskristallnacht verhaftet und monatelang im KZ Sachsenhausen eingesperrt wurden, diese beiden haben alle legalen Möglichkeiten ausgeschöpft.

Zuerst fielen sie mir auf, als sie uns zum Tee besuchten. Das war bei einer dieser seltenen Gelegenheiten, wenn auch andere überlebende Verwandte, die jetzt in Südamerika und Israel lebten, zu Besuch in London waren. Bei den recht gestelzten Treffen benutzten alle nur eine gemeinsame Sprache: Deutsch. Irgendwann setzte sich mein Vater dann ans Klavier und spielte italienische Opernarien, um die Stimmung aufzulockern. Ansonsten sahen wir Kurt und Horst kaum, obwohl sie gar nicht so weit von uns entfernt wohnten, denn »ihre Frauen waren so anstrengend«, wie meine Mutter es ausdrückte.

Wirklich? Kurts Frau Selma kam mir gar nicht anstrengend vor. Sie war sanft und musste als junge Frau sehr hübsch gewesen sein, mit dunklen Locken – die jetzt grau wurden –, unschuldigen Augen und rosigen Bäckchen. Ich nehme an, der wahre Grund für die abweisende Haltung meiner Mutter lag darin, dass den Brüdern beinahe genau das zugestoßen wäre, was sie vergessen wollte. Horst verstarb relativ jung, und wir sahen Kurt und Selma danach auch nur selten. Bis Selma meinem Vater einen köstlichen

Stollen machte und ihn so für sich einnahm. Von da ab wurde die Stollenübergabe zu einem jährlichen Weihnachtsritual, was mir Gelegenheit verschaffte, Fragen zu stellen.

Kurt erzählte mir von Max' Besuchen in der alten Heimat der Familie in Tirschtiegel, als er selbst noch ein kleiner Junge war. Max hatte sich dann immer, erschöpft und müde von der Reise, an den Tisch gesetzt und seinem Neffen zugeraunt: »Komm, Junge, lauf zum Brunnen und hol mir ein Glas frisches Wasser.« Das war genau der Brunnen gewesen, aus dem Max schon getrunken hatte, als er selbst ein kleiner Junge war. In diesem Augenblick hatte er dann immer gewusst, dass er zu Hause war. Und genauso durstig wie mein Großvater im Elternhaus saugte ich später jeden Tropfen Information auf.

Die Brüder bestellten damals den Acker. Sie waren Bauern. Kräftige junge Männer in festen Stiefeln, die ihnen halfen, die Gefangenschaft in Sachsenhausen zu überstehen. Im eisigen Winter 1938/39 war es ihnen dort weit besser ergangen als ihren Mitgefangenen mit den dünnen Stadtschuhen, durch die Wasser und Schnee eindrangen.

Die Menschen wurden genauso willkürlich entlassen, wie sie gefangen und weggesperrt wurden. Horst kam zuerst frei. Danach ging er sofort nach Berlin und schlüpfte bei Max und Mally unter. Dort zog er von Konsulat zu Konsulat im Versuch, an fünf Visa zu gelangen: für Kurt, sich selbst, für ihre Eltern und den jüngeren Bruder Heinz.

Max berichtete über den Erfolg an Ernst. *Augenblicklich haben wir wieder Horst aus Tt. zu Besuch, der seinen, noch immer nicht zurückgekommenen Bruder Kurt freizumachen sucht*, schrieb er am 23. Januar 1939. Leider *sind die Tore nach überall versperrt, und die Menschen reiben sich bei ihren Bemühungen auf.*

Zu diesem Zeitpunkt waren ihre Fluchtaussichten nach Südamerika am besten. In die USA zu entkommen, brauchten sie überhaupt nicht zu versuchen. Selbst wenn ein Amerikaner für sie eine finanzielle Bürgschaft übernommen hätte – was schon für einen Flüchtling allein schwer war, geschweige denn für fünf –, so konnte es wegen der strengen Einwanderungsquoten Jahre dauern, bis ein Visum ausgestellt wurde.

Im Februar 1939 war Kurt dann wieder auf freiem Fuß und übernahm die weitere Suche. Dabei blieb ihm ein Vorfall in der Erinnerung haften. Als er zitternd vor Kälte die Konsulate abklapperte, entdeckte er plötzlich eine vertraute Gestalt auf der anderen Straßenseite: Louis, seinen anderen Berliner Onkel. Welch ein Glücksfall! Louis war wohlhabend. Es wurde erzählt, er sei dummerweise so gehorsam gewesen, ein Schweizer Bankkonto aufzulösen und das Geld nach Deutschland zurückzubringen. Sicherlich würde er seinem Neffen Geld für einen warmen Mantel leihen.

»Alles, was ich habe, ist fest angelegt«, kam als Antwort.

»Das hat ihm viel gebracht«, sagte Kurt später, immer noch verärgert. »Auch er ist umgekommen.«

Diesen ganzen Frühling und Sommer über setzten die Brüder ihre Suche nach einer Fluchtmöglichkeit für die ganze fünfköpfige Familie fort. Doch es war aussichtslos. Schließlich entschieden sie sich, es allein zu versuchen.

Ende August 1939 verabschiedeten sie sich von ihren Eltern und ihrem jüngeren Bruder – Kurt erzählte davon in einem nüchternen Tonfall, als wäre es ein normaler Abschied gewesen – und nahmen den Zug nach Berlin. Ihre Koffer ließen sie bei Max und Mally zurück, dann gingen sie zu den Bahnsteigen, von denen die internationalen Züge abfuhren. In ihren Rucksäcken befanden sich nur ein bisschen Wechselwäsche, ein paar Familienfotos, Wurstbrote und ein wenig Bargeld für Notfälle. Nichts, was Aufmerksamkeit erregen würde, außer den Pässen mit dem dicken roten *J* für Jude.

Der Zug blieb an der Grenze stehen, und die Reisenden stiegen aus. Nur ein paar Meter weiter, auf der anderen Seite der Absperrung, lag Belgien. Kurt schätzte die beiden Wachmänner auf der deutschen Seite ab. Einer war jung und hatte einen scharfen Blick, der andere war schon älter. »Warum, kann ich wirklich nicht sagen«, meinte er später. »Aber ich musste auf den älteren Mann zugehen.«

Der Beamte öffnete beide Pässe, wobei das rote *J* aufschien. »Rychwalski?«, fragte er. »Zusammen mit einem Eugen Rychwalski habe ich gedient.«

»Das ist unser Vater.«

In diesem Moment blickte der jüngere Soldat in ihre Richtung. »Taschen aufmachen!«, bellte der ältere und fügte leise »bitte« hinzu. Übereifrig wühlte er darin herum, bevor er sie aufschrieb. Dann wandte er sich ab, und Kurt hörte es zweimal laut klicken, als er die Pässe abstempelte. »Viel Glück«, flüsterte er und gab sie ihnen zurück.

Die Brüder schnappten sich ihre Pässe und Rucksäcke, dann betraten sie Belgien.

Kurt unterstrich das Ende seiner Geschichte mit einem seltenen Lächeln. »Am ersten September 1939 kamen wir in England an.«

Am 3. September erklärte Großbritannien Deutschland den Krieg.

KRIEG

Da der Postverkehr zwischen allen britischen Territorien und Deutschland sofort eingestellt wurde, übernahm Lisa, eine Nichte von Max, die Funktion der familiären Übermittlerin. Lisa hatte einen Offizier der holländischen Marine geheiratet und lebte mit ihm in Wassenaar. Sie leitete die Briefe zwischen Berlin, London und Tel Aviv weiter, bis auch die Niederlande von den Deutschen besetzt wurden. *Hallo Ernst, wie geht's?*, kritzelte sie auf einen Brief von meinen Großeltern, datiert vom 26. September 1939. *Ich bin seit 11. April Strohwitwe und jetzt Poststation, aber wir lassen uns nicht unterkriegen.*

Max schrieb:

Lieber Ernst,

seit deinem v. 31.8. datierten Brief haben wir nichts von Dir gehört, und sind natürlich ebenso besorgt um Dich, wie es auch Deinerseits der Fall sein wird. Wir sind gesund und würden natürlich froh sein, wenn wir von den Mädeln und Dir öfters einmal hören würden.

...

Es wird dich interessieren, zu erfahren, daß Kurt und Horst noch ins Lager Richborough gelangt sind.

Das alte Armeelager (Kitchener Camp) in Richborough, Kent, wurde als Durchgangslager für deutsche und österreichische Flüchtlinge genutzt, die für jung genug befunden wurden, sich im Ausland ein neues Leben aufzubauen. Dann kam der Krieg dazwischen.

Das Gepäck, das sie nicht mitnehmen konnten, schicke ich nach, fügte Max hinzu.

Wie, frage ich mich, wollte er Koffer in feindliches Gebiet schicken, wenn es doch schon schwierig genug war, Briefe zu versenden? Vielleicht sollte seine immer hilfsbereite Nichte Lisa in den Niederlanden dieses Wunder vollbringen.

Kurt und Horst schlossen sich, wie viele andere Flüchtlinge, dem Pioneer Corps an, dessen Männer später als *The King's most loyal Enemy Aliens* bezeichnet wurden. Dort konnten sie ihre abgelatschten Arbeitsstiefel gegen britische Militärstiefel austauschen.

Für diejenigen, die in Deutschland gefangen waren, wurden Briefe lebenswichtig.

Bei Onkel Eugen und auch bei Alfred, mit denen wir in regelmässigen Schriftwechsel stehen, geht es ruhig zu; sie fühlen sich natürlich recht einsam.

Mally ergänzte eilig ein paar Grüße:

Liebe Lisa, l. Ernst,

Ich muss gerade zum Dienst in die Wohlfahrtsküche und habe vorher mein Essen, Abwasch etc erledigt, da ich gerade keine Hilfe habe. So muß ich mich kurz fassen, und Euch m. Lieben in Wassenaar etc und dir, l. Ernst, recht herzliche Grüsse beifügen. Ich hoffe Euch alle gesund und kann das auch von uns sagen.

Mit Gruß und Kuß

Tante Mutter Mally

Zwei Monate später war die Anspannung noch deutlicher zu spüren. Am 24. November 1939 schrieb Max:

Lieber Ernst

Unter allen Sorgen und Erschütterungen entbehren wir am meisten die einigermassen regelmässigen Berichte unserer Kinder, woran du leider an hervorragender Stelle beteiligt bist. Wenn auch die Umstände großenteils daran schuld sind, so ist ja das Leid wesentlich herabzumindern, wenn nur hin und wieder – in nicht zu langen Abständen – eine Kartenzeile käme;

… Wir sind sonst alle gesund, bis auf Onkel Louis, der zum ersten Male ernstlich krank ist, und sich vor ca. 14 Tagen ins Krankenhaus begeben hat; wir besuchen ihn fortlaufend.

Max' verwitweter Bruder Louis lebte mit seiner unverheirateten, über vierzigjährigen Tochter Lina ganz in seiner Nähe. Sie waren schon gelegentlich vorbeigekommen, während Max und Mally gerade einen Brief an Ernst geschrieben hatten. Dann hatten sie Grüße angefügt: *Gleich werden wir Rommé spielen. Sonst gibt man mir immer vorher einen Schnaps. Aber heute habe ich mich dagegen gewehrt,* hatte Lina am 6. Februar 1939 hingekritzelt und traurig ergänzt: *Wollen wir uns nicht mal wieder auf Capri treffen? Mit Kuß und Gruß Lina.*

Jetzt, drei Monate nach Kriegsbeginn, lag Louis im Sterben.

In seinem Brief vom 24. November hatte Max weiter geschrieben: *Dieses, was uns so sehr bedrückt, vorausgeschickt, denken wir schon eine ganze Weile an Deinen Geburtstag, und soll dieser Brief in allererster Reihe dazu bestimmt sein, dir aus diesem Anlaß aus ganzem Herzen Glück zu wünschen; dazu den inneren Ausgleich zu finden, ist das Problem, welches zur Zeit schwer zu lösen ist. Hoffen wir, daß uns ein baldiger Frieden dazu verhilft.*

Ihr nächster Brief an Ernst ist datiert vom 7. Dezember 1939. Bei ihm fungierte meine Mutter als letztes Glied in der Transportkette. Ganz oben darauf hat sie geschrieben:

Ich bekam heute diesen Brief von Kaethe (über Lisa) und verbleibe mit Gruss und Kuss …

Hat sie gelesen, was zwischen den sorgfältig gedrechselten Zeilen ihres Vaters steht?

Wir haben jetzt seit einigen Wochen einen Logingast, und zwar die hinterbliebene Wittwe unseres Freundes Voss (Dr Regi); ihr Mann ist vor unter einen Monat plötzlich aus dem Leben geschieden, und wir haben sie vorübergehend aufgenommen. Das Affidavit von ebenjenem Herrn Voss für die USA war es gewesen, das Max zur Entscheidung einer Ausreise gebracht hatte. Doch wie schon Charlotte Ernst erklärt hatte, als sie und Nepo auf grünes Licht für die Einreise in die Vereinigten Staaten warteten: »Nur das beste Affidavit gewinnt.« Nepos Familie in den USA hatte ihnen bereits die nötige Bürgschaft (eben das Affidavit) zukommen lassen, aber die USA hatten strikte Einwanderungsquoten für jüdische Flüchtlinge eingeführt, und es gab zu wenig Visa. Voss hatte sich selbst das Leben genommen, während er auf sein Visum wartete.

Diese Briefe zeigen, wie Max und Mally ihr Zuhause für Angehörige der schrumpfenden Familie genauso öffneten wie für in Berlin gestrandete Freunde. Sie alle sind von dem sehnlichen Wunsch getrieben, ihre Kinder wiederzusehen, ein schnelles Ende des Krieges zu erleben und ihr normales Leben fortzusetzen. Sicherlich, sicherlich …

Mally konzentrierte sich auf praktische Fragen.

Mein lieber Junge!

Wir entbehren sehr eine Nachricht von dir und bitten dich an Rotes Kreuz Genf, Rue de Lausanne 22 – oder Universale Esperanto-Asocio, Palais Wilson Genf (Schweiz) letzter Ads. gab uns Herr Spira – zu ersuchen. Porto oder Antwortschein beilegen und offenen Brief oder Karte.

Am Ende des Jahres übernahm Jacob, Max' ältester Bruder – und nach meiner Mutter ihr *größter Onkel mit dem besten Aussehen* –, von Lisa die Rolle als Postbote der Familie. Er war von Tirschtiegel, dem alten Heimatort der Familie, in die Niederlande zu seiner Tochter gezogen.

An seinen Bruder schrieb Max ehrlichere Briefe als an seinen Sohn. Doch auch diese Briefe schickte Jacob an Ernst weiter.

Berlin, 7. Dezember 39

Lieber Jacob,

so zeitigen auch erschwerte Lebensverhältniße ihr Gutes; nämlich daß wir öfters von uns hören, und die Beziehungen unter den nächsten Angehörigen gegenseitig vermitteln können; für deine diesbezügliche Bereitschaft danke ich Dir herzlich, und haben wir uns sehr über deinen lieben Brief gefreut; besonders auch darüber, daß du dich trotz der Unbilden der Zeit gesund und aufrecht hältst, und mit dem Leben fertig wirst. Was bleibt uns sonst übrig?

...

Alfred [Jacobs Sohn] war vorige Woche einige Tage bei uns ... Die in Betsche habens namentlich bei der jetzigen Jahreszeit nicht schön; freuen sich aber mit ihrem lieben Emmchen ...

Mir ist das Emmchen, die kleine Emma, zum ersten Mal auf der Deportationsliste begegnet, die von der Archivarin an die Wand des Klassenzimmers projiziert wurde.

Am 12. Februar 1940 berichtete Max an Jacob: *Aus Betsche haben wir öfters Nachricht; die frieren jetzt schon seit Wochen; Helgachen [Emmas ältere Schwester] hat sich während ihres Ferien-Aufenthalts dort sogar das Bein erfroren, und muss sich noch hier auskurieren; sie kommt abwechselnd zu uns und zu Lina, die natürlich gern Verwandte um sich hat. Der Kreis ist recht klein geworden. ...*

Ich habe deinen Brief zum Lesen an Marie weitergegeben; sie ist schon seit langem dabei, dir zu schreiben; das geht aber bei ihr nicht so einfach, fährt Max fort, *sie hat allerlei mit Vermietungen in ihrem Hause zu tun und befasst sich teilweise mit meublierten Mietern mit und ohne Pension; sie ist gesund, kommt aber, wie auch früher nicht zu Ruhe.*

Max' Schwester und Geschäftspartnerin (solange sie noch ein Geschäft hatten) musste den Zustrom jüdischer Mieter bewältigen, die unaufhörlich kamen und gingen. Immer schneller durchliefen sie Maries Haus auf dem Weg zu ihrer *Umsiedlung.*

... denn ohne besonderen Anlass ist leider der Trieb zum Schreiben von Familien-Briefen, der sonst sehr gepflegt wurde, stark im Absinken, schloss

Max seinen Brief. *Trotzdem! wir wollen die Hoffnung auf Normalisierung des bürgerlichen Lebens nicht aufgeben.*

Ihr, die ihr gegangen seid, vergesst uns nicht. Füttert uns mit Neuigkeiten. Schildert uns auch die kleinen Dinge. Erinnert uns daran, wer wir einst waren.

Jacob wurde am 10. Mai 1940 achtzig Jahre alt, an genau dem Tag, an dem die Nazis die Niederlande besetzten. »Ich mag achtzig *sein*«, sagte er zu Lisa – eine Bemerkung, von der meine Mutter später Ernst berichtete –, »aber wie durch ein Wunder fühle ich mich jung.«

Lisa brachte ihren Vater in einem Versteck unter. Dort blieb er und starb irgendwann während der Besatzung eines natürlichen Todes. Dank ihrer blonden Haare, der blauen Augen und ihres scharfen Verstandes gelang es Lisa nicht nur, ihr eigenes Überleben zu sichern, sie schaffte es außerdem noch, Jacob unter den Augen der Nazis nach jüdischem Ritus bestatten zu lassen. »Eine großartige Frau«, stellte meine Mutter fest, die glücklich war, dass sie mir eine ermutigende Geschichte erzählen konnte.

Diese Briefe vom Februar 1940 waren die letzten Briefe von Max und Mally, die Ernst erreichten, und sie brauchten dafür mehrere Monate. Auf eine beigefügte Notiz hatte Jacob geschrieben:

Den Haag d. 17. Februar 1940

Mein lieber Ernst!

Deine Zeilen vom 17. [letzten] Mts. sind in meinem Besitz, ich habe seinerzeit den Inhalt an deine l. Eltern weitergegeben und als Antwort den beiliegenden Brief erhalten. Den Verhältnissen entsprechend geht es ja in Berlin immer noch so einigermassen, die Grosstadt ist, und bleibt immer im Vorteil; es muss eben ein jeder sein Möglichstes tun um sich über Wasser zu halten; nach dieser Zeit kommt eine andere, eine bessere.

… Mit viel Liebe

Onkel Jacob

Als Ernst diese Briefe erhielt, waren die Niederlande bereits besetzt. Eine offizielle Nachricht der Britischen Verwaltung Palästinas war darauf geklebt:

TEL-AVIV/JAFFA
POSTZENSUR

Dieser Brief aus dem feindlich besetzten Gebiet ist hiermit freigegeben. In Zukunft ist alle Korrespondenz mit besetzten Gebieten allerdings verboten, es sei denn über offiziell anerkannte Wege.

```
                                    FORM PCT/37

      TEL-AVIV/JAFFA POSTAL CENSORSHIP

            This incoming letter from enemy occupied terri-
tory is now being released , but in future no correspondence
from enemy occupied territory will be permitted except through
the officially recognised channel, all incoming letters from
enemy occupied territory not passing through the proper channel
will be detained.

                  For further information you should consult Post
Office Public Notice No.10, dated 12th February, 1940.
```

Von nun an konnten Max und Mally mit ihren Kindern nur noch über Nachrichten kommunizieren, die das Rote Kreuz weiterleitete – fünfundzwanzig Wörter maximal.

Seit Kriegsausbruch unterlag auch die Korrespondenz zwischen meiner Mutter und Ernst der Zensur. Da sie gezwungen waren, sich auf Englisch zu schreiben, konnten sie sich nicht so flüssig ausdrücken wie auf Deutsch. Außerdem hemmte sie das Gefühl, dass ihnen die Zensurbehörde über die Schulter sah. Daher wirkten ihre Postkarten und Briefe ziemlich steif.

7. November 1939

Mein liebster Bruder Ernst,

ich weiß, dass du auf Nachrichten wartest. Nun, bis jetzt geht es uns allen gut und mein Chef ist noch sehr beschäftigt. Wir arbeiten nur nicht mehr bis spätabends wie früher, wegen der Stromsperren. Ich glaube, man muss in diesen Tagen schicksalsergeben sein, es ist nicht gut, sich Sorgen um die Zukunft zu machen, was geschehen muss, wird geschehen und ich bemühe mich, munter zu bleiben und nicht niedergeschlagen zu sein. …

Von Max und Mally bekomme ich gelegentlich Nachrichten, aber natürlich können sie nicht viel sagen. Ich frage mich, ob es noch eine Möglichkeit für sie gibt. Ich habe von Leuten gehört, die bereits eine Einreisegenehmigung hatten und die es dann vor Kurzem erst in neutrale Länder und von da aus nach Palästina geschafft haben. …

Übrigens finde ich dein Englisch wirklich ziemlich gut.

Am 13. Dezember 1939 richtete sich Ernst mit einem letzten Appell an den Leiter der Einwanderungsbehörde. Er schloss seinen Brief mit folgenden Zeilen:

Meine Eltern sind also in Deutschland ohne irgendwelche Verwandten und ohne Betätigung. Leute aus neutralen Ländern haben mich kontaktiert und mir erklärt, dass sie dringend Hilfe benötigen. …

Es ist natürlich ein sehr klägliches Los, selbst frei in Palästina zu leben, dabei aber zu wissen, dass meinen Eltern in Deutschland das Verderben droht. …

Ich konnte den formellen Antrag noch nicht einreichen, um meine Eltern nach Palästina zu holen, da die Einwanderungsbehörde solche Anträge nicht mehr entgegennimmt.

Die Antwort war kurz und endgültig:

23. Dezember 1939

Sir, mit Bezug auf Ihren Brief vom 13. Dezember betreffend Herrn Max Israel Rychwalski bedaure ich, Ihnen mitteilen zu müssen, dass ich in diesem Fall nichts weiter unternehmen kann, solange der Krieg andauert.

Ihr ergebener Diener
Beauftragter für Migration und Einwanderungszahlen
Ausführender Leiter des Amtes für Einwanderung

Ich würde die Schuld gern jemandem zuweisen. Meine Großeltern trödelten die ganze Zeit, engagierten den falschen Berater und ließen sich zu spät auf den richtigen ein. Außerdem hörten sie nicht auf ihre Kinder und klebten an Geld und Wertsachen. Mit alldem wirkten sie an ihrer eigenen Tragödie mit. Hätten Charlotte und ihr verschwenderischer Ehemann oder meine Mutter, die ein Pfund in der Woche verdiente, größere Anstrengungen unternehmen können, um Unterstützer für ihre Eltern zu finden? Bedrängte Ernst die Einwanderungsbehörden hartnäckig genug, solange die Tür noch offen stand in diesem gar so heißen Sommer Tel Avivs, in dem er in eine andere Wohnung zog? Wann genau war es zu spät?

Die Behörden anderer Länder ließen Fluchtwege offen. Noch zwei Jahre nach Kriegsbeginn widersetzten sich Hiram Bingham, der amerikanische Konsul in Marseille, und der draufgängerische Journalist Varian Fry ihrer eigenen Regierung und fabrizierten Visa für jüdische Flüchtlinge – wie Charlotte –, mit denen diese dann über die Pyrenäen bis in die USA entkommen konnten. Sollte ich also der britischen Verwaltung Palästinas die Schuld geben? Etwas gegen die Bedrohung zu unternehmen und andere zu retten erfordert mutige und hartnäckige Kerle, die bereit sind, ihr Fortkommen und sogar ihr eigenes Leben zu riskieren. Traurigerweise war der unterzeichnende, gesichtslose Ausführende Leiter der Einwanderungsbehörde in Jerusalem keiner davon. Andererseits hatte Frank Foley, der Chef der Britischen Passkontrolle in Berlin – der in Wirklichkeit ein Spion war –, jeder

Menge Juden Visa ausgestellt, damit sie nach Palästina auswandern konnten. Er holte sogar Juden unter einem Vorwand aus dem Konzentrationslager und ließ sie verschwinden. Wenn er doch nur …

Doch irgendjemand fehlt. Ich deute mit dem Finger auf Max und Mally, auf Charlotte und meine Mutter, Ernst, Dr. Jacobi, die Britische Verwaltung, ja sogar auf Rabbi Nussbaum, dem Max eine große Summe für Wohltätigkeitszwecke übergeben hatte. Doch dabei habe ich den wirklichen Schuldigen ganz aus den Augen verloren. Max' und Mallys Unternehmungen mögen sinnlos, die Aktionen ihrer Kinder ineffektiv gewesen sein. Der Berater war nutzlos, und des Rabbis Versprechungen einer Einreisegenehmigung für Palästina erwiesen sich als leer. Auch die Britische Verwaltung mag unerbittlich gewesen sein. Dennoch liegt die Schuld am Schicksal meiner Großeltern einzig und allein bei jenen mit dem großen, fetten Hakenkreuz.

Charlottes Besuchserlaubnis
für Nepos Gefangenenlager

Die Nachrichten von Max und Mally wurden zur gleichen Zeit immer spärlicher, während sich auch die Probleme ihrer Kinder verstärkten. Gleich nach Kriegsausbruch hatten die Franzosen Charlottes Ehemann Nepo zusammen mit anderen deutschen Männern inhaftiert, unabhängig davon, ob diese Flüchtlinge waren oder nicht.

Sie ist nicht sehr glücklich so allein zu sein und nicht zu wissen, für wie lange, schrieb meine Mutter am 7. November 1939 an Ernst. *Allerdings ist er dort Chefkoch und kocht für 300 Leute, also hat er zumindest eine gute Arbeit, die zu ihm passt.*

Nepo war in der Küche ebenso ein Künstler wie auf der Leinwand und kreierte *sündhafte Saucen* zu Mahlzeiten, die das Auge ebenso sättigten wie den Magen, eine Begabung, die im Gefangenenlager wohl kaum gebraucht wurde. Nach sechs Monaten wurde er wieder freigelassen. Dünn und blass saß er lange vor seinem Teller und starrte darauf. »Endlich …«, sagte er. Charlotte dachte, er wollte sagen: »Endlich etwas Richtiges zu essen!« Aber nein. »Endlich mal eine andere Farbe!«

Im Vereinigten Königreich wurden alle Flüchtlinge aus Deutschland und Österreich sofort als *Enemy Aliens* (feindliche Ausländer) eingestuft. Ein Tribunal entschied darüber, wer inhaftiert wurde (Kategorie A), wessen Bewegung eingeschränkt wurde (Kategorie B) und wer nicht als Bedrohung galt (Kategorie C). Im ersten Kriegsjahr wurden die meisten Juden in Kategorie C eingestuft und somit in Ruhe gelassen.

Am 15. April 1940 schrieb meine Mutter an Ernst: *Wir haben viel Arbeit, aber immerhin habe ich zu Ostern eine Lohnerhöhung bekommen, 25 Schilling in der Woche jetzt, was sehr nützlich ist, wie du dir vorstellen kannst. An die Stromausfälle haben wir uns gewohnt, und wir gehen abends aus ins Lichtspielhaus oder zum Tanzen und zu Partys, genau wie vor dem Krieg. Ich denke mir oft, wir wurden zur falschen Zeit geboren, es wäre viel schöner von Hitler und diesem Krieg nur aus den Geschichtsbüchern in der Schule zu erfahren, oder etwa nicht? In jedem Fall bin ich sehr zuversichtlich, dass wir noch nicht zu alt sind, um sein Ende zu erleben. …*

Ich habe vor ein paar Tagen einen Brief von Mallymax bekommen, der sehr bedrückt geklungen hat. Sie haben schon sehr lange nichts mehr von dir gehört. Das dürfte der letzte Brief gewesen sein, den sie über den holländischen Transportweg bekam. Kurz danach wurden die Niederlande von den Nazis besetzt.

Ich bekomme regelmäßig Nachrichten (von Charlotte), fuhr meine Mutter fort. *Er ist mit malen beschäftigt, und sie führen ein sehr ruhiges Leben. Sie warten darauf, dass sie nach Amerika gehen können, werden aber wohl noch ein paar Monate bleiben.*

Damit irrte sie sich gewaltig. Zwei Wochen später, nach der Invasion der Deutschen in Frankreich im Mai 1940, befanden sich Charlotte und Nepo auf der Flucht.

Auch im Vereinigten Königreich änderten sich die Regeln für den Umgang mit Flüchtlingen, sobald der Krieg realer wurde und erste Bomben fielen. »Collar the lot!« (Sperrt die Meute weg!), befahl Churchill, angetrieben von der Angst vor einer fünften Kolonne. Daraufhin wurden die Kategorien B und C ebenfalls verhaftet. Allerdings nicht alle. Der Umgang mit Frauen schien eher willkürlich gewesen zu sein. Von den geflüchteten Freunden meiner Eltern wurden verheiratete Frauen mit ihren Ehemännern zusammen eingesperrt, wohingegen alleinstehende Frauen wie meine Mutter auf freiem Fuß blieben. Auch einige Männer, deren Tätigkeiten als notwendig erachtet wurden, fielen unter die Ausnahmen, so auch der Bruder meines Vaters, der als Arzt praktizierte, und der Chef meiner Mutter. Nicht aber mein siebenunddreißigjähriger Vater. Nach drei Jahren, in denen er für verschiedene Geschäfte im Verkauf gearbeitet hatte – unter anderem für Büstenhalter von *Maidenform* –, wurde er interniert.

Die Dauer der Gefangenschaft variierte. Wer auf die Isle of Man kam, hatte Pech, erklärte mir mein Vater, denn wenn man einmal dort war, konnte es bis zur Freilassung Jahre dauern. Also schätzte er sich glücklich, als er nacheinander in mehrere behelfsmäßige Lager geschickt wurde, die auf Pferderennbahnen aufgebaut worden waren. Nach kurzen Internierungen in Kempton Park und Lingfield wurde er im Spätsommer 1940 nach York verbracht.

Es war brüllend heiß. Als er sich bei seiner Aufnahme in der Schlange anstellte, sah er einen Eisverkäufer. Er fischte eine Sixpencemünze aus der Tasche und bat einen Passanten: »Könnten Sie bitte zwei Eiswaffeln für mich und meinen Freund holen?« Der Mann nahm die Münze und verschwand. In diesem Moment rückte die Schlange vor, und mein Vater verabschiedete sich innerlich von seinem Geld und dem Eis. Dann hörte er jemanden rufen. Mit knallrotem Gesicht rannte der Mann auf ihn zu und drückte ihm zwei Waffeln und die Münze in die Hände. »Viel Glück Ihnen!«, keuchte er und besiegelte damit die lebenslange Liebe meines Vaters für das Land, das ihn später als Staatsbürger aufnehmen würde.

Auf dem Gelände der Yorker Rennbahn blies ein ständiger Wind, und die Zelte brachen zusammen. Unter den scharfen Blicken der Soldaten bemühten sich orientierungslose Männer, sie wieder aufzustellen. Weggesperrt hinter Stacheldrahtzäunen, saßen sie alle da, für einen möglichen Einmarsch Hitlers so gut vorbereitet und dargeboten wie ausgenommene, ofenfertige Enten.

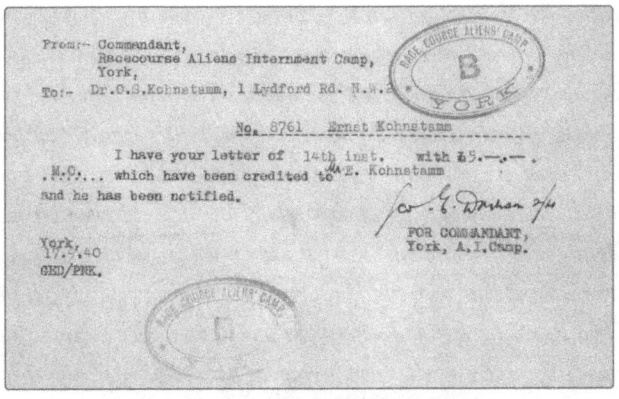

Überweisungsbestätigung über 5 £ an
Ernst Kohnstamm im Internierungslager

Zwei Jahre zuvor hatten sich meine Eltern in der Zahnarztpraxis von Dr. Rosenkrantz kennengelernt, als mein Vater dringend eine Behandlung gebraucht hatte. Wie schnell sich ihre Liebesgeschichte entwickelte, nachdem meine Mutter sich seine Zähne angeschaut hatte, weiß niemand. Sie schrieb ihm an die Adresse *Race Course Aliens' Camp B, York*, auf Deutsch, wie ich überrascht feststelle. Hatte die Army die Briefe gar nicht zensiert?

17. September 1940

Liebster Örnie, (Mein Vater hieß, verwirrenderweise, ebenfalls Ernst.)

wir leben jetzt ein geselliges shelter-Leben, Daddy [ihr Chef] liest, Margot stopft und ich schreibe.

... Weil Du in jedem Brief schreibst wie schön die Wurst war habe ich Dir heute wieder einen Zipfel geschickt, hoffentlich schmeckt sie so gut wie die letzte, iss sie auf mein Wohl. Gestern war Herr Joachim bei uns, der kam gerade aus York und erzählte uns, dass Du ausser Fussball spielen auch fleissig singst. Übe nur schön Dein Piano, mein Kind, und schrei nicht zu viel, wenns Dir auch mehr Spass macht. Ich kann mir vorstellen, dass Du busy-body den ganzen Tag zu tun hast, und ich muss sagen, dass Du in London im Moment gar nichts versäumst. Unsere Praxis geht ganz unregelmässig, es erscheint ungefähr immer die Hälfte von den bestellten Patienten, aber hässlich und geräuschvoll sind die air-raids nur nachts. Wir schlafen alle zusammen im Esszimmer wo wir shelters vor den Fenstern angebracht haben, und da man sich ja bekanntlich an alles gewöhnt, kann ich jetzt bereits trotz Daddys Schnarchen und Kanonen-Geknalle schlafen. Wie abends ausgehen ist kann man sich gar nicht mehr vorstellen. Meine days off beschränken sich nur noch auf Nachmittag-offs und shopping geh ich auf der High Road. Ich lese und stricke viel und wenn die Tage kürzer und die Abende dafür länger sein werden, werde ich noch mehr lesen und stricken.

Darling, mir fallen vor Müdigkeit die Augen zu, so viel Schlafbedürfnis habe ich noch nie gehabt, »nerves« sagt Mrs. Coulson.

Dann lass mich Dich an Dein Herz drücken und umarmen.

Schreib mir bald wieder und sei weiter so schön munter.

Love

Hilde

In der Zwischenzeit hatte meine Mutter den Kontakt zu Ernst und Charlotte verloren. Nach der Kapitulation Frankreichs im Mai 1940 wusste sie mehrere Monate lang nicht, was mit ihrer Schwester passiert war. Außerdem gingen viele Briefe an Ernst in Tel Aviv verloren, und dasselbe galt für Briefe von ihm an meine Mutter.

Im Herbst waren die Kommunikationsmöglichkeiten besser, sodass sie endlich etwas von ihrem Bruder hörte.

7. November 1940

Lieber Ernst,

endlich habe ich einen Brief von dir bekommen, den ersten seit Mai, also müssen die restlichen verlorengegangen sein, genauso wie meine Briefe an dich. Vor etwa einem Monat habe ich eine Nachricht von Lotte bekommen. Sie sind gemeinsam im nicht besetzten Teil von Frankreich und warten darauf, nach Amerika zu können.

… Über das Rote Kreuz habe ich einen Brief von Mallymax erhalten, vom Juli, darin sagen sie nur, dass sie in Ordnung sind.

… Ich schicke dir jetzt öfter solche Postkarten. Und du könntest auch häufiger schreiben. Alles Gute und mach dir keine Sorgen wegen mir …

Da die deutsche Luftwaffe nun London bombardierte, schloss sich der Chef meiner Mutter dem Exodus aufs Land an. Sie blieb in der Stadt zurück, damit sie sich um Patientenangelegenheiten kümmern und auf Nachrichten von ihrer Schwester warten konnte. Die versteckte sich gerade im Südwesten Frankreichs im Wald.

28. Januar 1941

Mein lieber Bruder Ernst,

vor ein paar Tagen habe ich von Lotte und ihrem Mann gehört: Mich erreichte ein Brief aus dem Oktober, natürlich nicht die neuesten Neuigkeiten.

Sie wohnten in einer winzigen, sehr einfachen Hütte, hatten Kontakt zu seinen Leuten in Amerika und (gottlob) etwas Geld von ihnen erhalten und so haben sie geduldig darauf gewartet, nach Amerika zu gelangen.

Doch wann würden die USA wieder Visa ausstellen? Vermutlich im Frühjahr. Oder auch im nächsten Sommer. Es gab darüber wechselnde Mutmaßungen. Je länger sich Charlotte und Nepo versteckt hielten, desto prekärer wurde ihre Lebenssituation.

Von Mallymax habe ich schon ewig nichts gehört.

Ich gehe in den Garten hinaus und stromere herum, möchte ein bisschen Hand anlegen. Alles sieht total überwuchert aus. Es ist Sommer, August, und das Unkraut wächst in Massen. Der Hopfen erwürgt eine Klematis und muss zurückgeschnitten werden. Bei den Rosen sollte man die welken Knospen abschneiden. Ich sehe alles, tue aber nichts.

Das war es also. Ich habe es geschafft. Ich habe alle Briefe gelesen. Wenn ich ehrlich bin, dann war die Unterbrechung des Postverkehrs eine Erleichterung für mich. Ich muss nicht mehr hinschauen, weil es nichts mehr zu sehen gibt.

Und jetzt? Ich sollte zu meinem normalen Leben zurückkehren. Nur bin ich mir nicht mehr sicher, was das ist … normal. Nach Jahren der Unwissenheit weiß ich alles oder so viel, wie ich je wissen kann. Bei jedem neuen Brief beschleunigt sich mein Puls. Was werde ich diesmal herausfinden? Jetzt nicht mehr. Das ist vorbei.

Ohne irgendetwas im Garten ausgerichtet zu haben, kehre ich ins Haus zurück. Dort lege ich die Briefe von Max und Mally wieder in den Ordner und die der drei Geschwister in ihre jeweiligen Mappen. Briefe erhalten, schreiben und senden, wie auch immer es möglich war. Das hielt meine Großeltern aufrecht.

Ich stelle mir Max noch immer an seinem Schreibtisch vor. Wie er sich auf das Schreiben vorbereitet, indem er seinen Pelikanfüllfederhalter mit rabenschwarzer Tinte auffüllt. Wie er Wörter verwenden will, von denen ich noch nie gehört habe – Reminiszenzen an das 19. Jahrhundert, an sein Jahrhundert –, in verworrenen Satzstrukturen, die von Kommazeichen getaktet werden und immer vollständig schließen, gleichgültig, wie aufgeregt er ist. So hält er mich fest, zwischen seinen Kommata.

Und Mally, die sich nach Kräften bemüht, tapfer zu wirken für drei Kinder in drei unterschiedlichen Welten: Sie ist zerrissen zwischen Bleiben und Weggehen, zwischen dem Aussitzen des Naziregimes und der Vorstellung, sich in ein heißes, staubiges Land voller Bomben katapultieren zu lassen, wo sie von ihrem Sohn abhängig wäre, der doch immer von ihr abhängig war. In Berlin kann sie immerhin ihre eigene Haustür schließen und für ein paar Stunden vergessen, was sich auf der anderen Seite zuträgt.

Ich räume die Briefe wieder in den Schrank und schließe die Tür.

In dieser Nacht heulen Polizeisirenen. Ich wache immer wieder auf. Irgendwann träume ich, ich wäre auf einer von Wind und Regen umtosten Fähre auf dem Ärmelkanal, und wir könnten nicht anlegen. Ein Monat oder eine Woche mehr oder weniger, und meine Kindheit hätte ganz anders ausgesehen. Ich habe immer die lauten Häuser gemocht, in denen meine Freunde daheim waren und in denen es viel Hänseleien und Herumgealbere gab. Ihre Familien waren für meine Freunde wie eine bunte Decke, die sie sich in schweren Zeiten um die Schultern legen konnten. Meine Familiendecke hingegen ist zerrissen, ein Wind zieht flüsternd hindurch, es ist kalt zwischen den Schulterblättern, als wäre noch der Abdruck einer Hand zu spüren, die fortgenommen wurde.

Glück, Voraussicht, die Bereitschaft, Geld einzusetzen und sich ins Ungewisse zu stürzen, alles das spielte eine Rolle beim Überleben. Doch traurigerweise waren das nicht die Stärken von Max und Mally, sondern Sturheit und Verleugnung, gefolgt von einem Gemisch aus Hoffnung und fieberhafter Aktivität. Alles zu spät.

Teil 3

DER NEBEL DES DAZWISCHEN

———

»WAS SIND JUDEN?«

Mit der Post kommt ein großer Umschlag von Julia (aus dem Berliner Mietshaus). Darin liegen die Kopien aus dem Grundbuch. Sie zeigen, dass Max und Mally das Gebäude 1927 gekauft haben, als ihr Geschäft florierte. »Ich bin diesen Herbst vier Wochen lang nicht da«, schreibt Julia. »Würden Sie meine Wohnung nutzen wollen als Standort für Ihre Recherchen? Sie könnten vielleicht in den Archiven noch mehr herausfinden.«

Ich schrecke zurück. In ausgerechnet diesem Gebäude wohnen, neben all den gequälten Geistern? Außerdem weiß ich doch sicherlich schon alles, was es zu wissen gibt. Das Päckchen wandert direkt zu den Briefen in den Schrank.

Ein paar Tage später hole ich es wieder heraus. Wem will ich denn etwas vormachen? Wenn man richtig hinsieht, gibt es immer noch mehr zu entdecken. Und wenn man seine Augen davor verschließt, so stellt man sich am Ende nur Entsetzliches vor. Es ist wie damals, als das verletzte Kaninchen am Boden lag und es der Wildhüter an den Ohren hielt, um es zu erlösen. Mein Vater zwang mich dazu, mich abzuwenden, aber das war schlimmer als der Anblick des Tötens.

Wenn ich jetzt nicht weiterforsche, dann habe ich meine Großeltern in ihrer Not alleingelassen und werde niemals erfahren, was danach geschehen ist – nach dem Ende der Briefe.

Ich muss einfach wissen, was danach geschehen ist.

Zum dritten Mal in diesem Jahr fliege ich nach Berlin. Julia erwartet mich am Flughafen und fährt dann im Taxi mit mir davon.

Es ist Ende Oktober. Während wir durch eine Lindenallee fahren, segeln gelbe Blätter auf die Windschutzscheibe herab. Ich erkenne keines der Stadtviertel, durch die wir fahren. Die ersten paar Tage, während Julia ihre Reise vorbereitet, werde ich in der Wohnung ihrer Freundin Gisela schlafen. Die eine Frau kennt mich kaum, und die andere, die gerade nicht in der Stadt ist, hat mich noch überhaupt nie gesehen. Trotzdem lassen mich beide in ihre Wohnungen. Würde mir irgendwo sonst so ein Vertrauen entgegengebracht werden?

»Das hier könnte Sie interessieren«, sagt Julia und gibt mir einen Flyer. »Eine Führung an diesem Samstag.«

Ganz oben steht: *Auf den Spuren ehemaliger jüdischer Mitbürger.* Mir fällt das Präfix *Mit* auf. Es geht also nicht um irgendwelche Bürger, sondern um Menschen, die Teil der Gemeinschaft waren. Treffpunkt Spiegelwand.

»Die Spiegelwand befindet sich ganz in der Nähe von Giselas Wohnung. Sie ist ein Gedenkort für die ermordeten Juden von Steglitz.«

Oh Gott, nein danke!, will ich spontan antworten. Zwei Arten von Nebel liegen über der Welt des Dazwischen, und ich kann sie immer noch nicht klar voneinander unterscheiden. Der erste Nebel umhüllt die namenlosen Millionen, und wenn ich dieser Brühe zu nahe komme, könnte sie mich auf der Stelle verschlingen. Ich muss mich auf den speziellen Dunst konzentrieren, der über meinen Großeltern hängt.

Als sich der Krieg ausweitete und es immer mehr antisemitische Gesetze gab, die sie von der Außenwelt abschnitten, wie sind meine Großeltern da mit ihrer wachsenden Isolation zurechtgekommen?

Konnten sie immer noch Briefe an Verwandte in Deutschland schicken oder zu ihnen fahren?

Was wurde ihnen vor ihrer Deportation mitgeteilt?

Von welchem Bahnhof aus sind sie deportiert worden?

Und was ist nach ihrem Weggang mit ihren verbliebenen Besitztümern passiert?

Mally hatte gezeichnet und gemalt. Meine Mutter hat mir ihre Landschaftsbilder und ihre Zeichnungen von Hamburger Fischern beschrieben. Haben sie irgendjemandem gefallen? Könnten ihre Bilder immer noch irgendwo an einer Wand hängen?

Dann fällt mir auf, dass der Lokalhistoriker, der den Gedenkspaziergang begleiten wird, fünfzig Jahre lang Recherchen über sein Viertel in der Nazizeit angestellt hat. Er wird die Archive in- und auswendig kennen und mir einen Weg für meine eigenen Recherchen weisen.

Dieser Samstag eignet sich nicht zum Bummeln. Mit gesenktem Kopf, um mich vor dem prasselnden Regen und dem Wind zu schützen, dränge ich mich über den großen Marktplatz von Berlin-Steglitz, vorbei an Ständen mit Büchern, DVDs, Backwaren, Pullovern, Hüten, Hosen, einem Verkaufsmobil mit Bratwürsten und Sauerkraut und einem anderen mit Kaffee. Zwischen den Bäumen am Rand des Platzes entdecke ich Lücken, daneben decken rot-weiß-gestreifte Planen Käseräder und Eierschachteln ab. Eines ist wirklich verrückt. Als die Spiegelwand neu war, gab es eine Kontroverse wegen ihrer Größe. Also, wo ist sie?

Wenn ich sehr intensiv nach etwas suche, kann ich es manchmal nicht finden, obwohl ich es direkt vor mir habe. Deshalb bleibe ich stehen. Auf einem Holztisch mir gegenüber sind Kisten voller Äpfel aufgebaut, darunter stehen Eimer mit Rosen und Töpfe voller Margeriten. Ich drehe mich um und sehe dieselben Margeriten, Rosen und Äpfel spiegelverkehrt. Langsam entdecke ich Namenreihen: *Lewinski, Max. Lewinski, Margarethe. Stern, Paul* ... Blumen spiegeln sich zwischen den Namen der Leute, die keine Gräber haben, auf die man sie stellen könnte. Insgesamt 1 723. Vor der Wand am Boden liegt ein vertrocknetes Bouquet.

Also, wer wird zu diesem Gedenkspaziergang mitgehen? Die Einkaufenden, die ihre Taschen befüllen, Geld aus ihren Börsen kramen und ihre Kinder hinter sich herziehen, wohl kaum. Der Flyer mit dem sorgfältig erstellten Text ist ja schön und gut. Doch wie kann es ein Verständnis für Juden als Mitbürger geben, wenn in den letzten siebzig Jahren hier kein Jude und keine Jüdin mehr eine Rolle im alltäglichen Leben gespielt haben?

Zwei Männer treffen ein, einer von ihnen hat ein Klemmbrett in der Hand. Eine junge Frau schließt sich ihnen an, sie nimmt ihre weiche, durchnässte Kappe ab und spannt einen Regenschirm auf. Neben ihr bleibt eine vierköpfige Familie stehen. Ich entdecke auch noch ein Paar mittleren Alters, die beiden stehen Arm in Arm da und studieren die Namen auf der Spiegelwand. Schließlich eilt noch eine ältere Frau mit wilden grauen Haaren und stechend blauen Augen herbei. Ich scheine die Einzige zu sein, die nicht von hier stammt. Ich frage mich, was die anderen wohl dazu veranlasst hat, aus dem Warmen hinauszutreten und an einem rauen Samstagnachmittag in den Fußstapfen ihrer ehemaligen jüdischen Mitbürger zu wandeln.

Wir beginnen bei der Synagoge, die während der Reichskristallnacht verschont wurde, weil ein Feuer angrenzende Wohnhäuser von *Ariern* bedroht hätte. Dann ziehen wir durch die ausgedehnte Vorstadt mit ihren breiten Häusern von der Jahrhundertwende, den großzügigen Gärten, den breiten Bürgersteigen und dem merkwürdigen Kopfsteinpflaster. Der Leiter der Führung bleibt immer wieder stehen und erzählt uns vom blühenden Leben einiger Menschen, das einfach abgeschnitten wurde.

Namen über Namen, immer mehr Namen. Mich interessiert keiner davon. Los, will ich sagen, beeile dich.

»Wen kümmert es denn?«, flüstert mir eine vertraute Stimme ständig ein. »Welchen Unterschied macht es schon? Sie sind schon seit Jahrzehnten tot. Du hast sie nie gekannt, du wirst sie nie kennenlernen. Lass es sein. Geh nach Hause.« Die Stimme ist die meiner Mutter.

Nein, ist sie nicht. Es ist meine Stimme, ich stelle mir nur vor, was meine Mutter zu dieser Situation gesagt haben könnte.

Der Historiker, der uns herumführt, erzählt uns, dass viele Akten aus dem Dritten Reich, die von der DDR nach Moskau verbracht wurden, seit dem Fall der Mauer nach und nach zurückkommen.

Ich ziehe mein Notizbuch und einen Stift hervor. Die Krawattenfabrik von Max und Marie stand im späteren Ostberlin. Wo könnte ich etwas darüber herausfinden? Und was ist mit Familienmitgliedern, die verstorben sind, bevor sie deportiert werden konnten? Er sagt, der Jüdische Friedhof in Weißensee hätte Karteikarten über alle Personen, die dort begraben wurden.

Ich bemerke, wie mich die Menschen anstarren, den Blick dann aber schnell wieder abwenden. Ich spüre, wie sich eine Barriere aufbaut. Wir und sie. Opfer und Verfolger. Während ich das Leichenhemd meiner Verwandten über diese Vorstadtstraßen schleife, frage ich mich, ob Gedenkstätten für die Ermordeten andere weniger verunsichern als eine quicklebendige Nachfahrin.

Wir biegen um eine Hausecke, und der Gehweg verengt sich, sodass wir wie eine Schulklasse in Zweierreihen laufen müssen. Neben mir geht die Frau mit den wilden grauen Haaren. »Ich finde es wunderbar, was Sie tun, dass Sie versuchen, etwas über die Vergangenheit Ihrer Mutter herauszufinden, hier, wo sie aufgewachsen ist.«

Doch meine Mutter ist gar nicht in diesem Teil von Berlin aufgewachsen. Ich bin nur vorbeigekommen, weil ich nicht weit von hier übernachte und den Flyer zu dem Spaziergang entdeckt habe, weil es Samstagnachmittag ist und alle Archive geschlossen sind und weil ich Informationen will … Ich habe mich in meine Fremdheit gehüllt, und ihr Interesse fühlt sich wie ein Übergriff an. Lasst mich einfach in Ruhe an diesem seltsamen Ort. Die Geister, unter denen wir wandeln, sind eure Geister. Ich habe genug eigene.

Der Leiter des Spaziergangs spricht über die Deportationsbahnhöfe. Irgendetwas erzählt er von einer Gedenkstätte am Bahnhof Grunewald – ich zücke mein Notizbuch –, doch die meisten Berliner Juden seien mit Güterzügen vom Depot in der Putlitzstraße aus deportiert worden.

Wo ist die Putlitzstraße? Ich muss dorthin. Und nach Grunewald.

»Warum?« Das ist wieder meine Mutter.

»Weil ich genug davon habe, vor dem Nebel zu stehen. Es wird Zeit, dass sich dieser Nebel verzieht. Ich will ihre genauen Stationen ausmachen. Bis hin zu ihrer Deportation.«

Wir gehen weiter, bleiben zwischendurch stehen und setzen unseren Weg dann wieder fort. Dabei schildert uns der Lokalhistoriker Momentaufnahmen von Menschen, an die sich niemand sonst mehr erinnert. Seit fünfzig Jahren holt er schon die Juden seines Viertels aus der Versenkung. Ganz ohne Trommelwirbel. Ganz ohne Enthüllungen, die nach fetten Schlagzeilen verlangen. Nur leise, beharrliche Recherchen, die sie zurück ans Licht bringen. Gehen, stehen bleiben, noch ein Leben breitet sich vor uns aus, weitergehen.

Seine Stimme ist sanft, das Gehen und Benennen hat etwas

Beruhigendes. Das Leichentuch um meine Schultern löst sich. Falls ihm und dem Rest der Gruppe ihre gemeinsame Geschichte genauso fehlt wie mir meine persönliche Geschichte, dann wollen wir alle dasselbe: etwas von dem erfassen, was wir vermisst haben.

Wie flach Berlin ist, Wind, Hitze und Kälte ausgesetzt. Meine Mutter war erst einundzwanzig, als sie diese Stadt der Extreme – wo sie im Sommer in Seen schwamm und im Winter mit Schlittschuhen darüberlief – gegen das gemäßigte Klima Englands eintauschte, gegen Regen und Smog, gegen die vorgegebene Gelassenheit und die feine englische Art.

Die Tour ist fast vorbei. Der Historiker wendet sich an mich. »Die Jüdische Bibliothek wäre ein guter Ort für den Anfang.«

»Wo ist sie?«

»In der Fasanenstraße, einer Querstraße zum Kurfürstendamm.«

Wir kehren zu dem Marktplatz zurück. Die Stände mit ihren Markisen sind verschwunden. Keine Eier mehr, keine Hüte und keine Eimer voller Blumen. Der Essenswagen, angehängt an einen Kombi, fährt davon. Zu hören ist jetzt der Verkehrslärm von einer nahegelegenen Überführung. Ein paar Papierbecher werden vom Wind umhergeweht. Die Gruppe löst sich auf.

Ich gehe zu meiner Begleiterin von vorhin. »Hat Ihnen die Tour gefallen?«

»Ich lerne immer noch etwas Neues.«

»Warum interessieren Sie sich dafür?«

Sie wird knallrot, und ihr steigen Tränen in die Augen.

»Mein Großvater war ein Antisemit. Er hat es meinem Vater verboten, sich in der Schule neben einen jüdischen Jungen zu setzen. Ohne solche Leute hätte das nicht passieren können.«

Sie erklärt mir, dass der Antisemitismus ihres Großvaters schon lange vor Hitlers Aufstieg existiert hat, dass er und Gleichgesinnte erst den Boden bereitet haben für das Dritte Reich. Sie befürchtet, dass Untätigkeit und Unwissenheit jetzt zum Sieg derjenigen führen könnten, die den Holocaust leugnen. »Das liegt am preußischen Wesen«, sagt sie und betont die Verbindung zwischen Faschismus und der krankhaften Liebe zu Ordnung und Sauberkeit – so etwas wie ein ständiges Alarmiertsein wegen der Bedrohung durch Schmutz und Dreck.

Ihre Bemerkung lässt mich an einen Vorfall von heute Morgen denken. Im nahegelegenen Supermarkt war ein Tetrapak mit Saft auf dem Transportband ausgelaufen, woraufhin die Kassiererin das Band abschaltete. Sie und der Kunde hoben jeden Gegenstand hoch und wischten ihn ab, doch der Mann hinter ihnen in der Schlange war noch nicht zufrieden. Er rieb unsichtbare Schlieren mit Papiertüchern ab. Alle mussten mehrere Minuten lang warten, ohne dass sich auch nur eine Person beschwerte. An einem geschäftigen Samstag in London sähe diese Szene anders aus. Das Mädchen hinter der Kasse würde schnell mit einem alten Lappen darüberwischen, während die ungeduldige Menge keinen Finger rühren würde. Vielleicht sollte man eine schlampige Nation dreimal hochleben lassen, wenn das bedeutet, dass sie auch vor ethnischen Säuberungen zurückscheut.

Hier sind wir beide also, die Nachfahren von Täter und Opfer. Und beide suchen wir eine Möglichkeit zu verstehen, falls es die überhaupt gibt. Und falls nicht, so wollen wir zumindest wissen. Der heutige Spaziergang, das Stolpersteine-Projekt und mein Vorhaben, all das resultiert aus einem gemeinsamen Wunsch: einzelne Menschen aus den anonymen Millionen herauszulösen und ihnen ihren Platz im Gedächtnis der Welt wiederzugeben.

Sie ist daran verzweifelt, die Botschaft an ihre Enkelkinder weiterzugeben, die sie heute nicht begleiten wollten und es vor-

gezogen haben, drinnen Computer zu spielen. Das jüngste Enkelkind hat verwirrt gefragt: »Was sind Juden?«

Die Spiegelwand reflektiert nun die graue Fläche des Straßenpflasters und ist kaum zu sehen. Nur oben leuchtet sie rosa-
farben in der untergehenden Sonne. Vor ihr liegt ein frischer
Blumenstrauß am Boden.

DIE FAMILIE IN DER ÖFFENTLICHKEIT

Ich befolge den Rat des Historikers und beginne mit meiner Suche in der Jüdischen Bibliothek.

»Waren Ihre Großeltern Mitglieder irgendwelcher jüdischen Vereine oder Gemeinschaften?«

»Ihre Synagoge war der Friedenstempel. Der Rabbi dort war ein Freund der Familie.« Ich erwähne nicht, dass er außerdem der Geliebte von Charlotte war. In den späten 1920er Jahren hatte sie einige Männer gleichzeitig. Ich hatte versucht, seine Briefe zu lesen, war aber bald daran gescheitert, dass er zehn Wörter verwendete, wo zwei genügt hätten. Sie reichen bei Weitem nicht an die Briefe von André Andrejew heran, die in einem chaotischen, mit Russisch durchsetzten, energiegeladenen Deutsch geschrieben und von Illustrationen aufgelockert sind. Unter einem Liebesschiff namens *LOTTE*, das von einem geblähten herzförmigen Segel angetrieben wird, tut er kund: *Meine beste Hertz, ich begrusse dich und wünsche dier gluck, sonne, freide und geld.* Seine Signatur – ein *A* auf einem geblümten Nachttopf – schaukelt auf den Wellen. Kaum hatte er die Berliner Filmwelt verlassen und war nach Paris gegangen, hatte sich Charlotte schon ins kalte Wasser gestürzt, um ihm zu folgen.

»Irgendwelche anderen Vereine?«

»Die Taubstummenanstalt in Weißensee. Mein Großvater war im Vorstand.«

»Da sehe ich nach. Sie könnten sich auch das hier ansehen.« Sie knallt zwei riesige Wälzer auf den Tisch. »Nur … sind Sie ganz allein hier?«

Eine seltsame Frage. »Ja. Warum?«

»Das sind die Gedenkbücher. Jeder, dessen Transport von Berlin aus losgegangen oder durch Berlin gekommen ist, ist hier aufgeführt.« Sie tippt auf einen Band. »Mit Name, Adresse, Alter. Wohin er oder sie deportiert wurde. Auch das weitere Schicksal, sofern es bekannt ist.«

Herrje. Alle, die nicht entkommen konnten. Wenn Charlotte den Fluchtweg für ihre Geschwister nicht freigeräumt hätte, dann stünden ihre Namen vielleicht auch in diesen Büchern. Und ich wäre gar nicht da, um sie zu suchen.

»Die Namen zu sehen kann emotional belastend sein.« Ihre Augen hinter der Brille scheinen mich abschätzen zu wollen. »Einmal kam ein Vater mit seinem Sohn hierher, und dann ist der Vater zusammengebrochen. Vielleicht wollen Sie jemanden dabeihaben.«

Würde ich das wollen? Nun, ich glaube ja, auch wenn mir noch nie jemand angeboten hat, mich zu begleiten, und ich bin auch noch nie auf den Gedanken gekommen, jemanden darum zu bitten. Bisher habe ich immer allein nach Spuren von Max und Mally gesucht, allein und in aller Stille – und ich bin davon ausgegangen, dass niemand so etwas aufgebürdet bekommen will. Das muss noch von den Reaktionen der Leute herrühren, die sich früher nach der Familie meiner Mutter erkundigt hatten. Diejenigen hatten sich dann offensichtlich immer schnell gewünscht, sie hätten nicht gefragt. Ein Blick zur Seite und ein schneller Themenwechsel, als wäre es geschmacklos, die Ermordung meiner Großeltern zu erwähnen.

»Was steht in dem anderen Buch?«, frage ich.

»Vor Jahren wurde noch eine andere Liste in Theresienstadt entdeckt, die jetzt veröffentlicht ist. Darin sind alle Transporte von Theresienstadt in die Vernichtungslager aufgeführt.«

Nein, nein, nein. Lass dich nicht von diesem Nebel ver-

schlucken. Bleib weg davon. Konzentrier dich auf deine Großeltern. Sie wurden nirgendwohin weitergeschickt. Max und Mally
sind in Theresienstadt geblieben. Sie sind in Theresienstadt gestorben. *Es war nicht das schlimmste Lager.*

Eigentlich sollte ich mir auch das erste Buch nicht anschauen.
Denn im Moment will ich wissen, wie sie *gelebt* haben. Schließ-
lich haben sie noch irgendwie weitergelebt, auch nachdem ihre
Briefe nicht mehr durchkamen. Und das interessiert mich, dieses
Irgendwie-Weiterleben.

»Nehmen Sie doch Platz«, bittet mich die Bibliothekarin. »Ich
werde Ihnen alles bringen, was wir über die Synagoge und die
Taubstummenanstalt im Haus haben.«

Ich suche mir einen freien Tisch aus, schaffe es aber nicht,
meinen Mantel abzulegen und mich zu setzen. Ich bin völlig ratlos. Wie im Jüdischen Museum, als ich das Gefühl hatte, ich wäre
geradewegs in meinen Schrank geklettert. Ich sollte besser jemanden dabeihaben, oder? Das war wohl eine vorsichtige War-
nung. Was könnte ich lostreten? Leider kann ich das nicht wissen,
bevor ich es losgetreten habe.

Die Bibliothekarin kehrt mit einem schmalen Band zurück.
»Wir haben nichts über die Synagoge Ihrer Großeltern, aber das
hier habe ich gefunden.«

Öffne deine Hand für die Stummen.
Die Geschichte der Israelitischen Taubstummen-Anstalt
Berlin-Weissensee 1873 bis 1942

Meine Mutter hatte Max und Mally immer zur Chanukkafeier
in die Anstalt begleitet. Dort hatte sie das Erscheinungsbild der
zum Judentum konvertierten Frau des Direktors beeindruckt.
»Erna Reich hatte lange blonde Zöpfe, die sie um den Kopf fest-
steckte wie eine echte Bayerin«, erzählte sie mir. »Ihr Aussehen
hätte jeden Nazi erfreut, und doch stand sie da und sang *Maoz
Tzur*, das Chanukkalied.«

Ich finde ein gräuliches Foto, auf dem Kinder mit einigen Erwachsenen um einen langen Tisch mit Geschenken und einem Kuchen herumsitzen. Die Bildunterschrift lautet: *Chanukka in der Israelitischen Taubstummen-Anstalt, vor 1938.* Mein Blick wird von einer Gestalt im Hintergrund angezogen. Obwohl sie nur unscharf zu sehen ist, sind die breite Stirn, das Profil und die Haltung unverkennbar, in der sie sich zu dem Mädchen zu ihrer Rechten umwendet. Es ist meine Mutter.

Ich betrachte die restlichen Fotos und entdecke ein jüngeres Porträtbild von Max neben den Bildern der anderen Vorstandsmitglieder. Auf der gegenüberliegenden Seite ist ein Brief von 1938 an den Berliner Polizeipräsidenten abgedruckt. Vor dem Namen jedes Vorstandsmitglieds ist das *Herr* durchgestrichen und ein großes *J* aufgestempelt. Entmenschlichung in vollem Gang. Der Anfang vom Ende.

Am nächsten Morgen holt Wolfgang mich ab, und wir fahren aus Berlin hinaus in Richtung Südwesten. Wir durchqueren eine riesige, von breiten, dunklen Bäumen umgebene Ebene und erreichen den Wald, in dem Friedrich der Große zu jagen pflegte und wo er das Schloss Sanssouci errichten ließ. Ich versuche, mich an einen derben Spruch zu erinnern, den meine Mutter einmal aufsagte, als ich sie – wider besseres Wissen – gebeten hatte, mir bei den Hausaufgaben in deutscher Geschichte zu helfen.

Die Straße ist schnurgerade. Weder Hügel noch Tal, keinerlei Auf und Ab. Nicht die kleinste Windung. Einfach immer weiter. Wir fahren nach Potsdam zum Landeshauptarchiv von Brandenburg. Hier, tief im Wald, werden die brutalsten Informationen aufbewahrt. Wolfgang braucht Details für einen neuen Schwung Stolpersteine, und ich habe einen Termin bei der Archivarin, die ich bei der Konferenz getroffen hatte. Ich hoffe, sie kann mir helfen, mir eine Vorstellung von Max' und Mallys Leben bis zu ihrer Deportation zu verschaffen.

Mir fällt die erste Zeile des Spruchs wieder ein, und ich zitiere sie laut. »Friedrich der Große macht sich in die Hose.«

Dann brauche ich Wolfgangs Hilfe.

»Friedrich der Kleine macht sie wieder reine.

Friedrich der ganz Kleine hängt sie an die Wäscheleine.«

Sauberkeit bezwingt den Schmutz. Laut meiner Bekannten von der Spiegelwand ein Hinweis auf den preußischen Charakter.

Wir erreichen den Stadtrand von Potsdam. Eine Reihe trostloser Gebäude säumt die Straße, dann werden sie spärlicher, und es treten wieder Bäume an ihre Stelle. Es wäre eine echte Herausforderung, mit öffentlichen Verkehrsmitteln hierherzugelangen – mit Zug und Bus. Allerdings befindet sich die Bushaltestelle kilometerweit entfernt. Sie taucht kurz auf, als wir eine Seitenstraße hinunter- und zwischen weiteren Bäumen hindurchfahren. Es ist, als wolle sie hier von niemandem gefunden werden.

Ich werde in einen Raum geführt. Fünf Minuten später kommt die Archivarin und strahlt mich an. Eine Assistentin trägt ihr einen Haufen Fotokopien hinterher und legt sie auf einem Tisch ab. Die Deportation begann damit, erklärt mir die Archivarin, dass die Menschen eine Mitteilung erhielten. Sie hatten zu Hause Zeit, um den sechzehnseitigen Fragebogen auszufüllen, in dem sie detailliert Auskunft über ihre Besitztümer gaben. »Vielleicht erinnern Sie sich an meinen Hinweis, dass die Gestapo alle Unterlagen vernichtete, als klar wurde, dass der Krieg verloren war. Allerdings bewahrte das Finanzministerium seine Akten auf.« Sie deutet auf die Papiere. »Hier sind die Dokumente Ihrer Familie.«

Ich bin platt. Ich hatte erwartet, alles selbst nachschauen zu müssen, doch sie hat bereits für mich recherchiert. Und nicht nur das, sie hat die Ergebnisse auch kopiert.

Die Juden wurden nicht sofort deportiert, nachdem sie zu Hause abgeholt worden waren. Sie verbrachten zunächst mehrere Tage oder bis zu einer Woche in einem Sammellager. Im Lauf der Zeit durchschauten die Menschen das Vorgehen. Einige unternahmen Fluchtversuche, sobald sie den Aufruf erhalten hatten, sich in der Sammelstelle einzufinden. Andere versteckten sich. Andere wieder begingen Selbstmord. Hießen die Nazis solche Suizide denn nicht gut? Schließlich sparten sie dadurch den Treibstoff für den Transport und eine Menge Gas ... Offenbar nicht. Um allgemeine Unruhen zu vermeiden, musste ein fragiles Gleichgewicht zwischen dem Verbreiten von Angst und Schrecken und der Fügsamkeit der Opfer eingehalten werden. Und dann stelle man sich vor, die Selbstmörder hätten ihre Vermögenserklärungen nicht ausgefüllt! Was für ein Albtraum das gewesen wäre. Wie viele Arbeitsstunden und wie viel bürokratischer Aufwand, bis das Deutsche Reich Zugriff auf ihre Besitztümer gehabt hätte. Da war es viel besser, die Juden ohne Vorwarnung zusammenzutreiben und sie die Fragebogen im Sammellager ausfüllen zu lassen. Lasst ihnen aber keine Füllfederhalter! Einige hatten versucht, sich damit zu erstechen. Nehmt den Juden alle spitzen Stifte weg, und gebt ihnen stattdessen nur weiche Kopierstifte!

Gleich nach der Deportation versiegelte die Gestapo die Häuser und Wohnungen. Die wurden dann an *arische* Familien vergeben, während man das Hab und Gut versteigerte.

»Und welche dieser Papiere sind die meiner Großeltern?«

Die Archivarin schüttelt den Kopf. »Ihre Papiere sind die einzigen, die uns fehlen.«

»Wie bitte?«

»Einige Dokumente wurden bei Luftangriffen zerstört.«

»Sie meinen, Sie haben gar nichts über sie?«

»Ich fürchte, da gibt es nichts.«

Oh, nein. Sie hat die Onkel, Tanten, Cousins und Cousinen meiner Mutter ausgegraben. Alle jene, denen zu begegnen ich sorgsam vermieden hatte, aus Angst, überwältigt zu werden.

Ich folge der Assistentin einen Flur entlang bis zu einem Lesesaal. Die Deportationslisten seien auf Mikrofilm gespeichert, erklärt sie mir und zeigt mir, wie ich sie aufrufen kann. Hier könne ich auch die Originaldokumente anfordern, wenn ich das möchte, denn es ist nicht alles übertragen worden. Dann lässt sie mich allein.

Was jetzt? Ich bin mitten im Wald ausgesetzt, bis Wolfgang zur Abfahrt bereit ist. Dann denke ich mir: In den Wirren des Krieges könnte es doch sein, dass irgendetwas von Max' und Mallys Dokumenten in die falsche Akte geraten ist. Man kann nie wissen …

Eine Stunde später stehe ich immer noch inmitten der knisternden Stille des Lesesaals. Ich habe mir zwar schon vor Ewigkeiten einen Stuhl zurechtgestellt, doch ich kann mich unter keinen Umständen darauf niederlassen. Auf dem Tisch vor mir liegt meine ermordete Rychwalski-Familie. Ich muss auf den Beinen sein, bereit, mich jedem amtlichen Schurken zu stellen, der mich aus den Seiten anspringt.

Auf dem Einband einer Akte des Oberfinanzpräsidenten Berlin-Brandenburg, Abteilung Fremdwährung, hat ein Beamter das Schild sorgfältig mit vertrauten Namen beschriftet.

Rychwalski
Jacob & Alfred
Derzeit in Wassenaar
Holland

Gut für dich, Onkel Jacob. Du hast bei deiner Tochter Lisa Zuflucht gefunden, bist dann untergetaucht und rechtzeitig gestorben, bevor man dich umbringen konnte. Ganz anders dein Sohn

Alfred, der halb blind war, seit er für das Vaterland gekämpft hatte. Gerade er musste so viel sehen und ertragen.

Blätter, blätter, blätter. Hier ist ein Brief mit dem Briefkopf der *Geheimen Staatspolizei.* Meine Finger berühren ein Blatt Papier, das auch von einem Mitglied der Gestapo berührt wurde. Wie viel auch immer man in der Theorie weiß, dieses Zeug direkt vor sich zu haben macht es erst real. Warum sind alle ringsum so still?

Alfred fuhr immer wieder von seinem Wohnort Betsche nach Tirschtiegel, um dort nach Jacobs Haus zu schauen. Er wimmelte die Fragen der Behörden ab. Sein Vater habe sicher vor, nach seinem Besuch bei Lisa in sein Zuhause zurückzukehren. Nur hätten ihn bedauerlicherweise das Alter und die Gebrechlichkeit bisher daran gehindert …

Was für eine offene, fließende Handschrift, regelrecht surrend vor Energie. Alfreds Stift fliegt über die Seite, ich aber lese zwischen den Zeilen und stimme mit ein. *Ihr werdet meinen Vater nie erwischen, ihr Mistkerle, er ist außerhalb eurer stinkenden Reichweite.* Gut für dich, Alfred. Gut für dich, Lisa. Gratulation!

Der Mann neben mir sieht mich an. Ich habe doch nicht wirklich freudig aufgeschrien, oder? Ich schleiche davon, drücke mich an den Rändern des Lesesaals entlang und bleibe vor der Auskunft stehen. Bevor ich es selbst begreife, habe ich um die Liste der Deportierten gebeten, die ich zum ersten Mal als Projektion an der Wand des Klassenzimmers gesehen hatte. Um die Liste, auf der Alfred steht. Jetzt, da ich seine Handschrift gesehen habe, ist er wieder ein Mensch geworden. Ein menschliches Wesen, nicht bloß eine Nummer. Das könnte ich mit den anderen auch machen: sie über ihre Handschrift kennenlernen.

Ich kehre zu meinem Platz mit den Kopien zurück. Jetzt will ich ein Gefühl dafür aufbauen, wer die Cousine Lina war, bevor sie nicht mehr war. Die unverheiratete Tochter von Onkel Louis, die sich danach sehnte, wieder zu verreisen. *Wollen wir uns nicht mal wieder auf Capri treffen?*, hatte sie an Ernst geschrieben. Da hatte sie wohl kaum ahnen können, dass ihre nächste Reise im Januar 1942 mit dem Transport Nummer 8 nach Riga führen würde. In ihrer letzten Vermögenserklärung führte sie – neben einer Vielzahl von Möbelstücken – einen Flügel und zweihundert Bücher auf. Außerdem ein kolossales Bankkonto mit 73 617,42 Reichsmark bei der Deutschen Bank (das entspricht heute ungefähr einer halben Million US-Dollar). Die Gestapo und das Finanzministerium wird es sehr in den Fingern gejuckt haben, an das Geld zu kommen.

Beim Anblick der Unterschrift eines Jungen stockt mir der Atem. Der vierzehnjährige Heinz, dessen Brüder im allerletzten Moment nach England durchgeschlüpft waren, hatte ein kleines Erbe angegeben. Ich kann ihn mir bildlich vorstellen, wie er sich über den Tisch beugt und den Füller ins Tintenfass tunkt, fest entschlossen, nicht einen Klecks zu machen, wenn er sorgfältig seinen Namen schreibt. Diese gezackte Unterschrift ist alles, was von seinem kurzen Leben übrig bleibt.

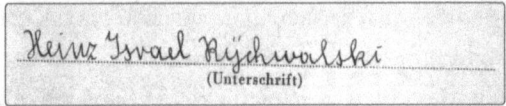

(Unterschrift)

Weitere Vermögensaufstellungen, bescheidenere als die von Lina, erlauben mir Einblicke in Schlaf- und Wohnzimmer, in Küchen, Keller, Speicherräume und in das Alltagsleben anderer Verwandter: 3 Betten, 4 Matratzen, 1 Sofa, 1 Lehnstuhl; 2 Jacken, 2 Seidenkleider, 8 Bettlaken, 3 Decken, 8 Kissen; 1 Tisch und 1 Nähmaschine; Kochtöpfe und Backformen; ein altes Bügeleisen und ein Wäschekorb; 1 Sack Kohle. Alles hatte einen Wert von 300 Mark bis zu 50 Pfennig. Was der Reichsminister der Finanzen am Ende aber wirklich wollte, waren die Bankdaten und die Aktien. Kontonummer? Guthaben? Kaum war der Transport abgefahren, gab die Gestapo dem Reichsfinanzministerium auch schon grünes Licht für den Zugriff.

Inzwischen habe ich komplett vergessen, dass ich nur den Spuren von Max und Mally folgen wollte. Ich bin total gefesselt.

Schließlich kehre ich zu den Akten über Alfred und seinen Vater Jacob mit dem dicken Briefstapel zurück und blättere ihn durch, als würde ich auf etwas Besonderes warten, das meine Aufmerksamkeit erregt.

Blätter, blätter, blätter.

Plötzlich entdecke ich, wonach ich gesucht habe. Derselbe Name war immer wieder aufgeploppt. Von einem Arzt. Was für einen hübschen ovalen Stempel er doch auf seinen Briefen verwendete! Um das Oval biegt sich oben der Schriftzug *Dr. K. Mathwig*, unten *Tirschtiegel*, und in der Mitte steht *Arzt*. Ein Arzt, wie man ihn eher nicht konsultieren sollte. Schon kurz nach der Reichskristallnacht nahm er seine unermüdliche Korrespondenz mit den Behörden auf.

Dr. Mathwig war ein Mieter von Jacob. Das Haus am Adolf-Hitler-Platz 112, das er gemietet hatte, musste renoviert werden, denn das Dach war undicht. Doch der Jude Rychwalski war in den Niederlanden geblieben, er war sowieso kein deutscher Bürger mehr und durfte keine Häuser mehr besitzen. Sein jüdischer Sohn kam seinen Pflichten als Verwalter nicht nach. Wann würde ein arischer Verwalter ernannt werden? Und da gab es noch etwas: Dr. Mathwig wollte das Haus kaufen, doch offenbar hatte auch die Gestapo Interesse daran gezeigt. Also würden sie das freundlicherweise klarstellen.

Wer hat derzeitig als Besitzer zu gelten, der Jude oder der Staat? ...
Heil Hitler!

Mathwig
Tirschtiegel.

Eine ungeheuerliche Hitze schweißt meine Füße am Boden fest. Dann steigt sie mir an den Beinen hoch. Mir ist so heiß, dass ich ganz Brandenburg mit Strom versorgen könnte, wenn man mich nur ans Netz anschlösse.

Das hatte nichts mit gesichtslosen Beamten zu tun, die ihre Befehle ausführten. Dr. Mathwig kannte Jacob. Die zwei Männer mussten gemeinsam den Mietvertrag unterzeichnet haben, sie hatten nebeneinandergesessen und zusammen Kaffee aus Tassen getrunken, die – wenn er so darüber nachdachte – gut in seine eigene Küche gepasst hätten …

Ich bleibe minutenlang vor dem Waschbecken stehen, um mir Dr. Mathwigs Spuren abzuschrubben.

Wolfgang und ich fahren schweigend die lange, gerade Straße zurück.

Wenn ich als Kind mit meinen Eltern verreiste, sangen wir auf langweiligen Fahrten immer im Kanon. Dabei wählten wir aus einem dreisprachigen Repertoire: *Londons's Burning, Frère Jacques, Oley Voley.* Damals war Deutsch immer noch die Geheimsprache meiner Eltern, und *O wie wohl ist mir am Abend* stellte eine allzu große Herausforderung für meine Zunge dar. »Lasst uns *Oley Voley* singen«, pflegte ich dann zu sagen, und dieser Titel blieb hängen.

Wir halten neben einer hölzernen Schubkarre, auf der verschiedene Kürbisse und Blumen zum Verkauf angeboten werden. Wolfgang kommt mit einem Strauß Dahlien für Barbara zurück. Das ist eine willkommene Abwechslung nach einem Tag voller Grauen.

Als wir weiterfahren, singe ich für mich:

»Oley voley mir am Abend, mir am Abend,
wenn zur Ruh' die Glocken läuten, Glocken läuten.
Bim bam, bim bam,
bim bam, bim bam.«

Zurück in Giselas Wohnung, lehne ich das schwere Päckchen mit den Fotokopien an die Wand und lasse mich aufs Bett fallen. Den ganzen Tag über haben andere Familienmitglieder Max und Mally in den Hintergrund gedrängt. Ich hatte nicht mit ihnen gerechnet, kann sie jetzt aber auch nicht mehr zurückdrängen. Dafür haben ihre Handschriften gesorgt – diese letzten Spuren ihrer Persönlichkeit –, ehe sie, zu Nummern reduziert, auf den laufenden Mikrofilm mit den Transporten gebannt wurden und verschwanden. Wie das nicht Vertretbare akzeptabel wurde, kann ich bis heute nicht verstehen. Und jetzt entkomme ich auch dem Bild von Dr. Mathwig mit seinem verwässerten Stempel nicht mehr, ein Rädchen, das die ganze Maschine antreibt. Hinter meinen geschlossenen Augen tummeln sich Millionen Dr. Mathwigs. Sie teilen und vermehren sich wie Tumorzellen, sie huschen aus allen Ecken hervor, um sich den marschierenden Horden anzuschließen …

Ich muss eingedöst sein. Schritte wecken mich auf, sehr leise Schritte, eher ein sachtes Tapsen. Ich setze mich auf. Gisela ist wieder da.

Zehn Minuten später und nach einigen höflichen Fragen – »Haben Sie alles gefunden?« »Wie war die Fahrt?« – sitzen wir am Küchentisch und trinken Tee. Sie ist erschöpft und froh, nach dem Besuch bei ihrem Vater wieder zu Hause zu sein. Er ist jetzt Ende neunzig, und es ist schwer, sich aus der Ferne um ihn zu kümmern. Sie erzählt mir von seinen Erlebnissen in der Kriegszeit. Ich habe zwar nicht danach gefragt, aber der Grund, weshalb ich hier bin, veranlasst sie dazu. Sie erklärt mir, dass er es ablehnte zu kämpfen, da er sehr religiös ist. Ich bin überrascht. Konnte man unter den Nazis den Kriegsdienst verweigern? Offenbar konnten sie seine Fähigkeiten auf andere Art brauchen. Schließlich war er Baumeister.

Ich gratuliere ihm dazu, nippe an meinem Tee und genieße den Augenblick. Die düstere Stimmung des Tages verblasst, die Welt bekommt wieder Farbe, und alles gerät nach und nach ins Gleichgewicht. Ich erinnere mich, dass es auch anständige Menschen gab.

Also haben sie ihn nach Riga geschickt.

Dieses eine Wort genügt. Die Sirenen in meinem Kopf heulen, und ich bin wieder im Lesesaal mit den Listen der Deportierten. Lina war nicht die Einzige aus der Familie, die nach Riga geschickt wurde. Bei meinem letzten Besuch bei Charlotte vor ihrem Tod hatte sie über Mally gesprochen. Beleidigt hatte sie erzählt, dass Mally alle ihre Männer Fritz genannt hatte. So hatte ihr geliebter Bruder geheißen. »Max, Ernst, für sie hießen sie alle Fritz«, sagte sie. »Natürlich wurden Fritz und Olga in Riga erschossen.« *Natürlich?*, hatte ich schockiert gedacht. Doch dann: *Ja, natürlich, das ist die Normalität in unserer Familie.*

Solange Rigas Ghetto noch voll war mit den eigenen Juden, konnten die frühen Transporte ihre Fracht nirgends entladen. Die Züge hielten am Stadtrand. Von dort aus wurden alle in den Wald getrieben. Und erschossen.

Also brauchte Riga doch einen Baumeister? Um was genau zu tun? Das Ghetto zu erweitern? Es zu zerstören und den Platz für etwas anderes freizumachen?

»Stört es Sie, wenn ich rauche?« Gisela missachtet ihre eigenen Hausregeln, zündet sich eine Zigarette an und bläst den Rauch aus dem Fenster. »Ich fühle mich nicht schuldig«, sagt sie, als hätte sie meine Gedanken gelesen. »Ich kann einfach nicht alles begreifen, was geschehen ist.«

Ich finde meine eigenen Gedanken abstoßend. Als träte ich dadurch Giselas Gastfreundschaft mit Füßen. Ich versuche, mir den Zusammenhang rational zu erklären, gebe aber auf. Fritz, Olga und Lina haben vermutlich keine Spuren in den lettischen Wäldern und Marschen hinterlassen, doch ihr Schicksal hat drei Wunden geschlagen in meinem familiären Umfeld. So ist es nun einmal.

Wir sitzen für eine Weile schweigend zusammen. Langsam verwandelt sich die Situation in eine positiv besetzte Leere. In der Stille erkennen wir die Befangenheit zwischen uns, die auf unseren unterschiedlichen Vermächtnissen beruht. Morgen ziehe ich in Julias Wohnung.

»Wie sind Sie vorangekommen?«, will Gisela wissen.

Ich erzähle ihr von meiner Enttäuschung, dass ich nur wenig über Max und Mally entdeckt habe, aber einen ganzen Sack voller Erkenntnisse über die anderen Ermordeten. »Viele von ihnen haben nicht in Berlin gelebt, sondern in kleinen Orten, die bis 1945 zu Deutschland gehörten und jetzt in Polen liegen: Tirschtiegel, Betsche …«

»Betsche?«, fragt sie. »Mein Vater ist in Betsche aufgewachsen.«

»Nein!«

Ich murmele irgendetwas darüber, dass ich packen muss, kehre in mein Zimmer zurück und setze mich völlig benommen auf den Fußboden. Ich möchte meinen Koffer zwingen, sich zu öffnen, damit meine Sachen hineinspringen und alles von allein gepackt ist. Ausgerechnet Betsche. Betsche liegt ein gutes Stück von Berlin entfernt. Betsche ist winzig. 1939 hatte es 1 749 Einwohner. Giselas Vater dürfte ein Schulkind gewesen sein zu der Zeit, als Cousin Alfred geheiratet hat und dorthin gezogen ist. Ihre Wege müssen sich gekreuzt haben.

»Kannst du nicht mal aufhören?«, schreie ich die Tasche mit Kopien an, die an der Wand lehnt.

Alfreds breit gezogenes Gekrakel pulsiert im Raum. Er und seine Mädchen werden nicht dem Vergessen anheimfallen. Sie werden verdammt noch mal nicht vergessen werden.

Vorsichtig klopft es an der Tür, und Gisela erscheint mit einem Foto des Ortes aus der Vorkriegszeit. Darauf steht *Betsche-Marktplatz*. Es zeigt eine Statue in der Mitte eines weiten Platzes, umgeben von Häusern, im Hintergrund ein Kirchturm mit Zwiebeldach.

Ihre Adresse auf der Deportationsliste war *Markt 74*, also müssen sie entweder in einem der abgebildeten einstöckigen Häuser mit steilem Spitzdach oder in einem der zweigeschossigen Häuser mit größeren Fenstern gelebt haben. Fünf von insgesamt zwanzig Juden, die in der einen Minute noch da waren und in der nächsten verschwunden, ihre Häuser versiegelt, ihre Habe versteigert. Ich stelle mir ihre Nachbarn vor, wie sie sich in einer Schlange aufstellen, um ihre Gebote abzugeben.

»Gisela, könnten Sie Ihren Vater fragen, ob er sich an einen Veteranen aus dem Ersten Weltkrieg erinnert, der auf einem Auge erblindet war und deshalb eine Augenklappe trug? Alfred Rychwalski. Er hat genau hier am Marktplatz gewohnt.«

Als der Krieg zu Ende war und die Provinz Posen (Poznan) ein Teil Polens wurde, war es nun Giselas Familie, die enteignet wurde. Sie verließen Betsche und flohen nach Westen. Gisela fragt ihren Vater. Er erinnert sich nicht an Alfred.

TÜRSCHWELLEN

Ich halte meine Schlüssel in die Luft, lasse sie über Max' und Mallys Stolpersteinen klimpern – »Schaut, was ich da habe!« –, öffne die Tür und trete ein. Ich gehe durch die Eingangshalle und in den Hof hinaus, im Seitenflügel nehme ich den Lift zu Julias Wohnung hinauf. Schuhe aus und in die Pantoffeln geschlüpft, so tappe ich über das glänzende Parkett in die Küche. Eine Tasse Tee ist genau das, was ich jetzt brauche. Schließlich bin ich Engländerin.

Julia hat mir einen Schlafplatz in dem großen Wohnzimmer hergerichtet. Ich setze mich auf die Polster und schaue mich um: Bücherregale, zwei Sessel und eine Menge Platz. Es fühlt sich seltsam an, so ganz allein hier zu sein. Ich trete ans Fenster, und mit einem Mal fühlt es sich gar nicht mehr seltsam an. Plötzlich fühlt es sich genau richtig an.

Ich blicke auf die hinteren Fenster der Wohnungen gegenüber, die zur Straße hinausgehen. In einer von ihnen müssten Max und Mally gewohnt haben, vermutete Julia. Nicht im Erdgeschoss, da hier ein Laden und eine Galerie untergebracht sind. Wahrscheinlich auch nicht unter dem Dach. Damit bleiben vier Stockwerke übrig. Einige dieser Fenster müssen die von Hans und Dieter sein, den Ersten, die mich in das Gebäude eingeladen und herumgeführt haben. Ich rufe sie an. »Ratet mal, wo ich gerade bin!«

»Nein! Wo? Wink uns doch!«

In einem der unteren Fenster geht ein Licht an. Ich erkenne

eine Silhouette zwischen den Ästen eines Baums, der mitten im Hof steht. »Hier bin ich.« Ich winke.

Die Silhouette winkt zurück. »Das bin nur ich«, sagt Hans. »Dieter behauptet, er sei nicht vorzeigbar.«

»Sag ihm, ich kann gar nicht viel sehen. Der Baum steht im Weg.«

Sie laden mich zu sich ein, damit wir uns zusammen den Film *Nicht alle waren Mörder* im Fernsehen ansehen. Ihre Freundlichkeit ist herzerfrischend, doch ich möchte auch, dass sie wissen: Es gibt noch andere Seiten an mir, ich bin nicht nur eine Nachfahrin von Naziopfern. Nur ist ebendies der Grund, weshalb ich in Berlin bin, sogar in dem Mietshaus meiner Großeltern. Wen will ich also von etwas anderem überzeugen? Unter meinem Drang, möglichst viel herauszufinden, lauert beständig die Angst, ich könnte in der Scheiße stecken bleiben. Gegen die Angst kämpft die Hoffnung an, die Vorstellung, dass dieses Hin und Her zwischen dem Wunsch nach Wissen und drohender Überwältigung durch das Schreckliche zur Ruhe kommt, sobald ich alles für mich noch Erreichbare weiß. Dann wird die Sonne für mich neu aufgehen.

Doch einstweilen ist es überhaupt nicht unheimlich, in dem Gebäude meiner Großeltern zu wohnen. Tief und fest schlafe ich unter ihrem Himmel.

Am nächsten Morgen begebe ich mich in Julias Arbeitszimmer auf der anderen Seite der Wohnung. Sie hat mir ihren Schreibtisch zum Arbeiten frei geräumt. Ich setze mich davor und blicke über einen weiten, offenen Raum auf die Rückseiten der Gebäude in der nächsten Straße. Durch einen Spalt zwischen den Häusern sehe ich eine Ampel, die über der Kreuzung mit der Hauptstraße hängt, der Lietzenburger Straße. Außerdem höre ich das entfernte Rauschen der Autos.

Ich packe gerade meinen Laptop und die Unterlagen aus, da bemerke ich einen mit einem Stein beschwerten Notizzettel.

EHEMALIGE NACHBARN, DIE VIELLEICHT HELFEN KÖNNTEN. Julia hat mir eine Kontaktliste hinterlassen, auf der Leute stehen, die schon lange vor ihr in das Haus gezogen waren. Die Erste auf der Liste ist Alex.

»Von 1951 bis 1983! Unglaublich, dass ich mehr als dreißig Jahre hier gelebt habe.« Alex sitzt mit ihrer Tochter Steffi am Küchentisch in Julias Wohnung, während ich Kaffee koche. »Also, wie können wir Ihnen helfen? Was wollen Sie über das Gebäude wissen?«

Diese Frage kann ich immer noch nicht so leicht beantworten, da ich mich nach wie vor an alles herantasten muss. In Wirklichkeit will ich herausfinden, welche Wohnung die meiner Großeltern war. Leider muss ich erkennen, dass mir Alex und Steffi da auch nicht weiterhelfen können. Doch nach einem ganzen Menschenalter der Stille und Abwesenheit folge ich dem Naheliegenden. Ich lerne meine Großeltern über ihre Umgebung kennen – die Straßen, über die sie geschritten sind, die Schwellen, die sie überquert haben. Als Alex und Steffi kurz nach dem Krieg in das Haus zogen, dürften sie Wand an Wand mit denselben Nachbarn gelebt haben, mit denen gemeinsam sich Max und Mally vor den Bomben in Sicherheit brachten. Wie war das Leben hier zu jener Zeit?

»Nun, die Küche war auch immer das Zentrum unseres Lebens«, erzählt Steffi, während sie sich umblickt. »Hier bin ich aufgewachsen. Wir hatten dieselbe Wohnung zwei Stockwerke tiefer, mit genau denselben Fliesen. Dieser Schrank dort unter dem Fenster war der Eisschrank. Es kam immer ein Lastwagen vorbei und lieferte Eisblöcke. Wenn die schmolzen, rann das kalte Wasser über die Lebensmittel und hielt sie frisch.«

Alex ist zwar schon über neunzig und beinahe erblindet, aber sie hat sehr genaue Erinnerungen. »Erstaunlich, dass meine

Wohnung 1951 noch leer stand. Wahrscheinlich weil der Schaden so groß war. Die Fassade war aufgerissen, die Decken waren eingestürzt. Eine Brandbombe war eingeschlagen und hatte die Eingangshalle zerstört. Wir klauten Steine auf der Straße, um die Wände wiederaufzubauen. Im Zimmer meiner Mutter gab es einen Ofen, trotzdem war es fürchterlich kalt. Es gab ja kaum Gas, nur ein paar Stunden am Tag.«

»Das ist seltsam«, sagt Steffi. »Ich kann mich nicht an die Wohnung in diesem Zustand erinnern. Aber ich träume immer wieder davon, dass ich irgendwo lebe, wo Strohfetzen herabhängen …«

»Ja, die alten, mit Stroh verputzten Decken waren so belassen worden, der Gips war halb abgefallen. Ständig kamen Flüchtlinge, und alle nahmen Untermieter auf. Frau Peters ein Stockwerk unter uns hat mitten in einem Zimmer einen Vorhang aufgespannt und den Platz dahinter angeboten. Ein jüdischer Mann hat ihn gemietet. Ich hatte mal einen Streit mit Rabbi Galinski – er hat damals die jüdische Gemeinde geleitet. Er sagte, die Eltern müssten ihre Kinder für die Treffen vorbereiten, die er zwischen Christen und Juden arrangierte, damit sie genau wüssten, was geschehen war. Ich dachte, er sei zu hart.«

»Aber er hatte recht, Mama!«, protestiert Steffi. »Als ich fünfzehn war«, erklärt sie, »habe ich ein Referat in der Schule gehalten über das, was mit den Juden in Deutschland passiert war, und ich wurde dafür angegriffen. Denn die Eltern der anderen Kinder hatten ihnen nichts erzählt. So war das in den Fünfzigerjahren. Aber meine Mutter hatte viele jüdische Freunde, und wir wollten herausfinden, was mit ihnen geschehen war.«

»Ja, später habe ich Galinski recht gegeben.« Alex trinkt ihren Kaffee. »Können wir Ihnen sonst noch etwas erzählen?«

Ich zeige ihnen die Liste mit den Hausbewohnern während der Kriegszeit. »Kennen Sie jemanden von denen? Diese Leute dürften mit meinen Großeltern zusammen hier gewohnt haben.«

»Lulu Michels!«, ruft Alex. »Sie war Opernsängerin im Ostsektor und hat einen Stock tiefer gewohnt. Nach dem Mauerbau durfte sie nicht mehr hinüber, und dann hat sie jeden Abend Gesangsstunden gegeben. Ab zwanzig Uhr ständig Tonleitern. *Mi, mi, mi, mi, mi, mi, mi, mi.* Und um vier Uhr morgens begannen die fürchterlichen Tauben zu gurren. Ich habe sie angebettelt: ›Lulu, das mit dem Gesang verstehe ich ja, aber könnten Sie zumindest aufhören, die Tauben zu füttern?‹ Direkt unter uns war ein Tanzstudio mit einem Plattenspieler. Der lief auch bis elf abends. ›Und noch einmal wiederholen …‹ Um sechs Uhr morgens mussten wir dann aufstehen, und alles begann von Neuem. Eine seltsame Zeit.«

»Wir waren etwa sechs Kinder hier im Haus, und in einer der Wohnungen im Vorderhaus wohnte ein behindertes Kind«, sagt Steffi. »Die Wohnungen nach vorn raus waren die edelsten. Sie hatten dort als Einzige einen Aufzug. Der Portier war ständig betrunken und hat über uns geschimpft, wenn wir in den Ruinen gespielt und zu viel Krach gemacht haben.«

»Jahrelang gab es kein warmes Wasser«, erinnert sich Alex. »Und immer hieß es: ›Da können wir nichts machen. Die Hauserben sind sich nicht einig.‹«

Wirklich? Es stimmt zwar, dass sich die Erben von Max und seiner Schwester Marie nicht einig waren, was sie mit dem Gebäude tun sollten, nachdem es endlich wieder in ihren Besitz gelangt war. Aber die Sterbeversicherung hielt es noch bis in die späten Sechzigerjahre in ihren Klauen. Ich kann mir gut einen Verwalter vorstellen, der es nach alter Gewohnheit einfach vorzog, die Schuld für verschleppte Reparaturen irgendwelchen Juden in die Schuhe zu schieben, die auf allen Kontinenten verstreut lebten.

Wir schauen uns wieder die Liste mit Bewohnern aus der Kriegszeit an.

»Steinke!«, ruft Steffi aus. »Erinnerst du dich an Herrn Steinke? Von der Werkstatt?«

»Der hat immer gestunken.«

Ich frage, ob sie sich an Frau Steinke erinnern. Ob es stimmt, dass sie für den Haushalt der Goebbels gearbeitet hat?

Eine lange Stille folgt.

»Ich habe gehört, sie hätte sich um seine Kinder gekümmert.«

»Möglich«, räumt Alex schließlich ein.

Steffi kann sich überhaupt nicht an sie erinnern, doch Alex stößt hervor: »So richtig habe ich nur Frau Steinke vor Augen.«

Was war sie für ein Mensch?

»Ich hatte immer den Eindruck … hart …« Sie zögert. »Ich kann nichts wirklich Genaueres sagen, denn … ich kann es nicht …«

Bei mir bleibt die nur allzu vertraute Enttäuschung über eine Wahrheit zurück, die fast aufgedeckt worden wäre, die sich aber in nichts aufgelöst hat. Das fühlt sich an, als wäre ich immer wieder in dem Moment bei meiner Mutter, in dem sich der Vorhang gesenkt hat.

Während der ersten Nachkriegsjahre, als Alex darum kämpfte, ihre Familie zu ernähren, lebte sie mit ehemaligen Nazis Tür an Tür und nahm zugleich wieder Kontakt zu jüdischen Freunden auf. In dieser Zeit versuchte sie, das Unaussprechliche in sich aufzunehmen, und zermarterte sich den Kopf über die Frage, was sie noch hätte tun können. Später hat sie nie Israel besucht, obwohl sie dort Enkelkinder gehabt hatte. »Jemand aus meiner Generation. Was hätten die Leute denn gedacht?«

Sie ziehen sich ihre Jacken in dem Flur an, der einst von einer Brandbombe zerstört worden war. »Wurde der Lift schon eingebaut, als wir noch hier gewohnt haben?«, fragt Alex.

»Ja, aber zu spät für Oma. Sie musste noch die Stufen hochsteigen.«

Ich erwähne noch einmal den Moment, als Alex offenbar etwas Wichtiges über Frau Steinke sagen wollte, dann aber innehielt.

»Ich habe meine Mutter immer wieder gebeten, alles aufzuschreiben, doch sie will nicht einmal darüber reden«, meint Steffi.

»Das Problem ist Folgendes … wenn ich etwas schreiben oder auch nur darüber nachdenken will, kann ich irgendwann nicht weiter. Ich scheine immer an diese Schwelle zu stoßen …« Wieder versagt Alex die Stimme, und damit hört ihre Ähnlichkeit mit meiner Mutter auf. Schließlich war sich meine Mutter der Schwellen gar nicht bewusst, die zu übertreten sie vermieden hat.

Sie steigen in den Lift.

»Ich bin heute mitgekommen, weil ich gehofft hatte, ich könnte Dinge herausfinden, die mir meine Mutter nie erzählt hat«, sagt Steffi, als sich die Türen schließen.

Genau so erging es mir auch, Steffi.

Und dank ihnen habe ich etwas herausgefunden. Meine Großeltern dürften die Sängerin Lulu über den Hof Tonleitern trällern gehört haben. Und sich sehr bemüht haben, dem Ehepaar Steinke aus dem Weg zu gehen. Ich stelle sie mir vor, wie sie sich in ihrer eigenen Wohnung zusammenkauerten, wenn die Luftschutzsirenen heulten, wie sie die Tür verrammelten und zusperrten und sich von den Fenstern fernhielten.

Das bringt mich wieder zu der einen Frage zurück, die mir niemand beantworten kann: Welche Wohnung war die von Max und Mally?

Ich rekapituliere, was ich über das Gebäude erfahren habe. In einem Vorsprung in der Mitte des Mauerwerks jedes Seitenflügels befindet sich eine schmale Treppe, allerdings kein Lift. Alex und Steffi haben mir bestätigt, dass der Gartenflügel bis weit nach dem Krieg über keinen Lift verfügte und die Wohnungen im

Vordergebäude die teuersten waren. Damit ist das klar. Max und Mally müssen vorn gewohnt haben. Auf jedem Stockwerk liegen zwei Wohnungen, eine rechts und eine links von der Haupttreppe.

Mit Julias Vollmacht gehe ich zum Bauamt. Ein stocksteifer, graugesichtiger Angestellter, der nach Rauch riecht, bringt mir die Ordner mit den Vorkriegsunterlagen. Sie enthalten einige Anträge auf Unterteilung der Wohnungen im Vordergebäude, da es »sich als unmöglich herausstellte, Mieter für die großen zu finden«.

Die Architekten, die an diesen frühen Umwandlungen beteiligt waren, unterzeichneten ihre Briefe an das Bauamt mit dem üblichen *Hochachtungsvoll!*, aber ab 1936 war das zu *Heil Hitler!* geworden.

In seiner Autobiografie *My German Question, Growing up in Nazi Berlin* erklärt Peter Gay die Bedeutung der Grußformel in Briefen. *Heil Hitler* zeigte Begeisterung für das Dritte Reich, wohingegen *Beste Grüße* ganz klar eine kritische Haltung des Schreibers in politischen Fragen offenbarte. Max reichte später selbst einige Anträge ein, er unterzeichnete seine Briefe *Mit deutschem Gruß*, was nach Peter Gay immer *noch akzeptabel war.* Der vorsichtige Max riskierte so wenig wie irgend möglich.

Auf den Plänen sind eine große Diele und ein Bad in der Nähe der Eingangstür abgebildet, und dann folgt der für Berlin typische Grundriss, bei dem mehrere Räume direkt ineinander übergehen. Drei der Zimmer haben Fenster zur Straße hinaus. Der anschließende große Raum geht übereck in einen Wintergarten über, der zum Hof hinaus ausgerichtet liegt. Er muss einst mit den Tulpen von Ernst geschmückt gewesen sein. Dann folgt ein weiterer kleiner Raum sowie die Küche. Zu den neuen Einheiten ist der Zugang nur noch über die Treppenhäuser in den Seitenflügeln möglich. Diese dienten auch als Dienstboteneingänge für die dann beschnittenen Wohnungen des Vorderhauses.

Meine Mutter erwähnte ihren Umzug in einem Brief an Ernst. *Wir sind recht nett umgezogen. Mein Zimmer ist gar nicht so übel, Herr Zwiebel. Ich kann sogar Herrenbesuch drin empfangen.* Natürlich über den Dienstboteneingang im Seitenflügel ... *Demnächst lade ich Herrn Leiwand ein, der mich nach wie vor 2–1 mal wöchentlich telefonisch bedrängt.* Ihr Brief stammt vom 26. Oktober 1933. Bis dahin waren erst drei Wohnungen umgewandelt worden: erster Stock links, dritter Stock rechts und vierter Stock links. Doch welche davon war ihre? Vielleicht wird mir das ein anderes Archiv verraten. Doch jetzt habe ich erst einmal genug von Archiven. Ich muss mich bewegen, spazieren gehen. Ich brauche frische Luft.

Grunewald liegt ganz am Ende des Kurfürstendamms, sodass ich den Bus M19 bis zur Endstation nehme. Die Haltestelle hat etwas Gemütliches mit dem Biergarten inmitten von Grünflächen. An einem Sommertag mag es hier angenehm sein, stelle ich mir vor, doch jetzt ist alles verlassen. Unter Bäumen, von denen der Schnee schmilzt, ziehen sich einsame Wege entlang, und ich möchte eigentlich auf keinem von ihnen unterwegs sein. Doch dann entdecke ich ein Schild – *Mahnmal Gleis 17* – und erinnere mich, dass Grunewald einer der Deportationsbahnhöfe war, die unser Begleiter bei dem Gedenkspaziergang erwähnte.

Eine Rampe aus Pflastersteinen führt auf das Gleis hinauf, wo ein von Steinen, Kerzen und Blumen umgebenes Schild angebracht ist.

ZUM GEDENKEN AN ZEHNTAUSENDE
JÜDISCHER BÜRGER BERLINS,
DIE AB OKTOBER 1941 BIS FEBRUAR 1945
VON HIER AUS DURCH DIE NAZI-HENKER
IN DIE TODESLAGER DEPORTIERT
UND ERMORDET WURDEN.

Verrostete Gleise verschwinden unter Gestrüpp, daneben führt ein Pfad zu einer Baumreihe an der Rückseite einiger Häuser. Ich folge ihm, soweit es mir möglich ist. Alle, die aus diesen Fenstern geblickt haben, müssen gehört und gesehen haben, wie die Menschen vor ihrer Deportation in die Züge gepfercht wurden.

Es hat zu regnen begonnen. Ich kehre zum Gleis 17 zurück, an dem ein eiserner Rost Details über die Transporte verrät: Datum, Ziel und die Zahl der Menschen für jeden Zug. Ich finde den Transport von Max und Mally: 28. August 1942 nach Theresienstadt, ein kleiner Transport von hundert Juden. Dabei frage ich mich, ob sie wirklich von hier abgefahren sind. Das Mahnmal scheint für alle Berliner Juden gedacht zu sein, gleichgültig, von

wo aus sie deportiert wurden.

»Aber welche Rolle spielt das?«, seufzt eine vertraute Stimme. Eine winzig kleine Mutter ist aufgetaucht und sitzt auf meiner Schulter. »Als würde es irgendeinen Unterschied machen, die genaue Stelle zu kennen. Es ist ein Sauwetter, lass es einfach gut sein.«

»Nein!« Der Regen, der mir über das Gesicht rinnt, fühlt sich plötzlich warm an. »Ich habe es dir doch schon gesagt. Ich will jede Schwelle kennen, die sie überqueren mussten. In ihrem ganzen Leben, bis zu der Schwelle, hinter der es zu Ende war.«

Bei dem Gedenkspaziergang hatte der Historiker noch einen anderen Deportationsbahnhof erwähnt: den Güterbahnhof an der Putlitzstraße. Ein kleiner Spaziergang vom S-Bahnhof Westhafen in Moabit bringt mich dorthin. Die Gedenktafel ist schon von Weitem zu sehen. Über den Eisenbahnschienen in der Mitte der Putlitzbrücke ragt ein schiefer grauer Umriss mit einem riesigen Davidstern wie eine verrückte Treppe in den wolkenverhangenen Himmel. Darunter und links davon breitet sich ein Industriekomplex mit zweimal drei hohen Schornsteinen aus, unschuldigen Schornsteinen, die etwas Düsteres ausstrahlen, weil sie so dicht an den Gleisen stehen. Und wir alle wissen, wo diese Gleise einst hinführten. Die Gegend wirkt verlassen.

»Vom Bahnhof Putlitzstraße wurden in den Jahren 1941–1944 Zehntausende jüdischer Mitbürger Berlins in Vernichtungslager deportiert und ermordet.«

Wie ich schon vermutet hatte, wird an beiden Bahnhöfen gleichermaßen zehntausender Verschleppter gedacht, sodass ich immer noch kein bisschen schlauer bin.

1992 hat irgendjemand das Mahnmal in die Luft gejagt. Daran und an die Restauration erinnert eine zweite Tafel. *SCHULD, die nicht verjährt, betroffen sind wir alle, NIE WIEDER.*

Als ich gerade ein Foto machen will, fallen mir fette Regentropfen auf den Kopf. Aus den Augenwinkeln nehme ich ein Paar mittleren Alters wahr, das sich auf der Brücke nähert. Ich kauere mich hin und stütze mich mit der linken Hand am Sockel ab, dabei greife ich in eine klebrige Masse. Schleim oder Vogelkot. Ich tippe auf Schleim. Die beiden Personen kommen näher.

Ich strecke die tropfende Hand so weit wie möglich von mir weg, versuche, die Kamera gerade zu halten, und schiele durch den Sucher. Zugleich konzentriert sich mein inneres Auge auf das näher kommende Paar. Waren sie das? Haben sie sich noch einmal umgedreht, um es ein zweites Mal zu versuchen?

»Natürlich«, sagt der Mann sanft zu seiner Partnerin, als sie hinter mir vorbeigehen. »Wir haben bald schon den neunten November.«

In der Nähe der Brücke gibt es ein winziges türkisches Café, wo ich mir die Hände am Waschbecken säubere. Es rührt mich, dass sich nicht nur Juden an die Reichskristallnacht erinnern. Und der anonyme Dreckskerl, der auf das Mahnmal gerotzt hat, wird gemeinsam mit Dr. Mathwig hinuntergespült.

Ich ziehe Bilanz darüber, was ich bisher weiß und was ich erfahren möchte. Dabei kommt es mir so vor, als verhielte ich mich völlig untypisch, zumindest nicht so, wie ich mich sonst kenne: methodisch herausarbeitend, wie ich vorgehe, um es dann gleich auszuführen. Doch seit ich über die Gedenksteine von Max und Mally gestolpert bin, scheint das alles verschwunden zu sein. Ich handele impulsgesteuert, bin nur noch davon überzeugt, dass die besten Informationen zufällig zu finden sind. Und sie lassen sich nicht immer gleich erkennen. Also sind meine Augen, Ohren und die anderen Sinne in ständiger Alarmbereitschaft.

Während ich neben der sturmumwehten Brücke, die Schienen und Schornsteine überspannt, einen starken Kaffee trinke, komme ich mir wie eine seltsame Pilgerin vor: ohne Religion, ohne übergeordneten Zweck oder geographisches Ziel. Anders als bei jenen, die nach Jerusalem, Mekka oder Santiago de Compostela aufbrechen, ist der Zielort bei mir nebensächlich, eigentlich ist sogar genau das Gegenteil davon das Entscheidende. Der Zweck meiner Reise ist die Reise selbst. Meine Herausforderung besteht im Auffinden der Etappen von Max und Mally auf ihrem Weg ins Nirgendwo.

Bei meiner Rückkehr in die Bleibtreustraße blicke ich an der eleganten rötlich grauen Fassade des Gebäudes hinauf. Erster Stock links, dritter Stock rechts oder vierter Stock links. Aus einer dieser Fensterfronten hatten meine Großeltern auf die Straße geblickt.

»Wen kümmert es?« Meine winzige Mutter sitzt mir wieder auf der Schulter und trommelt mir mit den Fersen gegen das Schlüsselbein. »Was bringt das?«

»Damit ich ein Gefühl für sie bekomme, einfach indem ich hier bin.«

»Aber wenn du herausfindest, welche Wohnung es war und welcher Bahnhof, was bringt dir das dann?«

»Halt die Klappe, Mum!«

Jetzt habe ich mich der Suche verpflichtet. Nach wie vor werde ich Informationen in die flüsternde Leere einsickern lassen. Und ich will Max und Mally weiter auf dem dokumentierten Weg ihres verwalteten Lebens folgen.

ÜBERTRETUNG

Ich sitze während der geschäftigen Stoßzeit auf einer Bank und warte auf Gerda, die ich bei einer Stolpersteinzeremonie getroffen habe. Sie ist auf ihrem Weg von der Arbeit nach Hause. Nachdem sie mir erzählt hatte, dass ihre Mutter eine Holocaust-Überlebende gewesen war, hatte sie mich erst nach meiner Familie und dann nach der Krawattenfabrik von Max gefragt. Wie hieß die Firma? Ich habe dann nicht mehr an das Gespräch gedacht, bis sie mich heute Morgen triumphierend anrief. »Ich habe die Akte in der Hand!«

»Wovon reden Sie?«

»Die Akte Ihres Großvaters. Aber sie muss gleich morgen früh wieder zurück sein. Treffen Sie mich heute Abend an der Friedrichstraße!«

Plötzlich fühle ich mich wie eine Romanfigur von John le Carré, die einen Maulwurf treffen soll.

Ein Zug kommt, dann noch einer. Leute strömen vorbei. Keine Gerda.

1975, als Deutschland geteilt war und die Mauer noch existierte, nahmen meine Eltern und ich die S-Bahn und betraten hier, am Bahnhof Friedrichstraße, den Ostteil der Stadt. Die Grenzkontrolle war wie ein beunruhigendes Kasperletheater. Wir mussten unsere Pässe in die schmale Öffnung einer Holzkonstruktion legen. Ein kleiner roter Vorhang wurde davor zugezogen, und unsere Pässe waren weg. Es vergingen mehrere Minuten, ohne dass wir jemanden sahen. Was zum Teufel war hier los? Dann wurde der Vorhang ruckartig wieder aufgezogen – einfach so –, und wir konnten gehen.

Alles, was ich über Max' geschäftliche Angelegenheiten weiß, basiert auf den Kindheitserinnerungen meiner Mutter. Sie besuchte ihn gern mit Mally zusammen im Büro. Die Sekretärin erlaubte ihr, zum Spaß ein paar Tasten auf der Schreibmaschine zu drücken, bevor sie ihre Tante Marie traf, die der Werkstatt vorstand. Max managte das Verkaufsteam und hatte jeden Verkäufer mit einem eigens für ihn farblich gekennzeichneten Bestellblock ausgestattet. Er brachte immer wieder das bunte Papier für meine Mutter zum Malen mit.

Der nächste Zug. Immer noch keine Gerda.

Die eiserne Hand, mit der Max das Geld der Familie verwaltete, war ein wiederkehrendes Thema. Einmal gab er Mally versehentlich die doppelte Summe Haushaltsgeld, weil zwei neue Banknoten zusammenklebten. Als Mally ihm den überschüssigen Schein zurückgab, war meine Mutter außer sich. Auf der anderen Seite zögerte er aber nie, in Not geratenen Verwandten zu helfen. Das galt sowohl für die aus seiner Linie als auch für die von Mally.

Mallys Tante Findel hatte in Wien eine Schule für junge Damen eröffnet, dann aber bei der österreichischen Inflation 1921 alles verloren. Sie kam ohne einen Pfennig in Berlin an.

»Ich sehe sie immer noch vor mir, wie sie mir am Tag ihrer Ankunft gegenübersitzt«, erinnerte sich meine Mutter in unseren Gesprächen. »Sie hatte ein sehr interessantes, hübsches Gesicht mit scharfen blauen Augen unter dem weißen Haar und dem kleinen Buckel. ›Tante Findel, wie alt bist du?‹, habe ich gefragt. ›Ich bin hundert‹, hat sie geantwortet, und ich habe ihr geglaubt. Da war ich fast fünf. Sie war damals siebzig.«

Findel wohnte bei ihnen, bis Max ihr eine eigene Wohnung verschaffte. Für all das zahlte seine Firma.

Ein weiterer Zug, der eine Flut an Passagieren ausspuckt. Endlich steht Gerda vor mir und schwenkt ihre Aktenmappe. »Es ist alles hier drin. Kommen Sie mit!« Wir durchqueren einige Gänge, bis wir in eine andere Linie steigen.

Wir haben den letzten Tag im Oktober, Halloween, und in ihrer Wohnung hat Gerdas Mann eine Schüssel mit Süßigkeiten für Süßes oder Saures vorbereitet. Die aufgeregten Kinder laufen hin und her. Und der aufgeregte Hund springt hoch und wedelt mit dem Schwanz. Auf dem Esstisch stehen Flaschen mit Limonade und Bier, außerdem Gläser und eine Platte mit Knabbereien. Gerda legt die Akte meines Großvaters in die Tischmitte. Jetzt droht jeden Augenblick ein Chaos aus durchweichten Zetteln und Getränkepfützen. Ich mache mir Notizen, so schnell ich kann.

Am 12. August 1901 brachten Max und sein Schwager Siegfried Greiffenhagen je hunderteinundsechzigtausend Reichsmark auf, um ihr Geschäft Rewald & Greiffenhagen zu gründen. Ein stolzes deutsches Unternehmen. Auf dem Logo ist ein schwarzer Adler mit einem *R* unter dem einen ausgebreiteten Flügel zu sehen. Unter dem anderen steht das *G,* das weiße *&*-Zeichen am Bauch des Vogels verbindet beide Initialen.

Als Siegfried starb, nahm Marie seine Stelle ein, 1924 wurde außerdem ihr Sohn Manfred zum Geschäftspartner. Die Dokumente aus dieser Zeit sind übersät mit Stempeln zum Preis von mehreren Millionen Mark. Dennoch scheint die große Inflation ihrem Geschäft nicht geschadet zu haben. Vielleicht ließen sich die Männer, die genug Geld für einen neuen Anzug hatten, auch bei der Krawatte nicht lumpen. Vielleicht blieben sie auch nur wegen der Exporte zahlungsfähig. Im Jahr 1927, das hatte Julia herausgefunden, konnten sich Max und Marie das Mietshaus in der Bleibtreustraße kaufen, und in den 1930er Jahren schloss sich das Unternehmen mit einer anderen Krawattenmanufaktur zur

Krawattenunion zusammen. Der deutsche Adler war verschwunden, ihn ersetzte ein Logo im Bauhausstil.

Erst als die Nazis an die Macht kamen, ging es bergab mit dem Unternehmen. Die zunehmenden Restriktionen beinhalteten auch ein Herstellungsverbot für braune und schwarze Krawatten, da diese Farben nur Hitlers Sturmtruppen und der SS vorbehalten waren.

Zwei Unterschriften springen mir ins Auge. Beide stammen von Max. Mit der einen unterschrieb er 1901, als er das Unternehmen mitgegründet hatte, mit der anderen unterzeichnete er, als er 1940 gezwungen war, es zu liquidieren. Die erste Unterschrift ist selbstbewusst und eifrig, ein Wirbel aus Strichen, die in die Zukunft weisen. Bei der zweiten – bei der er seinen Namen mit *Israel* und der jüdischen Kennnummer ergänzte – ist sein Zittern unter dem alten Geschnörkel deutlich zu erkennen. Wirklich herzzerreißend.

Es wird Zeit, alles wieder zusammenzupacken. Gerdas Freundin, die beim Bauamt arbeitet und sich die Akte *ausgeliehen* hat, möchte sie am nächsten Tag an ihren Platz zurückstellen, damit niemand etwas mitbekommt.

Wieder einmal steige ich an der Friedrichstraße um. Ich bin aufgeregt und verwirrt von dem ungewöhnlichen Abend. Mir die Akte zukommen zu lassen war ein Regelverstoß, zugleich war es mutig und großzügig mir gegenüber. Auf der anderen Seite war es aber auch unnötig. Die Akte ist ja nicht wirklich geheim, sondern öffentlich zugänglich. Ich hätte sie mir auch auf ganz normale Weise anschauen können, indem ich Akteneinsicht beantragt hätte. Doch dann wäre ich gleichgestellt mit jedem anderen Mitglied dieser Gesellschaft gewesen, das etwas recherchiert. Ich hätte Anträge ausfüllen und mich mit unwilligen Mitarbeitern von Archiven herumschlagen müssen. Max und ich wären auch nicht in unserer kleinen Blase geborgen gewesen, als ich sein

Arbeitsleben vom Anfang bis zum Ende kennengelernt habe, umringt von tobenden Kindern und einem Hund.

Immer noch frage ich mich, warum ihr Geschäft nie seinen Namen trug. Warum hieß es *Rewald* und nicht *Rychwalski & Greiffen-hagen*? Wer war Rewald? Bei dem patriotischen Adlerlogo hatte ich zuerst gedacht, *Rewald* könne die eingedeutschte Form des Nach-namens sein, weil *Rychwalski* für ein solides deutsches Unterneh-men zu polnisch klang. Doch diese Theorie hatte sich aufgelöst, als der Mann tatsächlich in der Krawattenunion auftauchte – *als Partner mit beschränkter Haftung ohne Vertretungsbefugnisse.* Einen Monat später verschwand er wieder in der Versenkung, ohne eine Spur zu hinterlassen. *Der Geschäftsmann Georg Rewald ist aus dem Unternehmen ausgeschieden.* Max hatte die Hälfte des Startkapi-tals beigesteuert, Herr Rewald seinen Namen.

Mein Zug kommt, und ich steige ein.

Ich sehe Max jetzt viel deutlicher vor mir. Den Geschäfts-mann. Den Familienvater. Die zwei Säulen seines Lebens. Vielen Dank, Gerda. Wer weiß, vielleicht hat diese Nacht-und-Nebel-Aktion auch bei ihr ein Bedürfnis befriedigt. Vielleicht hat sie ihr eine Möglichkeit verschafft, den Mächtigen ein Schnippchen zu schlagen – weniger denen, die aktuell an der Macht sind, als denen von damals, als die wenigen, die es wagten, sich zu wider-setzen, brutalste Repressalien riskierten. Was auch immer der Grund dafür war … ich bin einfach froh, dass sie den Mut dazu hatte.

Die Frau mir gegenüber starrt mich an, als wisse sie genau, was ich angestellt habe. Ich erwidere ihren Blick. Der Verstoß war lange überfällig, denke ich mir, denn wohin hat es meinen armen alten Großvater gebracht, dass er so gehorsam war? Vielleicht findet die Spionin, die in der Kälte geboren wurde – einer Kälte, die das Dazwischen überwältigte und das Danach überfror –, endlich eine Möglichkeit, das Vereiste zum Tauen zu bringen.

DIE STRASSE ÜBERQUEREN

D a ich nicht schlafen kann, stehe ich wieder auf und linse auf den dunklen Hof hinaus.

Welch disziplinierter Mensch Max doch war. Alles hatte er durchgeplant. Er wartete zwei Jahre ab, bis das Geschäft gegründet war und lief, bevor er sich eine Frau suchte. Die Erzählungen meiner Mutter malten ein unglückliches Bild von seiner Ehe mit Mally – eigentlich war sie eine weitere geschäftliche Transaktion mithilfe einer Mitgift, von der Mally nie einen Pfennig sah. Anfangs wollte sie ihn verlassen, was ihre Mutter Hulda dazu zwang, aus Hamburg herbeizueilen und für Frieden zu sorgen.

Ihr erstes Kind Ernst wurde 1905 geboren. Kurz danach festigte Max seine soziale Stellung, sowohl in der jüdischen als auch in der deutschen Gemeinschaft. Er kam in den Vorstand der jüdischen Taubstummenanstalt in Weißensee und interessierte sich für die Freimaurer, für eine Bruderschaft, in die bis kurz zuvor nicht nur keine Juden aufgenommen wurden, sondern die von einigen christlichen Strömungen auch als verdächtig eingestuft wurde. Max und ein Dutzend andere Brüder läuteten dieses erleuchtete neue Jahrhundert mit der Gründung einer neuen Loge ein, die Juden und Nichtjuden gleichermaßen offen stehen sollte.

1908 gebar Mally ein Mädchen, ein hübsches kleines Ding mit schwarzen Löckchen und dunklen Augen. Wie jedes erstgeborene Mädchen der Familie bekam es einen Namen, der mit *L* begann, nach Max' verstorbener Mutter Lina. Max' und Mallys

Tochter Lotte sollte sich selbst später allerdings in Charlotte umbenennen.

Doch kaum war Max' Familie komplett und sein gesellschaftlicher Status gesichert, zerbrach sein ganzes wohlgeordnetes Leben innerhalb von nur zwölf Monaten. Im Jahr 1914 trat Deutschland in den Krieg ein, Mally wurde wieder schwanger, und sein Geschäftspartner starb. Und was tat Max? Er spendete dem Kaiser Geld für die Kriegsausgaben, tat sich mit seiner Schwester zusammen und bahnte sich einen Weg durch den Ersten Weltkrieg.

1924 zog er mit seiner Familie an den Kurfürstendamm Nummer 96, an der Ecke zur Albrechtstraße. »Das war eine wunderschöne Wohnung«, erinnerte sich meine Mutter. »Vier große Empfangsräume, vier Schlafzimmer, zwei Räume für die Dienstmädchen. Mit Zentralheizung und Doppelglasfenstern. Riesengroß.«

Die ganze schwere Arbeit von Max hatte sich endlich ausgezahlt. Er war angekommen.

Die Wohnung am Kurfürstendamm war das letzte Zuhause der Familie gewesen, das auch Charlotte noch gekannt hatte. Nach dem Krieg zeichnete sie einen Plan davon und legte ihn dem Restitutionsantrag der Familie bei. Bisher habe ich mich noch nicht damit beschäftigt, durch welchen Glas- und Betonbau das alte Gebäude ersetzt worden ist, da das ja keine echte Schwellenerfahrung bieten kann. »Viele der Häuser sind verschwunden«, hatte meine Mutter mir erzählt, als sie sich an ihre Rückkehr nach Berlin in den 1970er Jahren erinnerte. »Wir haben kein einziges unserer alten Häuser besucht. Am Kurfürstendamm habe ich die Ecke gesehen, an der wir gewohnt haben, aber das Haus war nicht mehr da. Es war ausgebombt.«

Hier in der Bleibtreustraße geht auf der anderen Hofseite ein Licht an. Ich muss schon ewig am Fenster stehen, denn inzwischen kann ich Zweige vor dem Himmel und Wolkenfetzen ausmachen. Soll ich mich noch einmal hinlegen? Nein, dafür ist es zu spät. Zu spät und zu früh.

Noch bevor ich mir genau überlegt habe, was ich tun soll, habe ich schon geduscht und mich angezogen. Dann bin ich auf dem Weg nach draußen. In letzter Sekunde stecke ich Charlottes Skizze in die Tasche. Vielleicht hilft mir das trübe Licht der Morgendämmerung, mir besser vorzustellen, was nicht mehr vorhanden ist.

Der Kurfürstendamm ist voller Leute. Sie strömen zur Arbeit, kommen von der U-Bahn oder eilen zu ihr hinunter, steigen in Busse oder verlassen sie. Ich weiche ihnen aus und steuere in Richtung Halensee, vorbei an Pelzboutiquen und Schuhgeschäften sowie einem Internetcafé. Ich erreiche die Markgraf-Albrecht-Straße – ihre Ecke. Das Gebäude auf der anderen Straßenseite muss die Nummer 96 sein. Es kommt mir nicht gerade modern vor. Ich warte darauf, dass es heller wird. Währenddessen gehe ich außen herum zur Vorderseite.

Im Erdgeschoss befindet sich ein Restaurant. Ein Mann karrt gerade einen Stapel Stühle heraus und verteilt sie um Tische auf dem Pflaster. Vor dem Haupteingang sind zwei Polizisten postiert. Dann blicke ich nach oben. Verdammter Mist!

»Vorn gab es einen sehr großen überdachten Balkon, eine Loggia, wie Mally das nannte. Im Sommer nutzten wir ihn recht viel …«

Über dem Restaurant gibt es noch drei Stockwerke mit überdachten Balkonen und Säulen, genau so, wie sie es beschrieben hat.

Ich ziehe Charlottes Skizze aus der Tasche. Nummer 96. Dritter Stock. Die Bibliothek und das Rauchzimmer gingen zur Loggia hinaus. An der Ecke, dort, wo die zwei Straßen aufeinanderstoßen, lag das Herrenzimmer. Einen Blick auf die Seitenstraße hatte man vom Wohnzimmer, vom Speisezimmer und von den Schlafzimmern aus.

»Aber das Haus war nicht mehr da. Es wurde ausgebombt.«

Ich muss mir nichts vorstellen. Ich schaue auf genau die Wohnung, die meiner Mutter ein Zuhause war. Das ist der Balkon, über den sie sich immer beugte, um ihren Freunden zu winken. Auf dem Mally beim Erbsenpalen im Schatten saß. Plötzlich stehe ich vor zwei weiteren Schwellen, die ich überwinden muss: von der Straße ins Gebäude und von der Tür in die Wohnung hinein. Und ich weiß genau, was ich fotografieren werde.

Eine Polizistin nähert sich mir und bedeutet mir, ich solle weitergehen. Sie ist eine der beiden Uniformierten, die ich schon am Eingang gesehen hatte. Verboten.

»Bitte lassen Sie mich hinein. Meine Mutter hat hier früher gewohnt.« Ich zeige ihr die Zeichnung.

Streng verboten, und sie kann mir den Grund dafür nicht nennen.

Wut treibt mich auf dem Weg zurück, den ich gekommen bin. Ich lasse Cafés und Pelzgeschäfte hinter mir und erreiche die Bleibtreustraße, wo ich immer noch nicht weiß, welche Wohnung die meiner Mutter war. Am Kurfürstendamm, in der Nummer 96, in dem auf wundersame Weise wiederaufgetauchten Haus, da weiß ich genau, wo ihre Wohnung lag, werde aber daran gehindert, auch nur ein einziges Foto aufzunehmen. Selbst der vergesslichste Mensch aller Zeiten hätte ein so markantes Gebäude doch kaum übersehen können, oder?

Ich biege in die Bleibtreustraße ein und komme hier und da an Stolpersteinen im Bodenbelag vorbei. An der Nummer 32 steige ich über die Stolpersteine von Max und Mally und öffne die Eingangstür des Mietshauses, das meine Mutter nie als ihr Zuhause betrachtete, dessen Existenz sie jahrzehntelang aber nicht verleugnen konnte. Hier lebte sie drei Jahre lang, bevor sie

nach London ging; meine Großeltern noch sechs weitere Jahre.
Als für das Gebäude die Zeit gekommen war, *judenrein* gemacht
zu werden, mussten sie wieder umziehen. Doch erst später. Die
Beschneidung ihrer persönlichen Rechte sollte noch lange weitergehen.

* 1. Januar 1939: Jüdische Männer mussten ihrem Namen *Israel*
  hinzufügen, Frauen *Sara.*

Genau so, wie Max den Gesetzen gehorchte, verlangte er von
seiner Familie, dass ihm gehorcht wurde. Ich habe meine Mutter
einmal gefragt, ob sie Angst vor ihm hatte. Nein, hatte sie mir
geantwortet, auch wenn sie seine Inspektionen ihres Zimmers
fürchtete. Dann stopfte sie immer ihre Schulmädchensachen in
das Fach ihres Schreibtischs und setzte sich darauf. »Er hat alles
herausgezogen und ließ es mich dann wieder aufräumen. Anschließend hat er mein Haushaltsbuch kontrolliert. Dabei war
es egal, wofür ich mein Taschengeld ausgab – Stifte, Eiscreme,
Süßigkeiten –, Hauptsache, die Rechnung stimmte. Ich habe immer etwas erfunden, damit das richtige Ergebnis herauskam. So
waren wir beide zufrieden.«

Max hätte sich während der Nazizeit ruhig auf ihre kreativen
Rechnungen konzentrieren können, wenn er zugleich nur nicht
taub gewesen wäre für seine Kinder. Doch als sie von einer anderen Regelung betroffen waren ...

* 21. Februar 1939: Juden müssen ihren gesamten Schmuck und
  alle Edelmetalle abgeben.

Da tauchte eine Person auf, auf die er hörte.
*Mallymax haben nur wie auch im [Ersten Welt-] Krieg wacker ab-
gegeben. Diesmal kann ich es noch verstehen, denn sie sind ja verängstigt,*

berichtete Charlotte an Ernst. *Aber sie hätten alles abgegeben, wenn nicht Fräulein Kaiser, an die du dich sicher erinnerst (sie ist die Freundin von Gertie Meseritz und nähte bei uns), am Abend, als der Aufruf in den Zeitungen war, bei Max anrief und ihm sagte, dass sie ihn sprechen muss.*

Gertie Meseritz war mit einem Cousin von Mally verheiratet gewesen und hatte nach dessen Tod mit Liesel Kaiser gemeinsam ein Geschäft eröffnet. Sie fertigten edle Seidenunterwäsche an und fuhren regelmäßig nach Paris, um die neuesten Modetrends mitzubekommen. Keine der beiden Frauen war Jüdin.

Ich stelle mir vor, wie spät am Abend bei Max und Mally das Telefon klingelt. In welchem Raum steht es? Im Wohnzimmer? Nein, in der Eingangshalle, wo sich das Telefon üblicherweise zu der Zeit befand, als man noch nicht stundenlang telefonierte. Mally hebt ab. »Hallo. Ja, er ist da.«

Max taucht mit der Zeitung unter dem Arm auf. »Wer ist es?«

»Fräulein Kaiser«, flüstert sie.

Er geht wieder.

»Es ist schon spät, Liesel«, sagt Mally. »Kann das nicht warten?« Offensichtlich nicht. »Einen Moment …«

Sie läuft Max hinterher. »Sie sagt, sie muss dringend mit dir sprechen.«

»Worüber denn?«

»Das will sie mir am Telefon nicht sagen.«

»Sag ihr, sie soll zu einer gesitteten Uhrzeit anrufen. Ach, ist schon gut.« Max schreitet in die Eingangshalle. »Guten Abend, Fräulein Kaiser. Wie kann ich Ihnen helfen?«

Es geht eher darum, wie sie *ihm* helfen kann. Ob er die Zeitung gelesen hat?

»Das ist genau das, was ich soeben tun wollte. Draußen? Jetzt? Aber es ist schon nach zehn!«

Charlotte fuhr in ihrem Brief mit dem Bericht fort. *Um halb 11 traf sie sich dann auf der Strasse mit Max und sagte ihm dass sie doch öfter nach Paris fährt und ob er nichts mitzugeben hätte. Sie hat noch zu allem Überfluss darauf hingewiesen, dass man doch Vertrauen haben könne. Noch ehe ihr Max antworten konnte, sagte sie, dass sie am nächsten Abend vorbeikäme und alles mitnähme. Es ist ihr tatsächlich gelungen, ihnen einige Sachen zu entreissen …*

Mally breitet ihren Schmuck auf dem Bett aus. Das ist sehr nett von Liesel, dass sie das Risiko eingehen will, aber was ist, wenn sie geschnappt wird? Und auch wenn sie nicht gefasst wird? Was sollte Charlotte davon abhalten, alles zu versetzen? Trotzdem bringt es nichts, den Schmuck zurückzulassen. Das Diamantarmband sollte besser weg, die Perlenkette und die goldene Uhr von ihrer Mutter. Sie fügt noch zwei Medaillons und einige einzelne Edelsteine hinzu.

Max kommt zu ihr. Wortlos nimmt er seinen Ring in Form einer zusammengerollten Schlange mit Augen aus Saphiren ab und legt ihn zu den anderen Dingen.

Der Schnellzug von Berlin nach Paris hält an der Grenze. Ein deutscher Grenzbeamter schiebt die Tür des Abteils auf, schaut sich die grauhaarige Frau mittleren Alters dann aber kaum an, während er ihren Pass abstempelt. Der einzige andere Fahrgast im Abteil hat ein großes rotes *J* in seinem Pass. »Was ist in diesem Koffer? Öffnen.« Er wirft alles heraus, schlitzt das Innenfutter auf und durchwühlt den Inhalt, bevor er wieder geht.

Fräulein Kaiser muss an sich halten, dem Mann beim Einsammeln der Papiere nicht zu helfen, die vor ihren Füßen am Boden liegen. Zitternd stopft er sie in seinen Koffer zurück. Draußen auf dem Bahnsteig patrouillieren noch immer Polizisten mit Hunden. Einige von ihnen blicken durch die Fenster in den Zug. Sie umklammert ihre Handtasche und starrt dabei auf die Bahnhofsuhr, deren Zeiger sich langsam weiterbewegen. *Tick, tick, tick.* Es ertönt ein Pfiff. Doch erst als sich der Zug bewegt, entspannen sich ihre Hände.

Am nächsten Nachmittag sitzt sie im *Café du Dôme* und linst immer wieder über den Rand ihrer Tasse auf den Hut ihres Gegenübers: ein flottes Modell mit einem schwarz getupften Schleier und fünf Kirschen, die an einem Zweig direkt oben angebracht sind. Bei jeder anderen hätte dieser Hut absurd ausgesehen, aber bei Charlotte wirkt er bezaubernd.

Das Café in Montparnasse dient lokalen Künstlern als zweites Zuhause. An einem der Nachbartische lärmen einige von ihnen. Einer hält eine Zeichnung mit einem winzigen Führer hoch, dem eine Herde beleibter Schafe salutiert.

»Ich wünschte, ich könnte hierbleiben«, flüstert Fräulein Kaiser.

»Warum tun Sie es nicht?«

»Es ist nicht erlaubt.«

»Dann ziehen Sie mit Ihrem Geschäft doch nach Paris um.« Charlotte klopft die Asche von ihrer Zigarettenspitze. »Für Sie sollte es doch einfach sein. Schaffen Sie hinaus, was Sie brauchen.«

Fräulein Kaiser schüttelt den Kopf. »Das verstehen Sie nicht.«

Sie selbst will aus Deutschland raus, aber man lässt sie nicht, da sie in ihrem Fach nötig ist, fährt Charlotte in ihrem Brief zu erzählen fort. *Und draussen bleiben will sie nicht weil sie für Vater und Schwester in Deutschland zu sorgen hat. Ich glaube ich bin schon lieber Jude als Deutscher und nicht Nazi, findest du nicht auch?*

… Es ist wenigstens endlich ein bischen guter Wille da. Ich habe noch Frl. Kaiser gesagt, sie sollte bares Geld den Eltern abjagen und alte Goldsachen, die nach Gewicht ver- und gekauft werden und an denen man am wenigsten verliert, selbst kaufen. Sie versprach es mir, sie ist überhaupt rüh-

rend denn sie tut sehr viel und riskiert schliesslich ihren Kopf. Es ist aber
auch bei vielen Menschen eine gewisse Befriedigung, wenn sie den Nazis was
auswischen können, wenn sie den Juden helfen.

* 30. April 1939: Jüdischen Mietern kann ohne Nennung von
Gründen gekündigt werden. Jüdische Familien müssen in ausgewiesene Häuser und Viertel ziehen.

Ich sitze an Julias Schreibtisch und denke nicht darüber nach,
welche Wohnung die von Max und Mally war. Eigentlich denke
ich an überhaupt nichts, sondern versuche nur, in meinem Kopf
aufzuräumen, indem ich Kopien von Familienunterlagen und
bergeweise vollgekritzelte Notizzettel auf ordentliche Stapel verteile. Doch da sehe ich es plötzlich. Es steht einfach da, wodurch
es auch wieder gut verborgen war. Ihre Adresse auf dem Dokument lautet: *Bleibtreustraße 32, III.*
   Drei kleine Striche. Nicht mehr. Das ist es. Die römische Drei
bedeutet, dass sie im dritten Stock wohnten.
   Um ganz sicher zu sein, überprüfe ich noch die Daten der Woh-
nungsumwandlungen. Dritter Stock (rechts): Bauarbeiten fertig-
gestellt am 17. November 1933. Dritter Stock (links): Nichts, diese
Wohnung wurde nie geteilt.
   »Nachdem Ernst und Charlotte ausgewandert waren, zogen
meine Eltern und ich in eine kleinere Wohnung«, so meine Mutter.
   Ich stolpere die Treppe hinunter und renne über den Hof.
Dann flitze ich die drei Treppen hoch, biege nach rechts ab und
drücke auf den Klingelknopf. Während ich versuche, wieder zu
Atem zu kommen, krame ich meine Brille hervor. Ich lese den
Namen auf dem Messingschild. *Von Irgendwer.*
   Die Tür öffnet sich, und dahinter liegt eine quadratische große
Diele, die mir genau passend vorkommt mit den hohen Wän-
den und dem blitzenden Kronleuchter. Links hängt ein dunkles

Porträt in einem Goldrahmen über einem Tischchen mit goldenem Muster. In der Mitte des glänzenden Parketts liegt ein roter Perserteppich.

»Ja?«

Mit einem Mal ist mein Mund zu klein für meine Zunge und meine Zähne. »Familiäre Verbindung ... mit diesem Haus ... mit genau dieser Wohnung.«

Eine blonde Sekretärin hält die Tür geöffnet, doch ihr Arm versperrt den Eingang. Hinter ihr kündet ein gerahmtes Familienwappen vom blauen Blut ihres Chefs. Ich bezweifle, dass meine Verbindung zu den beiden Stolpersteinen hier das Eis brechen kann. »Und was genau wollen Sie?«

Ich versuche es zu erklären. Die meiste Zeit handele ich vernünftig. Ich wäge die Tatsachen ab. Schon bei meiner Geburt überlegte ich mir, was dafür und was dagegen spricht, dass ich an einem rauen Märztag aus der Gebärmutter herausrutsche. Die Geburtshelferin leistete ganze Arbeit, als sie meine Nabelschnur durchtrennte. Allerdings blieb dabei ein unsichtbarer Teil verbunden, und die Wundauflage über dem Nabel absorbierte eine Stille, entstanden aus der Empörung, die sich nicht hinunterschlucken ließ.

Dies ist die Wohnung, in die sie freiwillig einzogen, die Türschwelle, die sie täglich überschritten, als sie noch die Wahl hatten. Das ist doch wichtig, dass man die Wahl hat, finden Sie nicht? Es macht uns zu Menschen. Und meine Großeltern waren Menschen. Es ist wichtig, sich daran zu erinnern, dass sie zwei gewöhnliche Menschen waren.

Ja, natürlich, Sie haben nicht den ganzen Tag Zeit. Haben Sie Geduld mit mir.

Was ich möchte, ist ... ich möchte mir alle Räume anschauen.

Ich will alle Schränke durchwühlen, unter jedes Bett spähen, auf Stühle steigen und in jede Ecke leuchten.

Ich will eine detaillierte Untersuchung durchführen wie eine Forensikerin nach einem Mord. Ich habe letztens ein Interview mit so einer Spezialistin gehört. Wussten Sie, dass ein scheintot begrabenes Opfer noch etwas von der Erde seines Grabs einatmet? Ich will Max und Mally entdecken – so wie sie immer gewesen sind, bevor ihre Lebensuhr aufgehört hat zu schlagen. Ich will auf alle viere gehen, meine Nase an die Spalten zwischen den Bodenbrettern halten und schnüffeln. Ich will die Luft einatmen, die sie ausgeatmet haben. Ich will meine Lunge mit ihrer Normalität anfüllen.

Die Lippen sind zusammengepresst. Die blassen Augen zucken.

»Was ich möchte ... ist ... Könnte ich vielleicht hineinkommen ...?«

Unverständnis.

»... und mich in die Eingangshalle stellen?«

»Sie wollen nur hereinkommen?«

Ich nicke.

»Das ist alles?«

»Ja.«

»Und sich in die Diele stellen?«

»Bitte.«

Mit einer ruckartigen Armbewegung lässt sie die Tür los und tritt zurück. »Dann kommen Sie eben herein und stellen sich hin.«

Ein paar Schritte über das Parkett, dann stehe ich auf dem Teppich, der sich dick und weich unter meinen Füßen anfühlt. Ich entdecke mehrere Türen mit verschlungenen Verzierungen. Sie sind so hoch und breit, dass große Möbelstücke hindurchpassen, und in einige von ihnen sind oben Glasscheiben eingelassen, damit Licht aus dem Raum dahinter dringt. An allen Türen sehe ich die matten Messinggriffe, die einst von Max und Mally berührt wurden, wenn sie von Raum zu Raum gegangen sind und wenn sie Gäste willkommen geheißen und herumgeführt haben. Ich schlurfe über den Teppich und versuche, um Ecken zu schauen.

»Ich nehme nicht an … dass ich ein Foto machen dürfte, oder?«

Doch offensichtlich habe ich die Gastfreundschaft schon überstrapaziert.

Zurück in Julias Wohnung, führe ich eine schnelle Version von *Mother Brown*, gefolgt von *Don't Dilly Dally* auf.

My old man said, »Follow the van
And don't dilly dally on the way.«
Off went the van with me 'ome packed in it,
I walked behind with me old cock linnet.
Well, I dillied and dallied, dallied and I dillied,
Lost me way and don't know where to roam.
You can't beat the specials like the old-time coppers
When you can't find your way home.

(Mein alter Vater sagte: »Folg dem Wagen
Und bummel und trödel nicht herum unterwegs.«
Der Wagen mit all meinen Sachen fuhr los,
Und ich lief mit meinem alten Hahn Linnet hinterher.
Doch ich bummelte und trödelte, trödelte und bummelte,
Verlief mich und wusste nicht wohin.
Man kann den Hilfspolizisten nicht vertrauen wie den echten,
Wenn man den Weg nach Hause nicht mehr findet.)

»Ich bin sowohl Engländerin als auch Britin, erinnert ihr euch?«, schreie ich die Wände an. »Und genauso bin ich auch Londonerin.«

Maybe it's because I'm a Londoner
That I love London so,
Maybe it's because I'm a Londoner
That I think of her wherever I go.

(Es ist wohl, weil ich ein Londoner bin,
Dass ich London so liebe,
Es ist wohl, weil ich ein Londoner bin,
Dass ich an London denke, egal wo ich bin.)

Jetzt weiß ich genau, wo ich suchen muss. Auf der anderen Hofseite im dritten Stock rechts. Hinter einem der Fenster erspähe ich eine Stuhllehne aus Metall neben einer weißen Kühlschranktür. War das schon immer die Küche? Hat Mally hier die Tulpen von Ernst in eine Vase gestellt, bevor sie sie in den Wintergarten getragen hat? Hat sie hier das Essen für die Verwandten vom Land zubereitet?

Am 22. Juni 1939 schrieb Max an Ernst: *Wir haben in letzter Zeit ziemlich viel Trubel im Hause gehabt: die beiden Jungen aus Tt. [Tirschtiegel] waren längere Zeit zwecks Betreibung ihrer Auswanderung in Berlin, dann hat Ruth Betsche mit ihrem 3 1/4 jährigen reizenden Mädchen bei uns gewohnt ...*

Helga wohnt abwechselnd bei uns und bei Lina ...

Der Wind hat aufgefrischt. Die Bäume im Hof wiegen sich und schwanken. Ein Blatt landet auf dem steinernen Fenstersims. Ein anderes bleibt an der Scheibe kleben und gleitet hinunter. Dann ein weiteres und noch eins. Meine ganze Schattenfamilie wirbelt in Gestalt von Blättern an mir vorbei.

Dort kommen die Onkel, Tanten, Cousins und Cousinen meiner Mutter. Jenes Blatt dort mit dem großen schwarzen Fleck? Cousin Alfred mit der Augenklappe. Ein weiteres Blättchen schwebt vorbei – der junge Heinz singt leise seinen Namen –, dann ist es fort.

Eine Tür fällt zu. Ich spähe nach unten. Eine junge Frau geht über den Hof und sperrt die Tür zum Seitenflügel auf.

Es ist ein dämmriger Nachmittag, und in den Fenstern gegenüber leuchten schon einige Lichter. Eins davon beleuchtet den

Stuhl neben dem Kühlschrank. Ein Schatten geht daran vorbei. Das war ihr Zuhause.

Die Seitenflügel-Frau taucht mit Mülltüten in der Hand wieder auf und steigt die Treppe zur Garage hinunter, wo sich einst das stinkende Reich von Herrn Steinke befand. Oder hat Alex gemeint, dass der Mann selbst gestunken hat? Vielleicht beides, und vielleicht wohnt diese junge Frau genau in der Wohnung, in der die alte Frau Steinke in ihren letzten Lebensjahren von der glorreichen Zeit träumte, als sie Joseph und Magda Goebbels' Kinder betreute. Erinnerungen, die sie mit ins Grab genommen hat, bis auf das wenige, das sie einem Nachbarn anvertraute und das zufällig zu mir durchdrang. Ich bin die Hüterin der Erinnerungen anderer Menschen.

Ich gehe in Julias Arbeitszimmer hinüber und setze mich an ihren Schreibtisch. Ich mag es, dass dieser Raum so hell ist und ich von hier auf die Rückseite der Knesebeckstraße sehen kann. Das ist eine Straße, die ich oft entlanggehe. Dort, wo sie die Lietzenburger Straße kreuzt, die wichtigste Durchgangsstraße, die gerade noch durch eine Lücke zwischen den Gebäuden zu sehen ist. Dort gibt es eine riesengroße Post. Das Postamt W15 war zum Mittelpunkt im Leben meiner Großeltern geworden, ihre wichtigste Kontaktmöglichkeit mit der weiten Welt.

- 1. September 1939: Deutschland marschiert in Polen ein. Eine Ausgangssperre für Juden wird verhängt: 8 Uhr abends im Winter, 9 Uhr abends im Sommer.

Je stärker sie isoliert wurden, desto mehr wuchs ihr Bedürfnis zu kommunizieren. Doch das erwies sich als immer schwieriger, nachdem Großbritannien und Frankreich am 3. September Deutschland den Krieg erklärt hatten.

- 12. September 1939: Juden dürfen nur noch wenige zugelassene Geschäfte besuchen.
- 20. September 1939: Juden ist der Besitz von Rundfunkgeräten verboten.

Da wurde es das Sicherste, zu Hause zu bleiben und unsichtbar zu sein in dem Gebäude, das nicht mehr ihrer Familie gehörte. Sie verließen sich immer mehr auf Gerti Meseritz und Liesel Kaiser, wenn es darum ging, Besorgungen zu machen.

- 4. Juli 1940: Juden dürfen nur zwischen 4 Uhr und 5 Uhr nachmittags einkaufen.
- 19. Juli 1940: Die Telefonleitungen von Juden müssen abgestellt werden.

Allerdings konnten sie zu der Zeit immer noch Briefe an Menschen in Deutschland und neutralen Ländern verschicken. Das schloss die USA mit ein, was mich zum Nachdenken anregte.

Mally stand ihrem Bruder Fritz sehr nahe – *für sie waren sie [die Männer] alle Fritz*, hatte Charlotte gesagt –, und Fritz' Tochter Ursula hatte in Los Angeles Zuflucht gefunden. Da war es sehr wahrscheinlich, dachte ich mir, dass Fritz meine Großeltern erwähnt hatte, wenn er ihr schrieb.

Ich nahm Kontakt zu Ursulas Tochter in Kalifornien auf und fragte sie, ob sie irgendwelche Briefe von ihren Großeltern besaß. Ja, das tat sie. Eine ganze Schachtel voll, und ich dürfe mir gern Kopien davon machen. Diese Briefe waren es, die ich nach Berlin mitgebracht hatte, damit sie mir halfen, Max und Mally im Nebel des Dazwischen noch weiter zu folgen.

Es hat angefangen zu regnen. Ein Gemisch verschiedenster

Mally und Fritz

Spiegelungen schimmert in den Pfützen auf dem nassen Asphalt, den ich zwischen den Gebäuden sehe. Gelblich, grün – Bremslichter aus – und wieder rot.

Ich breite die Briefe von Fritz auf dem Tisch aus. Zuerst muss ich aber einen anderen Brief in einer mir sehr vertrauten Handschrift lesen. Meine Großeltern hatten an ihre Nichte Ursula geschrieben, als sie keine Briefe an ihre eigenen Kinder mehr schicken konnten. Und ohne die Begrenzung des Roten Kreuzes auf 25 Wörter schüttete Max sein Herz aus.

Berlin, 15. Dezember 1940

Meine liebe, so weit entfernte Nichte Ursel!

So sollten wir uns unter den gegebenen Umständen schreiben, so sollen meine heutigen Zeilen desto herzlicher gemeint sein; gilt es doch, Dir zu Deinem Geburtstage zu gratulieren, den Du nun wohl schon zum dritten Mal außerhalb Deines Familienkreises begehst.

Was soll ich Dir nun alles wünschen! Gesundheit, Glück und Frohsein; darin dürften auch die wirtschaftlichen Bilanzen, die ja nicht zuletzt zum Leben gehören, enthalten sein. Behalte nebenher noch Deine bisherige Schönheit und Gestalt; Attribute, die geeignet sind, sich von Menschen beliebt zu machen, wobei es nicht ausgeschlossen ist, daß sich unter diesen Menschen auch ein ansprechender Mann befindet.

Du hast ja inzwischen auch einen Kreis gleichgearteter Menschen gefunden in einem Lande, das so reich an Naturschönheiten, wie auch an Lebenskultur ist; so steht Dir in Deinem jugendlichen Alter die Welt

offen für eine glückverheißende Zukunft, die wir Dir von ganzem Her-
zen wünschen.

Daß Du Dich ... andauernd um Verbindung mit Hilde bemühst, da-
für danken wir Dir sehr; ...

grüßt Dich von Herzen

Onkel Max

In einer beigefügten Notiz hatte Ursulas Mutter geschrieben:

Onkel Max ist wirklich in den letzten Jahren riesig nett geworden – er
kracht an gar nichts mehr und hat sehr viel Hilfsbereitschaft und Gutes und
hilft uns immer wieder ...

Nicht nur die Brieftasche saß lockerer. Als sich die Situation verschlechterte, wurde der strenge alte Mann weicher und
machte seiner jungen Nichte das einzige Geschenk, das er noch
geben konnte: Wertschätzung, Zuspruch und Liebe.

Hier ist sie, die menschliche Wärme, nach der ich durch meine
Blumentapete hindurch gesucht habe vor all diesen Jahrzehnten.
Ich hatte sie mir nicht nur eingebildet. Nun ja, in gewissem Sinn
schon – bei meinen Versuchen, jenen Trost zu finden, den zu geben meiner Mutter so schwerfiel. Hier habe ich endlich die Be-
stätigung dafür gefunden, dass Max nicht ganz dem Bild meiner
Mutter von ihm entsprach, und den Beweis dafür, dass sie früher
einmal viel mehr gewusst hatte, als sie später zugab.

Es wird dunkel, und nach den vielen Autos zu urteilen, die ich
in der Lücke zwischen den Gebäuden sehe, herrscht Berufsver-
kehr. Außerdem regnet es immer noch. Ich schalte die Schreib-
tischlampe ein.

Während der Krieg weiter wütete, erstattete der in Hamburg
lebende Fritz Bericht über das Wohlergehen der Berliner.

Tante Mally hatte an ihrem Geburtstag [12. Januar 1941] die Freude von
zwei ihrer Kinder etwas zu hören. Von Ernst kam eine Nachricht über
das Rote Kreuz, sechs Monate alt, es geht ihm gut, & von Lotte & Mann
hörten sie indirekt, durch die Portiersfrau, sie seien im Süden des Landes

[Frankreich], gesund & munter. Das ist zwar nicht viel, aber man wird ja so bescheiden. Hast Du von Hilde wieder mal gehört?

Am 2. März 1941 verkündete Fritz:

Wenn nichts dazwischen kommt, beabsichtige ich Mitte März nach dort zu fahren. (...) Ich will dann den Geburtstag von Onkel Max durch meine Anwesenheit verschönern; er wird 77 Jahre alt. Im allgemeinen hält er sich bewundernswert gut, hat noch kaum ein graues Haar & ist geistig absolut, körperlich fast ebenso auf der Höhe.

Es überrascht mich, dass Juden immer noch verreisen durften. Allerdings nicht mehr lange.

· 24. März 1941: Juden dürfen die öffentlichen Transportmittel nur noch für den Weg zur Arbeit und wieder zurück nutzen.

Am 12. Mai 1941 berichtete Fritz über Max und Mally: *Anfang Juni müssen sie nun auch aus ihrer Wohnung, sie kommen bei Bekannten in der Sächsischen Strasse in zwei Zimmern unter. Lotte & Mann sollen ein Affidavit für USA bekommen haben & seine Verwandten haben auch die Passage bezahlt. (...) Sie haben auch viel Schweres durchmachen müssen. Wenn sie erst drüben sind, hoffen die Eltern auf eine Möglichkeit auch noch hinüber zu kommen.*

Was für eine verrückte Idee ist das denn? *Vergiss Palästina. Das ist nicht mehr möglich. Doch Charlotte ist unterwegs in die USA, also gehen wir eben dorthin* ... Und wie genau? Während sie noch in ihren eigenen vier Wänden saßen, klammerten sie sich an jeden Strohhalm und träumten.

Jetzt ist es ganz dunkel. Die rhythmischen Bremsgeräusche und wechselnden Spiegelungen der Ampellichter – rot, gelb, grün – vom stockenden Verkehr auf der Lietzenburger Straße haben mich eingelullt. Es ist die Straße, die meine Großeltern auf dem Weg zu ihrer letzten Anschrift bald überqueren müssen.

Ich fühle mich wie James Stewart in Hitchcocks *Das Fenster zum Hof*, der einen Mord aufklärt, indem er Bruchstücke aus dem Leben anderer zusammensetzt, die hinter den Fenstern des gegenüberliegenden Hauses aufflimmern. Dabei ist gar kein Leben hinter den rückwärtigen Fenstern der Knesebeckstraße zu sehen, und es ist in der kleinen, von mir einsehbaren Lücke auch nicht viel beleuchtet, außer dem Stück Hauptstraße mit den Autoscheinwerfern und den Lichtern der Ampel. Und während James Stewart, von einem Gipsbein lahmgelegt, Grace Kelly in ihrem prächtigen, aber ziemlich unpraktischen Kleid immer wieder vorbeigleiten sieht, bin ich gelähmt von diesem bedrückenden Gefühl, das genauso alt ist wie ich. Und mich dazu ermahnt, mich nicht zu bewegen, nicht zu denken, nicht zu atmen, denn dann vergeht es ... Nur dass es nicht geschieht. Auch bei meiner Mutter verging es nie, die auf dem Treppenabsatz bei *Madame Tussauds* plötzlich erstarrte, als zwei kleine Mädchen an ihren Nerven zerrten und darum bettelten, unaussprechliche Schrecken sehen zu dürfen.

Unerträgliche Gefühle gewähren mir manchmal einen Vorsprung, indem sie mich warnen, bevor sie unter Schichten hervorbrechen, die sie überdeckt hatten. Sie ermöglichen mir, mich wegzuducken und sie gerade noch irgendwie zu vermeiden. Das könnte ich jetzt tun. Doch ich tue es nicht. Ich zwinge mich, selbst dranzubleiben. Zugleich werde ich nicht darin versinken. Ich bleibe an Julias Schreibtisch sitzen, starre auf das Gebäude gegenüber und warte.

In der Anfangszeit meines Herumstöberns im Dazwischen habe ich meine Wäsche immer in den Waschsalon gebracht. Dort habe ich manchmal einen alten Mann getroffen, der immer gestöhnt hat, während er die Wäsche von der Waschmaschine zum Trockner gebracht hat: »Heute ist es schlimm, es wandert.« Granatsplitter, die seit dem Krieg in seinem Körper herumgewandert waren, drangen nach und nach an die Oberfläche. »Schauen Sie«, sagte er eines Tages und rollte sein Hosenbein hoch, um mir eine Blase zu zeigen, die sich unter der papierdünnen Haut verschob.

Das war in den 1980er Jahren, als sich diese Welt des Dazwischen langsam für mich auftat. Überlebende, die geschwiegen hatten, berichteten von ihren Erfahrungen. Der Film *Shoah* von Claude Lanzmann wurde gezeigt. Ich beobachtete, hörte zu, las und stellte im Geheimen Nachforschungen an. Dabei war ich immer hin- und hergerissen. Ich hatte den Drang, alles herauszufinden, bis ich es dann nicht mehr aushielt und mich ganz davon abwandte.

Ich stelle fest, dass ich den Atem angehalten habe. Also atme ich tief und zitternd ein und fülle meine Lunge. Ich blinzele hinaus in den Regen und sehe die wechselnden Lichter der Ampel. Immer noch kämpfe ich mit mir, endlich aufzustehen und um der Sache willen in die Gänge zu kommen. Doch diesmal lasse ich das Unbekannte ruhig auf mich zukommen, was auch immer es ist.

In seiner tief bewegenden Autobiografie *Geschichte eines Lebens* schrieb Aharon Appelfeld:

Viele Jahre war meine Erinnerung wie betäubt. Mein Leben plätscherte an der Oberfläche dahin. Ich gewöhnte mich an die engen, muffigen Keller. Zugegeben, ich fürchtete mich immer vor einem Ausbruch. Nicht ohne Grund hatte ich den Eindruck, dass die Mächte des Dunkels, die dort wimmelten, immer mehr erstarkten und eines Tages, wenn es ihnen zu eng geworden wäre, durchbrechen und heraufkommen würden. Und tatsächlich passierten solche Ausbrüche manchmal, doch sie wurden von den Kräften der Verdrängung gestoppt, und die Keller wurden wieder verriegelt.

… und dennoch spüre ich diese Zeit mit meinem ganzen Körper. Immer wenn es regnet, wenn es kalt wird oder stürmt, kehre ich ins Ghetto zurück, ins Lager oder in die Wälder, in denen ich so lange Zeit verbracht habe. Die Erinnerung hat im Körper anscheinend lange Wurzeln.

Als ich diese Worte gelesen habe, fanden sie in mir einen Nachhall, der einfach keinen Sinn ergab. Ohne persönliche Holocaust-Erfahrungen und folglich auch keinerlei Erinnerungen daran misstraute ich diesem Gefühl des Wiedererkennens. Doch könnte es sein, dass in meinem Körper irgendetwas anderes Wurzeln geschlagen hatte? Als die Nürnberger Prozesse stattfanden und die Gräueltaten der Nazis in den Medien waren, reifte ich gerade im Mutterleib heran und wurde geboren. Die Zellen, aus denen ich werden sollte, wuchsen gleichzeitig mit dem Zorn meiner Mutter. Erst vor Kurzem hatte ich einen Artikel darüber gelesen, wie die grauenvollen Erlebnisse einer Mutter das Kind in der Gebärmutter beeinflussen können. Könnte das auch mit mir geschehen sein? Angenommen, der Zorn meiner Mutter hätte auch in mir feine Wurzeln ausgebildet und den Widerspruch begründet zwischen ihrem Wunsch, alles zu verdrängen – nicht fragen, nicht sprechen, nicht nachdenken –, und meinem Bedürfnis, alles zu wissen? Was sie *vergaß*, das absorbierte ich, ohne zu wissen, was es war, bis es sich schließlich zu einem Eisklumpen verfestigte: das unbekannte Unbekannte, das sich später in das bekannte Unbekannte verwandelte. Ich habe schon immer versucht, es herauszulösen und auszugraben. Doch dafür kann ich nur das Beweismaterial durchgehen.

Alle verbotenen Orte aufzusuchen, tief zu graben und zu wühlen, das ist enorm anstrengend und scheint heftige körperliche Reaktionen hervorzurufen – schwallartiges Erbrechen und schmerzende Zähne. Beides sind Symptome, die mit meinen Berlinbesuchen in Verbindung standen. Während ich meine Wurzeln von denen meiner Mutter löste, gewannen nicht nur die Bilder von Max, Mally und der Schattenfamilie in mir an Schärfe, sondern auch das Bild meiner Mutter als junge Frau, die so viel mehr wusste, als sie später an Erinnerungen zuließ.

Ein anderer Cousin meiner Mutter – ein weiterer Ernst – war in Deutschland geblieben und hatte in einem Versteck überlebt. Am 28. November 1945, wenige Monate nach der Befreiung, schrieb er an Cousin Kurt (der sich am Vorabend des Krieges mit knapper Not noch nach England gerettet hatte). Dabei erklärte er, wie er und seine Frau hatten untertauchen können. *Die Stettiner Jüdische Gemeinde wurde seit Sommer 1938 von einem jüdischen Gestapo-Agenten, Paul Hirschfeld, geleitet. Einundeinhalb Jahre verfolgten wir aufmerksam die sich dadurch anbahnende Entwicklung. Am 29.1.40 hielten wir es für ratsam, bei Nacht und Nebel unter Überlistung der Stettiner Gestapo und ohne Wissen der Gemeinde, Stettin zu verlassen. Wir fuhren nach Berlin und wohnten zunächst bei Onkel Max und Tante Mally, dann bei Lina (Onkel Louis war 1 Monat vorher gestorben). Das war unsere Lebensrettung. Denn genau 2 Wochen später erfolgte die Evakuierung der Juden von Stettin und Umgebung nach Polen, der erste Fall dieser Art in Deutschland.*

... Gewarnt durch die Stettiner Ereignisse, unterließen wir es, uns bei der hiesigen Jüdischen Gemeinde anzumelden. Diese Nichtanmeldung wurde wiederum unsere Rettung. Denn als die Evakuierungen der Juden aus Berlin richtig in Zug kamen, ging es nach Listen, die von der Gemeinde aufgestellt werden mußten, und in der Gemeindekartei waren wir nicht vorhanden.

Im Lauf des Sommers 1941 sandte Fritz seiner Tochter weiterhin Neuigkeiten von Max und Mally. Am 2. Juli berichtete er: *Die Berliner mussten auch umziehen & sind in zwei Zimmer gezogen; fühlen sich aber dort so wenig wohl, dass wohl ein nochmaliger Umzug in Frage kommt, vorausgesetzt, dass dies möglich ist. Die momentane Adr. ist Berlin-Wilmersdorf. Sächsische str. 27. II. bei Singer.*

Es ist nun an der Zeit, ihnen zu folgen.

Die Sächsische Straße ist eine Verlängerung der Bleibtreustraße auf der anderen Seite der Lietzenburger Straße, dort, wo sie sich teilt. Hier weicht die Eleganz der Schlichtheit. Die Eingangstüren gehen auf quadratische kleine Rasenflächen mit ein paar

Geranien hinaus. Die Gebäude weiter hinten sehen noch schäbiger aus.

Während ich weitergehe, wird eine große Wohnanlage auf der anderen Straßenseite sichtbar. Die Metallrahmen der Fenster sind weiß gestrichen. Schlicht und funktional mit geraden Linien. Das rötlich braune Äußere wirkt rissig und schmutzig.

Am 21. August 1941 schrieb Fritz an Ursula: *Aber Max wird nun doch alt und so gut er sich auch bisher gehalten hat. Tante Mally hat leider viel mit dem Herzen zu tun und sicher nicht die erforderliche Ruhe, vor allem aber keine Möglichkeit, sich irgendwo zu erholen.*

Und dann am 11. September 1941: *Tante Mally war sehr schwer erkrankt, sie hatte ganz plötzlich schwere Magenblutungen, die einen sofortigen Transport ins Krankenhaus erforderlich machten. Die Aerzte vermuten ein aufgebrochenes Magengeschwür, können aber erst eine genaue Diagnose stellen, wenn der Zustand der sehr geschwächten Patientin eine Röntgenaufnahme gestattet. Vielleicht schreibst Du, liebe Ursel mal ein paar Zeilen an sie …*

- 19. September 1941: Alle Juden, die 6 Jahre oder älter sind, müssen auf ihrer linken Brust einen gelben, aufgenähten Stern mit der Beschriftung *Jude* tragen.
- Zum Verlassen ihres Bezirks brauchen Juden eine schriftliche Genehmigung der Polizei.

Als diese Anweisungen in Kraft traten, befand sich Mally noch im Krankenhaus. Ich stelle mir Max vor, wie er ihre Mäntel und eine Nadel holt. Dann kommt Liesel Kaiser mit Einkäufen vorbei. Sie nimmt ihm die Mäntel ab und näht beide Sterne fest.

Der letzte Brief von Fritz stammt vom 20. Oktober 1941. *Tante Mally scheint nun endlich auf dem Wege der Besserung zu sein & wird wohl heute wieder nach Hause kommen, nachdem sie ungefähr 8 Wochen im*

Von der deutschen Zensur
geöffneter Umschlag
mit Fritz' letztem Brief an Ursula

Krankenhaus war. Onkel Max hat ohne rechte Hilfe allein gewirtschaftet & war dabei sehr oft in dem so weit entfernten Krankenhaus in der Iranischen str. Gern wäre ich mal nach Berlin gefahren um Mally zu sehen & zu sprechen, aber das geht leider nicht. Wir leben sehr zurückgezogen …

Eine Woche später schrieb meine Mutter ihrem Bruder Ernst eine Postkarte. *Charlotte might be on her way to U. S. A. by now. Ursula Los Angeles expecting a baby end of this year.*

… The last news from Max and Mally were from May, they have changed their address, but are in the same district, otherwise they seem to be alright.

(28. Oktober 1941)

(Charlotte könnte jetzt auf dem Weg in die USA sein. Ursula in Los Angeles erwartet Ende des Jahres ein Baby.

… Die letzte Nachricht von Max und Mally stammt vom Mai, sie sind im selben Bezirk umgezogen, ansonsten scheinen sie in Ordnung zu sein.)

Nummer 27. Die Hausnummer ist schon von Weitem zu sehen, und das sogar gleich zweimal: auf einer schwarz-weißen Emailplatte an der Wand und in abblätternder schwarzer Farbe auf einem beleuchteten Würfel über dem Eingang.

Laut Wolfgang – meiner personifizierten Datenquelle – war die Hausnummer 27 die letzte Adresse für acht Berliner Juden. Drei davon entgingen der Deportation, indem sie sich das Leben nahmen. Die Erste, die dies am 15. November 1941 tat, war Max' und Mallys Vermieterin Margarete Singer.

Ich fühle mich bedrängt von den Millionen. Das ist gar nicht gut. Ich muss mich auf meine Großeltern konzentrieren, und nur auf sie. Auf Mally, die gerade erst aus dem Krankenhaus entlassen wurde. Auf sie und Max, die gemeinsam in diesen zwei Räumen festsaßen, die sie verabscheuten. Eines Morgens kommt ihnen die Wohnung seltsam still vor. Die Küche ist kalt und leer. Die Tür zu Frau Singers Schlafkammer geschlossen. Mally klopft leise an. Dann Max ...

Ich stehe jetzt genau gegenüber von der Nummer 27. Drei Stufen führen zur Haustür hoch. Abgenutzte Metallgeländer auf beiden Seiten hängen schief am Beton. Auf der rechten Seite markiert ein rechteckiger Fleck an der Wand, wo sich einmal ein Schild befand.

Während ich diese Einzelheiten registriere, kämpfe ich innerlich mit zwei anderen Fakten.

Die blassrote Tür steht offen. Mir wird eine Türschwelle angeboten, die ich überqueren kann. Ich muss nur die Tür ganz aufstoßen, und schon kann ich in den zweiten Stock hinaufsteigen, zur letzten Wohnung von Max und Mally.

Mein Blick bleibt auch noch an einem anderen Detail hängen. Die Wände und die Tür sind mit Graffiti besprüht. Eines davon scheint ein Wort zu formen. Es handelt sich dabei doch sicher nicht um das, was ich vermute, oder?

Ich überquere die Straße, um es mir genauer anzusehen.

Drei Buchstaben stehen auf der Wand: *J-U-D*. Egal, wie sehr ich ein anderes Wort daraus zu bilden oder sie als Abkürzung zu deuten versuche, die Zeichen weigern sich beharrlich.

Meine Großeltern sollten noch neun Monate in der Wohnung ihrer toten Vermieterin verbringen. Wie um alles in der Welt ist ihnen das gelungen? Ich kann es mir nicht vorstellen. Oder eigentlich kann ich es mir sogar gut vorstellen. Das ist ja genau das Problem.

- 12. Dezember 1941: Juden ist die Nutzung öffentlicher Telefone nicht gestattet.

Doch sie konnten immer noch Briefe schreiben. An ihre Familienangehörigen in Deutschland immerhin, wenn auch nicht mehr nach Amerika. Schließlich hatten am 7. Dezember 1941 die Japaner Pearl Harbor angegriffen, woraufhin die USA in den Krieg eingetreten waren.

Drei Wochen später brachte Ursula im weit entfernten Los Angeles eine Tochter zur Welt. Die vom Roten Kreuz übermittelte Nachricht kam zu spät in Hamburg an, sie erreichte Ursulas Eltern Fritz und Olga nicht mehr. Denn sie waren am 12. Dezember nach Riga zum Gut Jungfernhof deportiert worden. Eine Augenzeugin sollte Cousin Ernst nach seiner Befreiung berichten: *Herr Meseritz wurde erschossen. Frau Meseritz starb an Lungenentzündung.* Cousin Ernst sollte dann Kurt in London bitten, meiner Mutter die schreckliche Nachricht zu überbringen. Dazu erklärte er: *Das ist Fritz Meseritz, Tante Mally's Bruder, ein fabelhafter Mensch. Zweimal hatte ich ihn noch 1940 in Hamburg aufgesucht. Er litt zuletzt seit Jahren an einer Netzhautablösung und konnte fast nicht mehr sehen. Also wurde er sogleich erschossen.* (Brief vom 6. Januar 1946)

In Hamburg nahm irgendjemand die Nachricht von der Geburt von Fritz' und Olgas Enkelin entgegen. Und diese Person wusste genau, wohin sie diese weitersenden konnte. Nach Berlin. An meine Großeltern. Genau an diese Adresse.

Ich muss nichts tun, nur die Tür aufdrücken.

Bei den Nachrichten über das Rote Kreuz gibt es auf der Rückseite immer eine freie Stelle für die Antwort. Diese Antwort ist in einer Handschrift verfasst, die ich inzwischen gut kenne. *Eltern verreist; sind um Adresse bemüht. Grüsst Ursel; unser Brief dahin kam zurück. Wir sind wohlauf. Herzlich grüssen, Mally Max 5 Mai 1942.*

* 20. Juni 1942: Es ist verboten, Juden Eier zu verkaufen.
* 10. Juli 1942: Es ist verboten, Juden frische Milch zu verkaufen.

Im Juli 1942 enthielten die Nachrichten von Max und Mally an Ernst eigentlich nur noch Namen von Angehörigen, die *umgesiedelt* wurden.

Von ihrem Berliner Versteck aus beobachteten Cousin Ernst und seine Frau hilflos, wie die Deportationen zunahmen, während zugleich immer mehr Bomben fielen. Es ist gut möglich, dass sie sich über die Bombenangriffe freuten, genauso wie über die Rundfunkübertragungen aus London. *Unsere geistige Nahrung und seelische Stütze bildete das tägliche Abhören – möglichst 10 mal am Tage – des Londoner Senders.* Schließlich sollte sie zweieinhalb Jahre später ein vernichtender Bombenangriff am helllichten Tag dazu ermutigen, sich unter Berufung auf verbrannte Papiere wieder in der Öffentlichkeit zu bewegen und Schutz in einem Bunker zu suchen, gemeinsam mit anderen *Volksgenossen.* Doch vorerst konnten sie nur beobachten und aufschreiben. *Lina kam weg, Tante Marie, Onkel Max und Tante Mally* ... (Brief an Kurt vom 28. November 1945)

Geschah es im Morgengrauen? Nachts? Am helllichten Tag? Wer hat es gesehen? Wer weggesehen? Ich will die Details wirklich nicht wissen. Nur ist genau das der Grund, weshalb ich hier bin. Um etwas zu erfahren, statt dem Geschehenen den Rücken zu kehren. Denn wenn ich mich abkehre, dann bleiben meine Ermordeten für immer Nummern in Listen, dem Vergessen anheimgefallen. Es ist das Mindeste, was sie verdienen: dass alles in Erfahrung gebracht wird, was sich herausfinden lässt. Sie verdienen es, ans Tageslicht geholt zu werden.

Du kannst mir glauben, daß ich mich von all den Prunkmöbeln etc. gern trenne. So hatte Mally sich bemüht, Ernst (und sich selbst) zu versichern, als Max endlich entschieden hatte, Deutschland zu verlassen. *Und ich hoffe, auf meine alten Tage noch mal so frei und behaglich wohnen zu können, wie es immer mein Wunsch war.*

Dein Wunsch soll in Erfüllung gehen, antwortete ihr die gute Fee des Faschismus. *Für die Reise sollst du mitnehmen:*

- *Zahlungsmittel RM 50.–*
- *Ein Koffer oder Rucksack mit Ausrüstungsstücken (kein sperrendes Gut) usw.*
- *Vollständige Bekleidung*
- *(ordentliches Schuhwerk)*
- *Bettzeug mit Decke*
- *Essgeschirr (Teller oder Topf) mit Löffel*
- *Verpflegung für 8 Tage*

Ein paar Tage vor der Abfahrt bekamen sie letzte Anweisungen.

- *Ennerhalb der Wohnung müssen sämtliche Schränke und andere Behältnisse unversperrt sein, die Schlüssel müssen stecken.*
- *Sämtliche Räume sind bis zum Abholungszeitpunkt aufzuräumen und zu reinigen, insbesondere dürfen gebrauchtes Geschirr und Abfälle nicht herumstehen. Fensterläden sind bei der Abholung zu schließen.*
- *Bei der Abholung müssen sämtliche Licht-, Gas- und Wasserrechnungen beglichen und die Haupthahnen abgestellt sein.*
- *Der zuständige Hausverwalter bezw. Hausbesitzer ist von der Evakuierung zu verständigen.*

Wieder einmal versuche ich, das Unbegreifliche zu begreifen. Ich muss vorsichtig sein. Wenn ich zu tief in den Nebel vordringe, könnte ich von ihm verschluckt werden und beides zugleich verlieren: meine Großeltern und mich selbst.

Die Temperatur in diesem August stieg auf über dreißig Grad an. Als Max und Mally aus der Wohnung kamen, war es daher sehr heiß. Ihre Mäntel hatten sie an, um sie nicht tragen zu müssen. Sie ließen die Tür unverschlossen, schleppten ihr Gepäck die Treppen aus dem zweiten Stock hinunter und traten in einen wunderschönen Spätsommervormittag hinaus. Fahle Gesichter blickten sie von der Ladefläche eines Lastwagens her an. Mally war zu schwach, um hinaufzuklettern. Schreie: »Schnell! Schnell!« Hände zogen und zerrten sie und Max hinein. Der Lastwagen polterte um die Bombenkrater herum nach Osten. Überall rauchten die Überreste von Gebäuden, hier und da stand eine aschebedeckte Linde. Sie hielten den Atem an. Noch schlimmer als die Bombenangriffe der letzten Nacht stank die Angst: ihre eigene Angst und die Angst derjenigen, mit denen sie auf dem Wagen zusammengepfercht waren. Diesen Tag überstehen, dann den nächsten und den danach.

Unter Charlottes Papieren befindet sich ein Umschlag, den ihr Gertie Meseritz nach dem Krieg schickte. Er wurde bei der Ankunft abgestempelt – *16. Juli 1948, Grand Central Station, New York* – und enthält drei gefaltete, ineinandergesteckte Blätter, drei von Max und Mally unterschriebene Briefe. Bevor ich die alte deutsche Schrift lesen lernte, konnte ich nur ihre Unterschriften erkennen. Erst später verstand ich, dass alle drei Briefe identisch sind. Einer ist an Ernst adressiert, einer an Charlotte und Nepo und einer an meine Mutter.

August 1942

Lieber Ernst / Liebe Hilde / Liebe Kinder

Vor unserer Abreise nach Theresienstadt wollen wir Dir / Euch noch ein herzliches Lebewohl senden. Wir wollen hoffen, daß wir Alles gut überstehen und daß uns das Glück beschieden ist, uns noch wiederzusehen.

Gerti und Liesel haben uns liebevoll betreut und uns auch versichert, Deiner / Eurer in Liebe und Fürsorge zu gedenken.

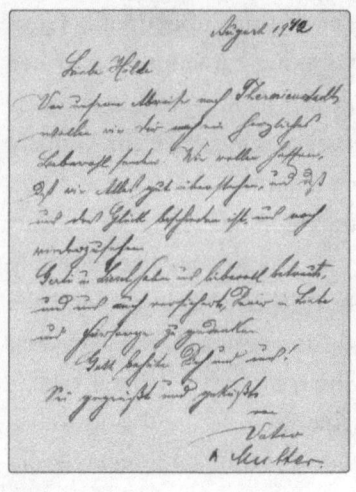

Gott behüte Dich/Euch und uns!

Sei/Seid gegrüßt und geküßt von

Vater

& Mutter

Der gleiche Abschiedsbrief an jedes ihrer Kinder; geschrieben von Max, unterzeichnet von ihm und Mally. Zwei mutigen Frauen anvertraut, die nie aufgehört hatten, sich um die beiden zu kümmern, und die ihnen sogar versichert hatten *Deiner/Eurer in Liebe und Fürsorge zu gedenken.* Alle drei Briefe sehen aus, als hätte sie nie jemand in die Hand genommen.

Die Tatsache, dass ich sie zusammen gefunden habe, versetzt mir einen Schlag. Indem sie Ernsts Brief und den an meine Mutter nicht weitergegeben hat, hat Charlotte ihnen den letzten Abschiedsgruß ihrer Eltern vorenthalten.

Ich versuche es zu verstehen. 1948 war Charlottes Leben ein einziges Chaos. Sie lebte gerade erst von Nepo getrennt, wollte nach Paris zurückkehren. Der Tod von Max und Mally war da schon keine Neuigkeit mehr. Und dennoch. Nett war das nicht. Eigentlich eher ganz fürchterlich. Charlotte hatte – nach lebenslangen Streitereien mit ihren Eltern – das letzte Wort behalten, mit einem einzigen Achselzucken.

Diese drei Briefe markieren den Zeitpunkt, an dem sich das Eis zu bilden begann. Von da an würde Charlotte in ihrer Wut verharren. Ernst würde sich hinter Mallys Leintüchern verstecken, meine Mutter ihren Verstand abschirmen und den innerlichen Rückzug antreten.

JUD. Der rote Pfeil weist mir den Weg. Die Tür öffnet sich ganz. Ein dürrer Mann tritt heraus, eine Zigarette im Mundwinkel. Er geht die Straße entlang, und hinter ihm fällt die Tür zu.

Grunewald oder Putlitzstraße? Immer noch war ich nicht weitergekommen in der Frage, von wo Max und Mally nach Theresienstadt abtransportiert wurden, und ich glaubte auch nicht mehr, dass ich es herausfinden konnte. Dann kam mit einem Mal ein dritter Bahnhof aus dem Nebel hervor, und der Dunst verzog sich.

Ein mächtiger Säulenvorbau aus Ziegeln ist das Einzige, was vom Anhalter Bahnhof in Kreuzberg übrig geblieben ist. An diesem Bahnhof sind wichtige Züge aus dem In- und Ausland angekommen und abgefahren. In den Wochenschauen aus dem Dritten Reich ist der Anhalter Bahnhof mit Hakenkreuzfahnen ausstaffiert, Reihen von Polizisten halten fanatische blonde Hitler-Anhänger davon ab, einen Zug zu stürmen.

Doch er diente auch anderen Zwecken, wie Dietlinde Peters in *Der Anhalterbahnhof als Deportationsbahnhof* eindringlich beschreibt. Drei Jahre nach den Kindertransporten, als hier am *Gleis der Tränen* unzählige Kinder Abschied von ihren Eltern nahmen, begann ein gewöhnlicher Zug mit gewöhnlichen Passagieren eine ungewöhnliche Fracht zu transportieren. 1942 wurden zwei zusätzliche Waggons an den Zug um 6 Uhr 7 nach Dresden und Prag angehängt. Waggons 3. Klasse mit Holzbänken, die genauso aussahen wie die anderen Wagen. Allerdings hatte man Fenster und Türen verschlossen. Diese *privilegierten* kleinen Transporte waren ausschließlich für ältere Juden vorgesehen, die für ihre *Umsiedlung* bezahlten und für ihr Zugticket genauso wie andere Reisende selbst aufkamen. Das Geld bekam allerdings nicht die Reichsbahn, sondern die Gestapo.

Im Archiv hatte ich die Deportationsliste mit Max' und Mallys Namen gesehen, allerdings ohne Erwähnung des Bahnhofs, an dem sie eingestiegen waren. Ich wusste lediglich, dass sie als die Nummern 84 und 85 von insgesamt hundert Juden geführt wurden, ein geringes Aufkommen, verglichen mit den meisten Transporten, die tausend oder mehr Menschen umfassten. Wie ich jetzt erfuhr, passten genau hundert Personen in diese zusätzlichen Waggons – in jeden fünfzig –, die täglich an den regulären Zug nach Prag angehängt wurden. Von da war es nur ein Katzensprung bis zum Konzentrationslager. Das letzte Puzzleteil in der Geschichte von Max und Mally hatte seinen Platz gefunden.

Kein Viehwaggon, ein Personenzug. Nicht eintausend Juden, nur einhundert. *Beinahe gemütlich*, denke ich erleichtert. Dann schüttele ich mich, weil ich mich – wenn auch nur für einen Moment – genau wie die Deportierten selbst habe einlullen lassen von einem Regime, das der Außenwelt so etwas wie eine humane Behandlung vorspielen wollte.

Als die ersten dieser Transporte in Dresden haltmachten, wurde den Passagieren von der lokalen jüdischen Gemeinde Essen gebracht. Damit sollte der Eindruck von Normalität unterstrichen werden. Erst bei der Ankunft in Theresienstadt traf sie die volle Realität.

»Es war nicht das schlimmste Lager«, hatte meine Mutter gesagt. »Zumindest wurden sie dort nicht umgebracht.«

Und für viele Überlebende war es das gute Lager, das reinste Paradies, verglichen mit dem, was später kam: Vernichtungslager wie Chełmno, Sobibor, Majdanek, Treblinka und Auschwitz.

Eines meiner liebsten Fotos aus der Schuhschachtel zeigt Max mit dreißig oder vierzig Jahren gemeinsam mit zwei seiner Brüder in einem Badeort. Vermutlich wurde das Bild kurz vor dem Ersten Weltkrieg aufgenommen. Die drei posieren in einer Reihe und sehen, wie meistens, aus wie der Kaiser. Bis auf eine Kleinigkeit. Hinter den strategisch klug drapierten Handtüchern sind sie alle völlig nackt. An Max' eckigen Schultern mit der Senke am Schlüsselbein ist mir irgendetwas vertraut. Sie ähneln meinen Schultern.

Halsstarrig und streng, knauserig und umständlich. All das war Max, aber auch nackt, verletzlich und immer großzügiger gegenüber Familienangehörigen und Freunden, die in Deutschland festsaßen. Dabei war er aber auch unfähig, sich Entscheidungen aus der Hand nehmen zu lassen. Er weigerte sich, auf seine Kinder zu hören, wie Charlotte es ihm befahl, und hörte tragischerweise nicht auf seine Frau. Nach der Reichskristallnacht übernahm Mally für einen viel zu kurzen Moment das Ruder und bekam Ratschläge zur Emigration von Benno Cohen vom Palästinaamt. Doch zu dem Zeitpunkt, als Max diesen Ratschlägen auch folgte, war es zu spät.

Zwei Wochen vor der Kriegserklärung hatte Mally in einem Brief an Ernst die Geburt eines neuen Familienmitglieds in Palästina erwähnt. ... *hoffentlich werde ich den jungen Mann bald kennenlernen. Du weißt ja, daß ich kleine Kinder besonders gern habe. Meine eigenen lassen mich dabei im Stich.*

»Eines hatte ein Kind«, flüstere ich unter dem steinernen Bogen, der einst in die Eingangshalle des Anhalter Bahnhofs führte. »Aus dem Babyalter bin ich schon lange raus, aber immerhin bin ich jetzt hier. Ich bin gekommen, um mich zu verabschieden und euch zu begleiten.«

Die Luft ist immer noch relativ kühl an diesem Morgen Ende August, an dem sich hundert ältere Juden, bewacht von bewaffneten Soldaten, auf dem Bahnsteig aufstellen. Sie schleppen ihr Gepäck zum hintersten Waggon und warten darauf, dass sie mit Einsteigen an der Reihe sind. Die Nummern 84 und 85 auf dem Transport I/49 nach Theresienstadt nehmen auf der Holzbank Platz. Der Wagen ist verschlossen. Uniformierte patrouillieren mit Hunden auf dem Gleis. Es ertönt ein Pfiff. Weiter vorn am Zug werden die letzten Türen zugeschlagen. Der Zug nach Prag über Dresden fährt pünktlich um 6 Uhr 7 ab.

Teil 4

DER SCHRANK IST GELÜFTET

DER PREIS DES ZURÜCKFORDERNS

Wenn ich mit meinem Vater über den Krieg und die Familie sprach, hatte ich nur selten das Gefühl, ich müsse so vorsichtig mit ihm umgehen wie mit meiner Mutter. Aber sogar bei ihm stieß ich an Grenzen. Eines Sonntags, einige Monate nach dem Tod seiner Mutter (dem einzigen Großelternteil, den ich kennengelernt hatte), brauchte er eine Pause beim Ordnen ihrer Papiere. Damals war ich gerade Mitte zwanzig. Und soeben hatte ich ein Bündel mit Postkarten aus Kriegszeiten aus dem Papierkorb gefischt, in den er es geworfen hatte.

Wir schlenderten erst durch Hampstead Heath und blieben dann stehen, um die Drachen am Himmel über dem Parliament Hill zu beobachten. Da fragte ich ihn nach den Postkarten. Doch diesmal verließ ihn seine gewohnte Bereitschaft, Geschichten zu erzählen. »Du hast keine Ahnung, wie es sich angefühlt hat, in Nazi-Deutschland zu leben und nie Luft zum Atmen zu haben.«

Wie wahr. Hoffentlich werde ich nie erfahren, wie sich das angefühlt hat. Jedes Mal, wenn ein Brief aus Berlin ankam, nahm meine Mutter die übel riechenden Leerräume zwischen den Zeilen ihrer Eltern gerade so lange in sich auf, dass sie ihnen wieder eine Portion Frischluft senden konnte. Dann warf sie ihre Briefe weg. Hat sie jemals Briefe für längere Zeit aufbewahrt? Ich bezweifle es. Einer allerdings überlebte.

Ich fand ihn unter Charlottes Papieren. Geschrieben wurde er im April 1940, sieben Monate nach Kriegsbeginn. Welch gewundenen Weg er danach nahm, zeigt die Randnotiz von Max: *An dich, l. Ursel, besondere herzliche Grüße.* Von Berlin nach Los Angeles, von Los Angeles nach London und schließlich von London nach Paris. Meine Mutter hatte ihn ihrer Schwester gerade noch rechtzeitig weitergeleitet, denn kurz danach, als Paris besetzt war, befand sich Charlotte auf der Flucht.

9. April 1940

Liebe Hilde

Vor einem Jahre hatten wir die große Freude, Dir unseren Geburtstagsgruß von hier aus telephonisch auszusprechen. Diesmal ist es uns leider versagt.

Nimm daher auf diesem Wege unsere herzlichsten Wünsche zu Deinem Geburtstage entgegen, die umso sehnsüchtiger zu Dir gelangen, als es die äußeren Hemmungen erschweren.

Die Hoffnung, diesen Tag wieder einmal gemeinsam zu begehen, wollen wir trotz Allem nicht aufgeben. Bis dahin möge Dich der Himmel beschützen, wie er es bis jetzt getan, und Dir eine glückliche Zukunft schenken.

Wir sind seit einigen Tagen zu einer kurzen Erholungspause wieder hier, wo wir im vorigen Jahre waren, und haben auf der Durchreise Onkel Fritz und Tante Olly gesprochen. Mutter tun ein paar Tage Ausspannung und Ruhe not, und ich hoffe, sie frischt sich einigermaßen auf.

Nun will ich Dir Deine l. Nachricht bestätigen, die uns unser l. Freund noch übermittelte; sie war diesmal recht ausführlich, was uns immer besonders erfreut; gern hörten wir auch von der Anerkennung Deines Chefs. Wie gern würden auch wir Dir etwas Ähnliches antun!

Mit dem Wunsche eines frohen Geburtstages, der Dich mit Gottes Hilfe bei guter Gesundheit und nicht mit allzugroßer Verspätung erreicht, sei für heute herzlich gegrüßt; ebenso grüße Herrn Doktor, der hoffentlich nach wie vor tüchtig zu tun hat – nebst seiner Gattin.

Vater

Mein liebes Kind!

Du kannst dir garnicht denken, wie wir uns über deinen Brief gefreut haben, besonders, da er uns gute Nachricht von dir brachte. Auch die Zulage hat uns Freude gemacht.

Hier ist es wieder himmlisch ruhig und erholsam, was uns beiden nicht schaden kann. Ich besonders war recht wenig auf dem Posten und habe die Erholung sehr nötig. Nun will ich aber erst mal zum Hauptzweck meines Briefes kommen und dir, m. gel. Kind, recht von Herzen zum Geburtstage gratulieren; diesmal können wir dich nicht, wie im Vorjahr anrufen und deine liebe Stimme hören – aber wir müssen zufrieden sein und auf bessere Zeiten warten! Daß wir für dich alles gute erhoffen, kannst du dir denken.

Feier den Tag recht froh und glücklich und sei mit allen Verwandten und Freunden recht herzlich gegrüßt – dir einen herzl. Geburtstagskuß

von Mutter

Beim ersten Lesen wirkt Mallys Brief viel liebevoller als der von Max. Würde ich seinen überschwänglichen Brief an Ursula nicht kennen, so hätte ich vielleicht nie geglaubt, dass er mehr als eine eher distanzierte Zuneigung ausdrücken konnte. Wie sehr wünschte ich mir, es wäre ihm gelungen, seine Gefühle auch seiner eigenen Tochter so frei und leidenschaftlich mitzuteilen. Doch nach all den Jahren, in denen er sich den Bitten seiner Kinder widersetzt hatte, er solle Geld, sich selbst und Mally außer Landes schaffen, nach all dieser Zeit schrieb er unter dem bedrohlichen Eindruck verpasster Gelegenheiten.

Beim zweiten Lesen seines Briefs ändere ich meine Meinung. Der Text zeigt tatsächlich kein Fehlen von Emotionen, sondern vielmehr einen Gefühlsüberschuss. Außerdem ist er noch herzzerreißender, weil er innerhalb der gewundenen Phrasen so starke Gefühle enthält, dass Max sich eben genau an diesen Strukturen festhalten musste, um nicht zu zerbrechen.

Meine Mutter folgte seinem Beispiel, packte ihre Gefühle gut ein und verstaute sie so tief in ihrem Innern, dass sie – bis zu dem Zeitpunkt, als ich mich zu fragen traute – einiges an früher geläufigen Einzelheiten vergessen hatte. Was blieb, war ein winziger, zusammengepresster Kern Liebe, der im Lauf der Jahrzehnte immer kleiner und härter geriet, verdeckt vom Vorwurf emotionaler Kälte an die Eltern. Es war Max' und Mallys Liebe für sie und ihre Liebe für die Eltern.

Gegen Kriegsende wollte meine Mutter nicht mehr abwarten, bis mein Vater ihr einen Antrag machte, und beschloss, zu Charlotte und Nepo nach New York zu ziehen. Erst als ihr die USA ein Visum erteilten, begriff mein Vater, dass sie es ernst meinte. Sie heirateten im November 1945.

Hilde und Ernst Kohnstamm an ihrem Hochzeitstag

Da der Krieg vorbei und Hitler besiegt war, drehte sich nun alles darum, nach vorn zu blicken. Meine Eltern kauften eine Doppelhaushälfte aus den 1930er Jahren hinter einer breiten Ligusterhecke in Hampstead Garden Suburb. Sie bekamen mich.

Leider folgten keine Geschwister für mich, denn meine Mutter hatte zwei Fehlgeburten. Gemeinsam mit einem Partner, den er während seiner Internierung kennengelernt hatte, gründete mein Vater ein Importgeschäft für Textilien.

In der Zwischenzeit versuchten die drei Kinder von Max und Mally, die Splitter ihrer Beziehung wieder zusammenzufügen und miteinander in Kontakt zu treten. Charlotte, die nach dem Zusammenbruch ihrer Ehe mit Nepo wieder in Paris lebte, schrieb an Ernst:

Was hast Du denn fuer einen job als officer of the state? Machst Du Bureauarbeit und koenntest Du nicht Deine Ferien in Europa verbringen, und lebst Du einsam oder gesellig oder mit Weib behaengt? Es ist doch wirklich irre komisch dass wir doch garnicht verfeindet oder estranged sind und dennoch so wenig voneinander wissen.

Also schreib … (21. Mai 1950)

Es gab aber noch einen anderen Grund für Charlottes Brief. Die Bundesrepublik Deutschland hatte angekündigt, Reparationen an jüdische Holocaust-Überlebende für deren verloren gegangene Besitztümer zu zahlen. Um Ansprüche im Namen von Max und Mally geltend zu machen, mussten die drei Geschwister allerdings zusammenarbeiten.

1950 lief der Prozess gerade erst an, und mich überrascht, dass sowohl Ernst als auch Charlotte zögerten, überhaupt Ansprüche anzumelden. In ihrem Brief heißt es dazu:

Mir ging es ganz aehnlich wie Dir, ich wollte auch an nichts ruehren was Mallymax gehoerte, weil ich immer das Gefuehl hatte, dass sie es uns ja nicht geben wollten. Da ihnen aber damit nicht mehr geholfen werden kann und ausserdem Ernest Kohnstamm fuer so ein Sentiment kein Verständnis hat, habe ich mich auch aufgerafft und mich, als ich zu Weihnachten in London war, zu kuemmern angefangen.

Ernst war von Mally mit Liebe überschüttet worden, anders als Charlotte, also hatte er wahrscheinlich aus einem ganz anderen Grund gezögert. Einige Überlebende schauderte es bei der Vorstellung, Geld anzunehmen, das sie als *Blutgeld* betrachteten.

Und was war mit meiner Mutter? Es macht mich traurig, dass sie diese Gefühle wahrscheinlich teilte, aber nie zum Ausdruck brachte. Wer Ansprüche geltend machen wollte, musste durch den ganzen Vergangenheitsdreck waten, doch sie ließ sich – genau wie Mally vor ihr – von ihrem Ehemann führen. Mein Vater wollte die Schweinehunde einfach nur drankriegen und bekommen, was ihm und meiner Mutter zustand. Er hatte *für so ein Sentiment kein Verstaendnis*, weil es sowohl seine näheren Familienangehörigen als auch seine entfernteren Verwandten nach Großbritannien geschafft hatten. Also war niemand ermordet worden, der ihm nahestand.

Das Hauptproblem von Ernst, Charlotte und meiner Mutter stellten die stichhaltigen Beweise dar. Sie hatten Berlin ja alle lange vor den Beschlagnahmungen verlassen.

In Charlottes Brief ging es weiter: *Ich schrieb an Gerti Meseritz – Fraeulein Kaiser – unsere Aufbewahrerin, und siehe da, es kam eine Dokumentenmappe zum Vorschein, die Max ihnen uebergeben hat und die eines Tages mit Frl. Kaiser, die in der Konfektion arbeitet, in Paris eintraf.*

Da drin sind Vermoegensaufstellung und der Vertrag vom verkauften Haus Bleibtreustrasse 32, und wir haben fuer uns 3 angemeldet. Es liegt ja die Restitution fuer Berlin noch in weiter Ferne – aber anmelden muss man ja jetzt.

Das Berliner Landesarchiv, in dem die Restitutionsakten aufbewahrt werden, liegt am Eichborndamm. Bis dorthin ist es eine lange Fahrt mit der S-Bahn in den Nordwesten der Stadt. Am Haupteingang werde ich begrüßt von aufgeblasenen Fotos der zerbombten Stadt. Einzelne Gebäude stehen wie die verbliebenen Zähne eines Greises inmitten einer Trümmerwüste, vermummte Frauen suchen darin nach Essbarem, Wertvollem oder Brennbarem.

Wenn Max die Nazis falsch eingeschätzt hatte, so hatten die Nazis Max ebenfalls falsch eingeschätzt. Sobald er einen Beleg für das Gestohlene bekam, füllte er ihn aus. Sobald ihm sein Name weggenommen und durch eine Nummer ersetzt wurde, stellte Max sicher, dass Nachweise für seine und Mallys Identität, für ihren Letzten Willen und ihr Erbe sowie für ihre Besitztümer und ihren Anspruch auf das Mietshaus in der Bleibtreustraße erhalten blieben. Ihre Akten beim Finanzministerium waren durch Bomben zerstört worden; die Gestapo hatte alle ihre Unterlagen vernichtet; doch in der Mappe, die den zwei tapferen Frauen anvertraut worden war, überlebten Max' Dokumente.

Ich kenne diesen Ordner und besitze ihn noch immer. Er hatte mich schon als Kind fasziniert, weil er sich wie eine Ziehharmonika öffnen lässt. Er hat einen grauen Leinenüberzug, auf dem mit goldenen Lettern das Wort *Dokumente* steht. Auf dem Tisch vor mir liegen jetzt einige der Papiere, die der Ordner einst enthielt. Mir springt der Entwurf einer Liste mit konfiszierten Besitztümern ins Auge, der in Max' Handschrift verfasst ist. Mit

Bleistift sind die Gegenstände in ordentlichen Reihen aufgelistet, zusammen mit dem Beleg für den Verzicht.

1 grauer persischer Lammwollkragen und 2 Stulpen

1 Staubsauger mit Zubehör

1 große Sonnenlampe

1 Föhn

2 Operngläser

Wann, frage ich mich, haben meine Großeltern zum letzten Mal nebeneinandergesessen und durch diese Operngläser gespäht, gefesselt vom Schauspiel und versunken in der Musik?

4 Krawatten

2 Kleider. 1 Bluse

1 Anzug. 1 Jacke. 1 Hut.

Das waren ihre letzten Besitztümer, die am 4. Juli 1942 konfisziert wurden. Sechs Wochen vor der Deportation.

Um ihre Ansprüche geltend zu machen, mussten die drei Geschwister sich wieder in das familiäre Schlachtfeld begeben, das immer noch von Wut und Ängsten bestimmt wurde. Charlotte übernahm die schwerste Aufgabe. *Bald werde ich durch das Brandenburger Tor zurück in meine Geburtsstadt marschieren,* schrieb sie am 4. April 1953 an Ernst. *Und ich muss gestehen, dass ich deswegen recht besorgt bin.*

Sie fertigte eine genaue Inventarliste von jedem Raum an und legte sie ihrem Plan der Wohnung am Kurfürstendamm bei. Ich gehe mit ihr durch die Zimmer, angefangen bei ihrem Schlafzimmer mit den Möbeln aus Eichenholz, einem großen Schrank nebst Schreibtisch, Ruhebett, zwei Stühlen und einer Singer-Nähmaschine. Dann kommen wir zum Schlafzimmer von Max und Mally (Kirschholz), wo ein Fellteppich über das Sofa am Fußende der Betten ausgebreitet liegt. Perserteppiche bedecken die Böden. Im Salon (Mahagoni) steht ein Bechstein-flügel neben Vitrinen mit Tierfiguren aus Porzellan. An den Wänden hängen mehrere Ölgemälde und vor den Fenstern Seidenvorhänge. Ich zähle die Kerzenleuchter, die Biedermeier-sessel und die Lacktischchen. Außerdem spähe ich in Schränke voll leinener Betttücher und Tischdecken. Die Kommoden im Speisezimmer enthalten Silberbesteck, ein 24-teiliges Porzellanservice von der Königlichen Porzellan-Manufaktur und Unmengen an Kristallgläsern. Ich umrunde die Venus von Milo auf einem Sockel und linse in ein Schränkchen mit alten Kaffeetassen.

Im Gegensatz dazu ist die Liste meiner Mutter von der Wohnungseinrichtung in der Bleibtreustraße kurz und prägnant. Einmal aufgeschrieben, und alles ist abgehakt.

Überlebende Zeugen hatten bekräftigt, dass in keiner der Wohnungen meiner Großeltern irgendetwas gefehlt hatte. Sie hatten alle ihre Möbel und Besitztümer gut erhalten. Dieser Umstand wurde immer wieder betont. Es hatte nichts gefehlt. Und doch wurde der Anspruch immer wieder abgelehnt.

Die Anwaltsbriefe sind voller Unterstreichungen und unleserlicher Kommentare. Während ich sie zu entziffern versuche, beginnt es mich überall zu jucken. Mir ist, als wäre ich schon einmal hier gewesen. Denn wer waren wohl diese anonymen Bürokraten, die jeden Beleg und jede Zeugenaussage abtaten? Wahrscheinlich alte Nazis.

Da kann sich noch so viel ändern, es bleibt doch immer das Gleiche … Man sehe sich nur einmal die französische Verwaltung nach der Revolution an. Die Beamten, die Steuern für das neue Regime eintrieben, waren oft dieselben, die schon Ludwig XVI. gedient hatten. *Le Roi est mort. Vive la République.* Lasst uns aber bloß nicht an den Grundfesten der Bürokratie rütteln!

Hitler est mort. Vive Adenauer. Ich würde allerdings darauf wetten, dass die alles abblockenden Randnotizen, mit denen ich kämpfe, von denselben Gaunern verfasst wurden, die schon ganz zu Beginn jüdisches Eigentum abgestaubt haben.

Der Anwalt der Geschwister protestierte. *Es ist mir unverständlich, wie der Senator für Finanzen angesichts dieser Lage bei seinem Angebot nur ausgehen will von dem Vermerk auf dem Abrechnungsbogen in den OFP-Akten –* Otto Genz RM 787,50. *Will der Senator für Finanzen wirklich erklären, daß die Wohnungseinrichtung so reicher Leute nur einen Wert von 787,50 RM gehabt habe? Jeder weiß, wie es damals zugegangen und wie die Werte geschätzt und veräußert wurden.*

Am 25. Juni 1960, fünfzehn Jahre nach Kriegsende, sollte Fräulein Kaiser aussagen. War sie nun die einzige noch lebende Zeugin? Oder hatte der Anwalt gedacht, er sei mit ihr auf der sicheren Seite, weil sie keine – das sollten wir flüstern – Jüdin war?

Ja, bestätigte Fräulein Kaiser, sie hatte definitiv immer alle Möbel und Besitztümer in jeder Wohnung gesehen, in der meine Großeltern gelebt hatten. *Ich habe dort keine mir aus den früheren Wohnungen bekannten Möbel vermißt, offenbar haben die Ehegatten Rychwalski alle Möbel in ihre neue Wohnung mitgenommen, um sie bei Auswanderung mitzunehmen.*

Trotzdem wollte die Restitutions-Behörde noch immer nicht nachgeben.

Sechs Monate später, am 4. Januar 1961, sagte Fräulein Kaiser nochmals unter Eid aus. *Die Eheleute Max und Mally Rychwalski wurden am 19. bzw. 26. August 1942 nach Theresienstadt deportiert. Ich war kurz vor jedem Deportationsvorgang bei den Vorgenannten in ihrer Wohnung in der Sächsischen Strasse und habe festgestellt, daß ich die in meiner früheren Erklärung vom 25. Juni 1960 bezeichneten Möbel zur Zeit der Deportation noch gesehen habe. Ich kann dies deshalb erklären, weil ich tatsächlich fast täglich zu den Ehegatten kam und sie in ihrer Notlage mit*

Inhalts-Verzeichnis

1	Familien-Papiere
2	Urkunden
3	Mietverträge
4	Persönliches
5	
6	
7	
8	
9	
10	

Lebensmitteln unterstützte. Bekanntlich durften sie als Sternträger nicht in den öffentlichen Geschäften einkaufen.

Das einzige Zeichen von Menschlichkeit, das ich in diesen ganzen gottverfluchten Papieren entdecken konnte.

Ich stelle mir vor, wie Max den mit *Dokumente* beschrifteten Ordner öffnet. Jede Zeile der Inhaltsübersicht ist beschrieben, alle Fächer sind gefüllt. Hier werden die Kinder die Geburtsurkunden von Max und Mally sowie die Heiratsurkunde finden, dort ihre Testamente, die Mitgliedsbescheinigungen vom Kulturbund und der Gemeinde, die Bankdaten und die Dokumente zum Hausbesitz, Max' Verdienstbescheinigung aus dem Krieg und die Quittungen für ihren ganzen beschlagnahmten Besitz. Die letzten hat er noch nicht ausgefüllt, denn die Gegenstände wurden erst vor sechs Wochen übergeben. Max hasst es, etwas durchzustreichen, doch Klarheit ist wichtiger als ein hübsches Schriftbild. Er muss die *Abgabe* der Pelze (im Singular) vom letzten Block mit *Abgaben* verschiedener Gegenstände (im Plural) trennen. Es ist wichtig, grammatikalische Regeln einzuhalten, sogar jetzt. Vor allem jetzt. Ordnung zu halten, hilft. Er löscht den Eintrag, dann füllt er die letzte Quittung aus.

Es klopft. Mally keucht. »Noch nicht.« Max legt ihr eine Hand auf den Arm. Wie dünn sie geworden ist! »Wir brechen erst morgen auf. Das wird Liesel sein.« Er schließt den Ordner und geht zur Tür.

Ich fahre mit der S-Bahn zurück ins Stadtzentrum. Als wir am Hauptbahnhof ankommen, bin ich in Trance versunken. Die Türen öffnen sich. Reisende steigen ein und aus. Verzerrte Lautsprecheransagen hallen im Wagen wider. Hinweispfeile mit den Aufschriften *U-Bahn*, *Fernzüge*, *Abfahrt* und *Ankunft*. Die Türen schließen sich zischend, und wieder verschwimmt mein Blick. Parallel verlaufende, sich überkreuzende und auseinandergehende Gleise. Das Berliner Transportsystem, das schon immer gut ausgebaut war, half den wenigen Juden, die geblieben waren und denen es gelang, in der Menge unterzutauchen. Wenig nur trugen sie bei sich und blieben immer in Bewegung.

Ich fühle mich, als würde ich von Max' und Mallys ganzem Zeug hinuntergezogen, von ihrer Unfähigkeit loszulassen. Ich werde belagert von Listen.

Von Stühlen und Betten, Tischen und Schreibpulten, Lampen und Kerzenständern.

Von Porzellanfiguren und einem silbernen Samowar.

Von Leintüchern auf Regalbrettern, Silber in Schubladen, Kristall in Schränkchen.

Von Teppichen auf dem Boden und Gemälden an den Wänden.

Von 2 Kleidern.

Von 1 Bluse.

1 Anzug.

1 Jacke.

1 Hut.

WIEDERVERBINDEN

Abschied von Berlin. Aber nicht für lange. Mit Wolfgang habe ich ausgemacht, dass wir im nächsten Sommer einen Stolperstein für Cousine Lina verlegen werden. Wolfgang wird herausfinden, wo er liegen soll, denn Linas letzte Adresse ist nicht geeignet: Heilbronner Straße 22, das *Judenhaus* ihrer Tante Marie, eines der Tore zur Hölle. Linas Stolperstein muss dort verlegt werden, wo sie zuletzt in Freiheit gelebt hat.

Ich rolle meinen Koffer die Straße entlang. Nach all den wuchtigen Berliner Eingängen scheint mein eigenes Zuhause auf die Größe eines Puppenhäuschens geschrumpft zu sein. Ich stecke den Schlüssel ins Schloss, drehe ihn, mache einen Schritt zur Tür hinein und komme nicht weiter. Ein ungewohntes Gefühl ergreift mich, so ungewohnt, dass ich einen Moment brauche, um es zu bestimmen: absolute Zufriedenheit.

Ich stehe auf einem Teppich, der aus Berlin gekommen ist. *Erinnerst du dich an Mr Gerson, der mit Dad Tennis gespielt hat?*, fragte mich meine Mutter, als sie ihn mir gab. *Er wohnte mit seinen Eltern in unserem Haus in der Bleibtreustraße. Dieser kleine Teppich wurde mit den Besitztümern der Gersons transportiert.*

Also hatten die Gersons in der nicht geteilten Wohnung gelebt. Im dritten Stock links. Meine Großeltern halfen ihnen bei den Vorbereitungen für ihr Leben in London. Hin und her auf dem Treppenabsatz. *Wollen Sie uns etwas für Ihre Tochter mitgeben? In dem Schrankkoffer ist noch Platz.*

Sie holten also diesen Teppich und trugen ihn über ebenjene Türschwelle, die ich auch vor Kurzem überschritten habe.

Auch wenn es dunkel und nieselig ist, will ich die Tür nicht schließen. Umherwirbelnde Teilchen haben sich zu einer Kette am nächtlichen Himmel zusammengeschlossen, die meine Großeltern in ihrem Flur mit meinem Eingang verbindet. Die Kette ist ungebrochen.

Ich bin gerade dabei, meinen Flug nach Berlin zu Linas feierlicher Stolperstein-Verlegung zu buchen – wir wollen sie in acht Monaten abhalten, also im Juli –, da erreicht mich eine Einladung. Hans und Dieter planen, im selben Monat ihre eingetragene Lebenspartnerschaft zu feiern. Welch gutes Timing! Und ich weiß auch sofort, was ich ihnen schenken werde.

Jugendstil. Oder *Art nouveau*, wenn man diesen Ausdruck bevorzugt. Max' und Mallys Besteck war 1903, als die beiden heirateten, der letzte Schrei. Die Löffel benutzte meine Mutter regelmäßig, sodass ihr Muster allen Familienmitgliedern vertraut war. Erst als ich später Charlotte in New York besuchte, erkannte ich die Messer und Gabeln aus dem gleichen Set. Die Teelöffel tauchten schließlich in Tel Aviv bei Ernsts Sachen auf, auch wenn ich bezweifele, dass dort viel damit umgerührt wurde. Edelstahl passte besser zu ihm. Die Teelöffel kamen – gemeinsam mit Max' und Mallys Briefen – nach seinem Tod zum Vorschein.

Diese Löffel benötigen eine gründliche Politur, doch meine Versuche mit der Reinigungscreme gebe ich schon bald wieder auf. Sie bleibt in jeder Rille und jedem Wirbel hängen. Das andere Mittel ist besser. *Anwendung mit einem nassen Schwamm.* Ich produziere einen rosaroten Schaum damit. Abspülen, wiederholen, abspülen, wiederholen …

Mit jeder Anwendung wird die schwärzliche Verfärbung schwächer, und es zeigen sich Ranken mit Blättern und Stielen, die sich bis auf die Rückseite winden, als hätte der überschwängliche Silberschmied nicht gewusst, wo er aufhören soll. Ein letztes Mal mit dem Staubtuch abreiben. So. Das wird genügen.

Sogar mehr als das. Die Löffel glänzen und blitzen. Bald werden sie ein neues Zuhause in ihrem alten Zuhause finden.

Zumindest glaube ich das, als ich in Heathrow einchecke. Ich bin begeistert von mir selbst, weil ich so gut vorbereitet bin. Sogar eine Antibiotikatherapie habe ich gemacht, nachdem ein Insektenstich am Fußknöchel ziemlich entzündet ausgesehen hat. Wenn es um meine körperliche Verfassung und Berlin geht, kann ich gar nicht vorsichtig genug sein. Die Schwellung hat abgenommen, und es geht mir gut. Ich bin bereit, der Verlegung von Linas Stolperstein beizuwohnen und den großen Tag von Dieter und Hans zu feiern.

Mir ist noch nie ein Koffer verloren gegangen, aber ich könnte darauf wetten, dass mir das ausgerechnet mit dem Gepäckstück passiert, in dem sich die Löffel befinden.

»Sie dürfen keine Messer oder Gabeln ins Flugzeug mitnehmen«, erklärt die junge Frau beim Einchecken.

»Was ist mit Löffeln? Sie sind ziemlich groß.«

»Löffel sind in Ordnung.«

»Sind Sie sich da sicher?«

»Absolut.«

Mein Koffer verschwindet auf dem Transportband. Die Löffel und ich gehen zur Passkontrolle.

An den Sicherheitskontrollen ist viel los, und es geht nur langsam voran. Schuhe ausziehen. Gürtel abnehmen. Ich werde abgetastet. Meine Güte, ist es heiß! Barfuß tappe ich durch die elektronische Sicherheitsschleuse. Kein Piepsen. Ich gehe weiter, um meine Tasche zu holen. Doch sie ist nicht da.

»Löffel!« Als hätte er Sprengstoff gefunden.

»Mir wurde gesagt, Löffel seien in Ordnung.«

»Wer hat Ihnen das gesagt?«

»Die Dame am Check-in.«

»Von British Airways? Was wissen die denn? LÖFFEL IM HANDGEPÄCK SIND NICHT ERLAUBT.«

»Und was mache ich jetzt?«

»Sie müssen sie hierlassen.«

»Kann ich sie bei meiner Rückkehr wieder abholen?«

»Nein. Sie werden zerstört.«

Das kann einfach nicht sein. Nach allem, was diese Löffel überstanden haben, nachdem sie die Nazis überlebt haben, sollen sie jetzt von der sogenannten freien Welt zerstört werden? Ich rühre mich nicht vom Fleck. Mir laufen Tränen, Schweiß und Rotz über das Gesicht, während ich heulend irgendetwas von Hochzeitsgeschenken und Erinnerungsstücken fasele, um dann trotzig zu fragen, wie man denn verdammt noch mal jemanden zu Tode löffeln solle.

Die Aufsicht taucht auf und bietet mir eine Lösung an. Dafür muss ich durch die Sicherheitsschleuse und die Passkontrolle zurückkehren und noch einmal einchecken. Ich bin die einzige Person in einem rückwärts laufenden Film.

Die Menge der Wartenden ist angewachsen. Mehrere Schlangen winden sich bereits ineinander. Ich schnappe mir einen Zuständigen. »Lassen Sie sich nicht hetzen!«, sagt der unaufhörlich, während er mich zu einem Tisch führt.

Ich wickele die Löffel in ein Halstuch ein, damit sie in der Plastiktüte nicht mehr klappern. Dann beobachte ich, wie das winzige Paket zwischen zwei riesigen Kisten verschwindet. Sie hätten die Löffel genauso gut an Ort und Stelle vor mir in die Luft jagen können. Wie sollen sie auf diese Weise jemals ankommen? Wie kann es sein, dass sie durch keine Ritze vom Gepäckband rutschen? Ich brauche Hilfe, eine Person, die mir zuhört und mich beruhigt.

Ich rufe eine Freundin an, ein Medium. Sie scheint Ereignisse mitzubekommen, die noch gar nicht geschehen sind. »Auch wenn ich mich manchmal irre.«

Ich brauche Sicherheit. »Werde ich meine Löffel jemals wiedersehen?«

»Ja.« Beruhigend, zuversichtlich.

»Nein, ich meine es ernst.«

»Ja!«

»Das sagst du nur so.«

Sie lacht. »Die Löffel werden in Ordnung sein. Beruhige dich!«

Stocksteif sitze ich in der Abflughalle. Eigentlich bin ich meistens ruhig und vernünftig, wenn ich aber doch einmal erschüttert werde, gerate ich in Schwierigkeiten, denn dann fühlt es sich gleich so an, als sei auf nichts mehr Verlass. Welchen Zweck hat es auch, ruhig und vernünftig zu sein? Mein einer Fußknöchel zum Beispiel und der andere gleich auch. Wenn es um Berlin geht, macht mein Körper sein eigenes Ding. Das Insekt (oder zwei Insekten zeitgleich) hat mich an beiden Knöcheln gestochen und dabei feine Einstichpunkte an den Achillessehnen hinterlassen. Die Antibiotika mögen ja die Schwellung des linken Fußes behoben haben, doch als ich an diesem extrem heißen Julinachmittag das Flugzeug besteige, beginnt mein rechter Fuß zu schmerzen.

Am nächsten Tag finde ich mich mit einem Fuß von der Größe einer Melone in der Notaufnahme in Dahlem ein. Als die Farbe von Rosa über Rot zu Dunkelbraun wechselt, stelle ich mir vor, der Fuß gehöre zu einer anderen Frau. Weitere Antibiotika werden in mich hineingepumpt, außerdem Antihistamin. Zudem soll ich sofort für eine intravenöse Antibiose zurückkehren, falls mein Fieber steigt.

Vom Krankenhaus aus rufe ich Wolfgang an, der das Ge-

hämmer überschreien muss. Gunter Demnig verlegt Stolpersteine. »Einer fehlt allerdings. Er wurde nicht mittransportiert.«

»Der von Lina?«

»Möglich.« Das kurze Zögern hat ihn verraten.

Wie toll. In wenigen Tagen werden sich meine deutschen
Freunde und Bekannten mir anschließen (wobei ich jedoch
im Krankenhaus sein werde). Und das für eine Stolperstein-
Zeremonie. Bei der der Stolperstein vielleicht gar nicht vorhanden sein wird.

»Dahlem hast du gesagt? Das
war das SS-Krankenhaus …«

Halt die Klappe, Wolfgang!

»… bis die Amerikaner es
übernommen haben.«

Zurück in meinem drückend
heißen Hotelzimmer, versuche
ich, bewegungslos auszupacken,
Mücken zu zerquetschen und
meinen mutierenden Fuß zu un-
tersuchen. Zwei bohnenförmige

Blasen über den Stichen füllen sich mit gelber Flüssigkeit. Ich bin
die Heldin in meinem eigenen Monsterfilm.

Ich ziehe Hochzeitsgeschenkpapier aus der Seitentasche meines Koffers. Die Löffel kann ich auch gleich einpacken.

Oh ja. Der Anblick dieses Päckchens, das da auf dem Transportband in meine Richtung gewackelt ist, war hundert Insek-
tenstiche wert.

WENN DIE WÜRFEL ANDERS FALLEN

Am Morgen vor Linas Stolperstein-Widmung ist es so heiß, dass sich die Luft überhaupt nicht mehr bewegt. Ich liege auf dem Fußboden, um mich abzukühlen. Auch wenn das nicht wirklich etwas bringt. Während mir der Schweiß in Bächen hinunterläuft, rechne ich mir aus, wann ich mich spätestens umziehen muss. Eigentlich sollte es mir Freude machen, mich für Lina herauszuputzen. Dieser Tag ist für sie gedacht, und ich will gut aussehen. Ein bisschen Hoffnung. Meinen verbundenen Fuß werde ich irgendwann in eine Sandale quetschen. Strumpfhose kann ich vergessen.

Bei Strumpfhose muss ich an Tante Hede denken, daran, dass ich mit Lina hätte aufwachsen können, wären die Würfel anders gefallen. Dann würde ich heute vielleicht einen Stolperstein für Hede verlegen. Die Nichte von Max und die Nichte von Mally, beide wurden Ende des neunzehnten Jahrhunderts geboren, beide waren alleinstehend und unterhalb der Altersgrenze für eine Arbeitserlaubnis als Hausangestellte. Somit hätten beide ein Visum für das Vereinigte Königreich bekommen können. Und doch war es Hede, die entkam und die eine solch wichtige Rolle in meiner Kindheit spielte. Wieso schaffte sie es, Lina aber nicht?

Strumpfhosen hatten sich noch gar nicht durchgesetzt, als Tante Hede mir meinen ersten Ferienjob bei *Madame Lieberg* verschaffte, einem langen, engen Korsagengeschäft in Golders Green. Dort stand sie der Strumpfabteilung vor. Wolford, Berlei und Aristoc waren ihre Lieblingsmarken.

»Welche soll ich Mum zum Geburtstag schenken?«

Natürlich Aristoc, die Aristokraten unter den Strümpfen.

Von meiner Stellung hinter dem Verkaufstresen aus beobachtete ich, wie Brüste hereinwackelten und wieder hinaussegelten. Die Strumpfhaltergürtel und knappen Büstenhalter, die meine Mutter trug, hätten den meisten Kundinnen von *Madame Lieberg* nicht gepasst. Sie schraubten sich selbst in einteilige Vorrichtungen, die alles zusammendrückten und hochpressten. Diese grimmige Verdrahtung und Einbindung in Gummi wurde orchestriert von Ollie mit den Stecknadeln zwischen den geschürzten Lippen und dem Maßband um den Hals. Sie eilte von einer Umkleidekabine zur nächsten. Dort schob sie und klopfte, steckte ab und zwickte, bevor sie hinten im Laden an der surrenden Nähmaschine verschwand.

Ich saß auf einem hohen Holzschemel hinter der gläsernen Verkaufstheke, ohne mich zu rühren dafür hatte ich nicht genug Platz –, außer um Preisschilder zu schreiben. Unter meinem Bleistift befanden sich flache Schubladen mit 15, 20 oder 30 Denier Fadenstärke. Auf deckenhohen Regalen hinter mir lagerten weitere Strumpfwaren. Tante Hede konnte mit geschlossenen Augen auf jede Sorte, Länge und Farbschattierung deuten. Sie erledigte die Buchhaltung für das ganze Geschäft, aber über die Strumpfwaren gebot sie als alleinige Herrscherin.

Meine Eltern und ich waren ihre nächsten Verwandten in England. Als wir eines Jahres aus dem Urlaub zurückkamen, erwarteten uns im gesamten Treppenhaus gerahmte Paradiesvögel, die uns von den Wänden anblinzelten. Das war ein Überraschungsgeschenk von Tante Hede, die nicht begriff, dass auch für einen eingebürgerten Engländer der Spruch *My home is my castle* galt. Und mein Vater sah genauso wenig ein, wieso sie, die selbst in einem gemieteten Zimmer hauste, so viel Raum in seinem Haus einnahm.

Mein Vater tobte, die Vögel verschwanden, und über das Ganze wurde nicht mehr gesprochen. Wenn es deshalb eine Verstimmung gegeben hatte, dann kaum für lange. Schon bald spielten mein Vater und Tante Hede wieder vierhändig Klavierstücke aus einem wunderbaren Notenband, den sie ihm geschenkt hatte.

Ich erinnere mich oft an sie in ihren Lieblingsfarben Grün und Lila, die sie bei ihrer Kleidung auch gern kombinierte. Sie war für uns eine verrückte Tante, ähnlich wie Mrs. Malaprop. Beim lokalen Italiener bestellte sie sich immer ein surreales Menü: *sôle manure* (*sôle meunière*, Seezunge nach Müllerin-Art) und danach die warme Weincreme *zambezi* (Zabaglione). Sobald die deutsche Wiedergutmachung anlief, gab es für sie kein Halten mehr, und der Wortschatz unserer Familie wurde durch ihre Reisen erweitert.

Blumenthals Gehobenes New Yorker Kaufhaus (Bloomingdale's)
Kenneth Israelisches Parlament (Knesset)
Albatross Gefängnisinsel vor San Francisco (Alcatraz)

Ich versuche mir vorzustellen, ich wäre statt mit ihr mit Lina aufgewachsen, bezweifle aber, dass das jemals auch nur im Bereich des Möglichen gelegen hätte. Hede hatte immer arbeiten müssen, Lina nicht. Hede war eine Kämpferin, Lina nicht. Nach der Reichskristallnacht war Lina, wie Charlotte berichtete, *hilflos und traumatisiert* gewesen. Ganz anders Hede. Sie hatte nach einem Weg gesucht, aus Deutschland zu entkommen.

Ihr erster Fluchtversuch nach Holland scheiterte. Bis ich Ernsts Briefe an meine Mutter las, war mir nicht bekannt, wie es ihr schließlich gelang, Großbritannien zu erreichen. Eine Freundin meiner Mutter hatte Arbeit für Hede gefunden. *Sie hat ihre Genehmigung schon und wird hoffentlich bald ankommen,* schrieb meine

Mutter am 4. Februar 1939 an Ernst. In diesen entscheidenden Monaten vor dem Krieg, als Max' und Mallys Emigration misslang und Lina scheinbar überhaupt nicht zu entkommen versuchte, in diesen Monaten organisierten meine Mutter und ihre Freundin Hedes Flucht nach England und retteten so ihr Leben. In den folgenden Jahrzehnten wurde das von niemandem je erwähnt.

Auch als Rentnerin mit krankem Herzen und einem Krebsleiden verlor Tante Hede ihren Kampfgeist nie, bis zu ihrem

Hede

Tod. Ein paar Stunden vorher hatte ich sie im Krankenhaus besucht, und erst da, als sie schon sehr vom Ende gezeichnet war, hob und senkte sie die Arme in einer ersten und zugleich letzten resignierten Geste.

Über sie weiß ich so viel und über Lina so wenig, und das fühlt sich unausgewogen an. Wären wir eine normale Familie gewesen – ohne Ermordete –, so denke ich, während ich triefend vor Schweiß am Boden liege, wäre Tante Hede einfach eine von vielen Großtanten, Onkeln, Cousins und Cousinen gewesen, die wir nur hin und wieder getroffen hätten. Ihre Existenz wäre keine große Sache gewesen.

Wolfgang lenkt den Wagen, neben ihm sitzt Barbara mit einer Blume in der Hand, ausnahmsweise spricht niemand. Wir fahren die Sächsische Straße entlang, und als wir an der Nummer 27 vorbeikommen, sehe ich, dass die Eingangstür einen neuen türkisfarbenen Anstrich bekommen

Lina

hat. Die Schmiererei, der Pfeil mit dem Wort JUD, ist unverändert geblieben.

Lina und ihr Vater Louis lebten in der Nummer 48, etwas weiter auf der anderen Straßenseite. Dort wartet eine kleine Menschengruppe. Zu zwei älteren matten Stolpersteinen ist ein glänzendes Stück hinzugekommen. Auf der großen gepflasterten Fläche sehen alle drei Steine leicht verloren aus, nachdem das ursprüngliche Gebäude zerstört wurde. Ich schaue genauer hin und bemerke, dass der Zement rings um den neuen Stolperstein noch feucht ist. Kein Wunder, dass Wolfgang bei der Autofahrt so still war. Er musste noch zu Atem kommen.

Frau Lenck von der *Koordinierungsstelle Stolpersteine* ist gekommen, und ich erinnere sie an ihre erste Mail, in der sie mir versichert hatte, dass meine Angehörigen *in der Stadt, in der sie so ein schweres Schicksal ertragen mussten, nicht vergessen sind.*

»Das ist der Grund, warum ich heute hier sein wollte«, sagt sie.

Bei dem Ausmaß an Kriegsschäden finde ich es bemerkenswert, dass drei von vier Wohnungen der Familie mehr oder weniger vollständig überdauert haben. Abgesehen vom Geburtsort meiner Mutter, an dem jetzt ein Baum steht, sind die anderen Türschwellen original geblieben. Damit sind sie für eine Begehung durch meine Füße theoretisch erreichbar. Kurfürstendamm 96, das habe ich in der Zwischenzeit herausgefunden, bleibt aus Gründen des Personenschutzes tabu. Hier wohnt der derzeitige Bürgermeister von Berlin.

Wolfgang trägt die harten Fakten von Linas Deportation vor. Am 13. Januar 1942 war sie eine von 1 034 Jüdinnen und Juden, die in den Zug Nummer 8 nach Riga getrieben wurden. Die Fahrt dauerte drei Tage, und viele erfroren unterwegs.

Einige der Anwesenden tupfen sich die Augen trocken. Mir dagegen ist nicht nach Weinen zumute. Linas Leben wird endlich anerkannt und wahrgenommen. Es gibt Menschen, die sich aufgemacht haben, um das zu zeigen. Julia ist mit einer Freundin hier. Hans hat sich freigenommen. Eine Person, die ich auf der Konferenz getroffen habe, ist eigens aus Hamburg angereist. Dieser Moment gehört Lina, und das macht mich glücklich.

Ich verteile Kopien des einzigen Fotos, auf dem sie zu sehen ist, ein Gruppenbild von der Bar-Mizwa von Cousin Ernst. Dieses Foto zeigt das Schicksal deutscher Juden unter den Nazis in der ganzen Breite: diejenigen, die vor der Deportation starben, neben denjenigen, die flüchteten, Selbstmord begingen oder ermordet wurden. Umgeben von ihren kleinen Cousinen, sitzt die sechzehnjährige Lina im Vordergrund auf einem Teppich. Der Bar-Mizwa-Junge – der Einzige, der sich in Deutschland verstecken und überleben konnte – steht im Hintergrund. Zu seiner Linken und seiner Rechten sitzen die Eltern.

Nach dem Krieg verschaffte mir der inzwischen über vierzigjährige Cousin Ernst Einblicke in Linas letzte Monate und Wochen. Unter Eid gab er folgende Erklärung für das Reparationsamt ab: *Meine Frau und ich flohen Ende Januar 1940 aus Stettin und blieben anfangs bei meiner Cousine Lina in Berlin. Wie alle Juden verrichtete sie Zwangsarbeit, sie schälte Kartoffeln in einer Großküche von Aschinger. Die Gestapo lud sie einige Male in der Burgstraße vor. Dort setzten sie sie unter Druck und nahmen ihr Wertgegenstände und Geld ab. Bevor sie deportiert wurde, beschlagnahmte ein Offizier der Gestapo ihren Flügel, um ihn für sich persönlich zu verwenden. Meine Frau und ich waren Zeugen ...*

Eine junge Frau betrachtet das Foto. »Wer davon ist Linas Vater?«, fragt sie.

»Das ist Louis, der Dritte von rechts in der letzten Reihe.«

»Und ihre Mutter?«

»Die Kleine, die neben ihm steht.«

Die Frau erzählt mir, dass sie an einer polnischen Schule in der Nähe unterrichtet. Ihre Klasse arbeitet gerade an einem

Projekt über den Holocaust. Ob sie Linas Stolperstein wohl *adoptieren* könnten? Und wer sind die anderen Personen auf dem Foto?

Ich biete ihr an, dass ich ihr eine Aufstellung der Fotografierten per Mail schicke. Vielleicht kennt sie ja sogar den heute in Polen liegenden Ort, an dem das Bild aufgenommen wurde – Trzcianka. Vor dem Krieg war das noch ein Teil Deutschlands und hieß Schönlanke.

»Könnten wir von Ihnen auch ein Foto bekommen?«

»Von mir? Warum?«

»Von heute. Von Linas Stolpersteintag. Dann hätten wir beide, Sie und Lina.«

So lange hatte die Schattenfamilie nichts mit mir zu tun, dass ich immer noch Schwierigkeiten mit der Verbindung habe, die für alle anderen offensichtlich ist.

Ein Windstoß hat die Türen meines Schranks weit aufgestoßen und den Inhalt in die Welt hinausgeweht.

TREFFEN MIT MIR SELBST

———

Die Entschädigungsbehörde, so wurde mir gesagt, sei eine Fundgrube für Informationen und immer einen Besuch wert, da man einfach nie wissen könne, was man dort findet.

Ich gehe die ganze Sächsische Straße entlang, bis ich den Fehrbelliner Platz erreiche, eine große Kreuzung mehrerer Straßen, *die von für das tausendjährige Reich entworfenen Amtsgebäuden umringt ist.* Es sind riesige graue Klötze mit mehreren Reihen quadratischer Fenster. Die Nummer 1 am Fehrbelliner Platz wurde 1943 von der SS beschlagnahmt und nach dem Krieg von den Briten in Anspruch genommen, bevor das Gebäude schließlich der Westberliner Verwaltung übergeben wurde. Seit den 1950er Jahren befindet sich hier die Entschädigungsbehörde.

»Wir sind kein Archiv«, warnte mich Frau Schmidt am Telefon. »Dafür haben wir nicht die Möglichkeiten. Wir sind ein Büro, in dem gearbeitet wird, daneben können wir immer nur einem Forschenden, allerhöchstens zwei Personen gleichzeitig helfen. Sie müssen einen Termin vereinbaren. Frau Beck kümmert sich um die alten Akten und wird sie für Sie heraussuchen.«

Den Eingang umrahmen steinerne Reliefs von schwer arbeitenden heroischen Figuren. Es ist schon anstrengend, sie nur zu betrachten. Ich stoße die Tür auf und betrete die Welt Kafkas. Zwischen cremefarbenen Wänden mit gelben Türen erstrecken sich mit braunem Linoleum ausgelegte Flure in alle Richtungen. Die Nummerierung der Büroräume folgt keiner speziellen Ordnung. »Diesen Flur entlang und dann immer nach links«, weist mich eine vorbeieilende Arbeitsbiene an. Vor einigen Büros stehen grüne Stühle, auf die sich die noch quicklebendigen Antragsteller setzen können, während sie warten.

Vor dem für mich zuständigen Büro gibt es keine Stühle. Ich klopfe und trete ein. Der Raum ist hell und gut belüftet. Frau Beck sitzt hinter einem Berg von Aktenordnern. Sie deutet auf einen Tisch in der Ecke, auf dem ein Unterlagenstapel für mich liegt. Wenn ich Kopien möchte, so würde das einige Wochen dauern, und eine weit entfernte Abteilung müsste eigens dafür eine Rechnung stellen. Außerdem ist das Kopiergerät gerade defekt ... Frau Beck ist eindeutig jeglicher Mehrarbeit abgeneigt, die durch Leute anfällt, die an alten Fällen recherchieren.

In der Tasche wartet meine Kamera, was in normalen Archiven verboten ist. Frau Beck ist begeistert. Sie erlaubt mir sogar, die Klemmheftung der Dokumente zu lösen, solange ich sie später wieder einfüge. Würde es mich stören, wenn sie raucht? Sie lässt auch das Fenster geöffnet. Wir haben einen Deal.

Ich öffne Max' Akte und erkenne die Handschrift meines Vaters. Er hat den Teil des Formulars zur Geltendmachung von Ansprüchen ausgefüllt, in dem die verschiedenen Kategorien aufgezählt sind: (A) Leben, (B) Gesundheit, (C) Freiheit, (D) Eigentum, (E) Beruf, (F) ... Das letzte Mal waren mir diese Dokumente wahrscheinlich in den 1950er Jahren begegnet, als meine Eltern auf ihren Reisen zwischen New York, London, Tel Aviv und Berlin Unterschriften und Zeugenaussagen gesammelt hatten. Alle geflüsterten Worten von damals liegen jetzt vor mir.

Mit meinem Kinderbuch war ich am Boden gesessen und hätte so gern jemanden zum Vorlesen gehabt, doch die angespannte Atmosphäre, die sich wie eine Blase um meine Eltern gelegt hatte, hinderte mich am Fragen. Stattdessen fuhr ich das rot-schwarze Muster des gehäkelten Teppichs mit den Fingern nach und lauschte dem Rhythmus ihrer Stimmen. Da-

bei kamen mir die wiederholten deutschen Verlustkategorien
ebenso vertraut und seltsam beruhigend vor wie mein Ein-
schlafritual.

Good night
Schaden am Leben
Sleep tight
Schaden an Freiheit
Watch out that the bugs don't bite
Schaden an Körper und Gesundheit

Zu jener Zeit war die Ungeheuerlichkeit noch fremd, das verwendete Vokabular ungewohnt, und die Bedeutungen ließen sich
nur schwer greifen.

Im Gegensatz dazu war die Aufgabe der Entschädigungsbehörde eindeutig. Sie bearbeitete Verluste, die einen klaren finanziellen Wert hatten: Häuser, Möbel, Schmuck, Gold und Silber,
Kunstgegenstände, Bankkonten, Einlagen und Beteiligungen.
Bei der Behörde musste aber auch jemand den Wert eines ver-
kürzten Lebens berechnen, einer abgebrochenen Ausbildung,
verpatzten Berufsaussichten. Die ganze Nazizeit mit der Verfolgung, Vertreibung und Ermordung wurde heruntergebrochen
auf solche Kategorien, damit der Entschädigungsprozess zu
bewältigen war.

Ich öffne Mallys Akte. Meine Mutter hatte das Formular ausgefüllt, als sie sehr wenig wusste (oder zu wissen vorgab). Sie
nennt weder das Datum, an dem ihre Eltern die eigene Wohnung verlassen mussten, noch gibt sie den Tag ihrer Deportation an.

Soweit ich die Erklärung des Anwalts verstehe, wurde für
Mally erst ab dem 19. September 1941, also dem Tag, ab dem *sie
gezwungen wurde, den gelben Stern zu tragen*, ein Anspruch auf Wiedergutmachung angemeldet. Ist das alles?, frage ich mich. Was ist
damit, was ihr zuvor genommen wurde? Was ist mit dem Verlust

ihrer bürgerlichen Rechte, ihrer Staatsangehörigkeit, ihrer Heimat, des Rechts, ohne Angst auf der Straße zu sein, des Rechts, überhaupt draußen zu sein? Kurz: Was ist mit dem Verlust des Rechts, als Mensch zu leben?

Ich bin verwirrt von den Kategorien und juristischen Floskeln, die im Englischen schon kompliziert genug wären und es im Deutschen umso mehr sind. Kategorie A: Verlust des Lebens. Nun, das ist klar genug, und wir kennen das genaue Datum, an dem Mally starb: am 13. November 1942. Doch was ist mit der unbarmherzigen Zunahme antisemitischer Verordnungen, nach denen sie sich – wie alle anderen Jüdinnen und Juden – seit 1933 richten musste? Sind sie nicht relevant für Kategorie B (Gesundheitliche Schäden) und Kategorie C (Verlust der Freiheit)?

Während ich mich die ganze Zeit mit diesen verdammten Kategorien abmühe, stelle ich fest, dass ich eigentlich gar nicht wissen will, welcher Verlust wohin gehört. Bei dem schrecklichen Spiel will ich nicht mitmachen. Ich will die unendliche Grausamkeit nicht in praktische kleine Einheiten unterteilen. Das beleidigt mich.

Wieder einmal durchströmt mich die Wut von den Beinen (von denen eins noch immer verfärbt ist) an aufwärts. Es ist klar, wo Max' und Mallys Entschädigungsanspruch aufhört, aber wo hat er begonnen? Sicher lange vor dem 19. September 1941 mit der Einführung des gelben Sterns.

Mir wird außerdem noch ein seltsames Paradoxon bewusst: Max würde sich hier wie zu Hause fühlen, Mally weniger. Rubriken und Spalten waren seine Sache, das Lineal sein Haltegriff. Denken Sie nur an das Inhaltsverzeichnis in dem leinenbezogenen alten Ordner, in dem er jeder antisemitischen Verordnung einen eigenen Absatz widmete.

Es reicht. Ich muss diesen Akten und diesem Gebäude entkommen.

Auf dem Rückweg komme ich an Linas Stolperstein vorbei. Die Sonne fällt in schrägem Winkel auf die Messingoberfläche, sodass die Beschriftung klar hervortritt. Ich kauere mich hin und mache ein Foto.

Eine Gestalt mit knotigen Füßen bleibt neben mir stehen. »Der ist neu.« Die Füße und die Stimme gehören zu einer etwa achtzigjährigen Frau.

»Ja, er wurde erst gestern verlegt.«

»Ich hatte ihn noch gar nicht bemerkt. Er ist sehr klein.«

»Das ist der Gedanke dahinter. Es geht darum, an gewöhnliche Menschen zu erinnern. Sie war meine Cousine.«

Eine Weile bleiben wir nebeneinander stehen. Ich nehme an, die Frau an meiner Seite dürfte ein Kind gewesen sein, als Linas Zeit kam. Ein kleines Kind, das sich aus dem Bett gezogen hat, um durch die Spitzenvorhänge nach draußen zu linsen, sobald es frühmorgens Stiefel auf dem Kopfsteinpflaster und das Anlassen eines Motors gehört hatte. Bei einem plötzlichen Zusammentreiben tagsüber war die Kleine von ihrer Mutter wahrscheinlich schnell in eine Seitenstraße gezogen worden. »Komm weg! Sieh nicht hin!« Natürlich hat sie hingesehen. Sie hat die Angst gesehen und nie wieder vergessen.

»Ich finde, das ist sehr gut«, sagt die Frau.

Am folgenden Tag hat Frau Beck eine Assistentin aufgetrieben, die viel Zeit damit verbringt, mit ihren Topfpflanzen zu sprechen. Die Methode scheint zu funktionieren, denn sie wirken sehr gesund.

Während die beiden Frauen im Hintergrund gelangweiltes Geplänkel austauschen (»Ich öffne diese Akte heute nicht, Gnädigste.« – »Das soll mir recht sein, Madam.«), schlage ich Charlottes Akte auf.

Ihr Anspruch wegen des Verlusts ihrer beruflichen Existenz war schwer zu beweisen. Von dem Schmuckgeschäft, das sie von zu Hause aus betrieb, existierten keine offiziellen Belege mehr. Also suchte sie alles zusammen, was aufzutreiben war, darunter einen alten Briefkopf.

====== **ATELIER** ======

FÜR MODISCHEN SCHMUCK

LOTTE RYCHWALSKI

BERLIN-HALENSEE, KURFÜRSTENDAMM 96

H 2 UHLAND 1084 · POSTSCHECK: BERLIN 112478

Auf der Rückseite dieses verknitterten Stückchens Notizpapier begegnet mir meine zukünftige Mutter als Schulmädchen.

Liebes Fräulein,

...

Meine letzten Worte und mein letzter Wille:

Es gibt zu essen

eine Artischocke (Sauce daneben)

Kompott

Tomaten, Butter, Eier u. Zitronen sind da (im Schrank)

Brot is nicht.

1000 Grüsse

Und die sehr schwach mit Bleistift geschriebene Antwort von Charlotte.

Puppe, war das prima, die Sauce und das Kompott! Na! Nu, sagen Sie mal selbst!

Eine undatierte Notiz, aufbewahrt als Erinnerung an das unbeschwerte Wesen ihrer Schwester.

Schließlich wende ich mich der Akte meiner Mutter zu. Bei der Einstufung des Leids hat sie sich selbst verleugnet. Auf die Frage »Wurden Sie selbst verfolgt?« hatte sie mit »Nein« geantwortet.

Das resignierte Seufzen des Anwalts beim Diktieren des Begleitschreibens kann ich mir lebhaft vorstellen. *Ich bemerke ferner zu dem Mantelbogen, dass er von der Antragstellerin versehentlich falsch ausgefüllt worden ist. Die Antragstellerin ist infolge ihrer jüdischen Abstammung selbst Verfolgte.*

Der Antrag meiner Mutter auf Wiedergutmachung wegen ihrer verpassten Ausbildungsmöglichkeiten zog sich über Jahre hin. Als sie das Geld endlich erhielt, war ich in meiner eigenen Ausbildung schon weiter gelangt, als sie es je schaffen konnte. Zur Feier des Bescheids kaufte sie sich und mir je ein Paar wunderschöne Schuhe.

Ich blättere alle Beweise durch, die sie einreichen musste: ihren eigenen Lebenslauf; eine eidesstattliche Erklärung von Tante Hede; ein Zeugnis ihrer alten Schule. Schließlich verlangte man noch ein Dokument mit sowohl ihrem Mädchen- als auch ihrem Ehenamen als Identitätsnachweis.

In einem abgenutzten gelbbraunen Umschlag, der an den Einband geheftet ist, befindet sich ein gefaltetes Papierblatt. Ich klappe es auf. *CERTIFIED COPY OF AN ENTRY OF BIRTH*, lese ich, *Pursuant to the Births and Deaths Registration Acts …*

Meine Güte, das bin ich! Ich bin gerade erst geboren. Die stellvertretende Urkundenbeamtin von Hendon im County Middlesex, Mona F. Taylor, bestätigt damit, dass ich existiere und wer meine Eltern sind. Der Beweis für das Entschädigungsamt ist das rote Echtheitssiegel mit dem Profil von George VI. in der rechten oberen Ecke. Mein ehemaliger König und ich haben ein halbes Jahrhundert in einem Gebäude zugebracht, das erst von der SS und dann von den Briten beschlagnahmt war, bevor es an die Stadt Berlin zurückgegeben wurde.

»Frau Beck! Ich habe meine Geburtsurkunde gefunden.«

Die Assistentin hört auf, mit ihren Pflanzen zu sprechen, und starrt mich an. Am Fenster drückt Frau Beck ihre Zigarette aus und beugt sich wieder herein. Im Büro wird es ganz still, als die toten Akten zum Leben erwachen.

Frau Beck sagt etwas, das ich kaum begreife. »Ich kann Frau Schmidt fragen. Dann können Sie sie mitnehmen.«

»Was?«

»Das Original. Wir machen eine Kopie für unsere Akten.«

Während ich versuche, die Bedeutung ihrer Worte zu verstehen, höre ich eine andere, sehr vertraute Stimme ganz in der Nähe. »Das ist nett von Ihnen, aber wirklich nicht nötig. Immerhin habe ich schon eine Kopie meiner Geburtsurkunde, ich weiß, wann ich geboren bin, ha, ha …«

Was ist mit mir los? Mein Verstand hat ausgesetzt.

Noch einmal lese ich die Bleistiftnotiz meiner Mutter. *Brot is nich. 1000 Grüsse.* All das Herumwühlen in Max' und Mallys Leben und das Abschreiten ihrer Wege, das habe ich natürlich in erster Linie für mich selbst getan. Doch auch wegen des unbeschwerten Mädchens, das mir in meiner Welt ebenfalls begegnet ist, bevor alles enger wurde. Plötzlich konnte sie einen Purzelbaum schlagen oder machte sich falsche Zähne aus einer Orangenschale und drohte meinem Vater und mir einen Kuss damit an.

Ich stoße mein altes Ich beiseite. »Vergessen Sie, was ich gerade gesagt habe! Ja, bitte, ich möchte die Geburtsurkunde mitnehmen.«

Schon seit Max und Mally erstmals auf meinem Computerbildschirm aufgetaucht sind, habe ich rein instinktiv gehandelt, angetrieben von dem Wunsch, etwas herauszufinden.

Hier in Berlin, wo ich mich nicht ganz wie zu Hause, aber doch wohlfühle, wird das nicht nur von niemandem infrage gestellt. Alle bemühen sich sogar, mir meine Bitten zu erfüllen.

Frau Schmidt, eine behutsame Verwaltungsangestellte, schwirrt um die Akte herum wie ein Schmetterling und löst die Bindung. »Ich mache auch eine Kopie von der Notiz Ihrer Mutter, wenn Sie möchten«, flüstert sie. »Dann können Sie das Original hiervon auch mitnehmen.«

Ja, das möchte ich sehr gern, Frau Schmidt.

Sie hat einen Artikel aus der Lokalzeitung über Linas Stolperstein-Verlegung mitgebracht, in dem die Sponsorin – also ich – beschrieben wird als Linas *Großnichte, eine in London lebende Jüdin*. Ich bin nicht ihre Großnichte. Doch das stört mich gar nicht so sehr an der Formulierung, sondern dass ich als Jüdin bezeichnet werde, nicht als Britin. Das lässt es wie ein Zufall wirken, dass ich in London lebe. So als könnte ich jederzeit die Koffer packen und woanders hinziehen, denn das machen die Juden doch immer, oder?

Frau Schmidt grübelt. Sie arbeitet schon lange in diesem Amt und erinnert sich an die Zeit, als die Kläger noch lebten. Damals war sie sehr jung und hatte Albträume, in denen ihre eigenen Eltern deportiert wurden. »Das belastet einen«, murmelt sie, bevor sie weggeht, um die Kopien zu machen.

Ich denke darüber nach, welche anderen offiziellen Dokumente meine Mutter hätte auswählen können, um zu beweisen, wer sie war und woher sie kam. Die Heiratsurkunde, die britische Einbürgerungsurkunde, sogar ihren alten deutschen Pass – auch wenn der da vermutlich längst eingestampft worden war. Stattdessen entschied sie sich für ihre Baby-Nachricht, für mich, durch meine Geburtsurkunde.

Ja, mein Lieber, Du bist Onkel geworden, schrieb sie kurz nach meiner Geburt an Ernst. *Wir nennen sie Jacqueline (mein Schwiegervater hiess nämlich Jacob, ausserdem mögen wir den Namen).*

In der Ecke im Körbchen liegt Jacquelinchen und rülpst gerade. … Sie ist sehr appetitlich für ein Neugeborenes, gar nicht schrumpelig sondern glatt und rosig mit vielen schwarzen Haaren.

Bei der Auswahl meines Namens wurde weder an Max noch an Mally gedacht. Vielleicht hätten meine zwei jüngeren Geschwister Namen mit *M* bekommen, wenn meine Mutter keine Fehlgeburten gehabt hätte.

Frau Beck und ihre Assistentin verständigen sich mit gedämpften Stimmen und werfen mir gelegentlich einen Blick zu, als würden sie fast erwarten, dass sich draußen auf dem Flur eine Schlange bildet. Denn wenn plötzlich der Inhalt eines fünfzig Jahre alten Umschlags in Fleisch und Blut vor einem steht, was hindert die anderen Akten daran, das Gleiche zu tun?

Nach vielen Einverständniserklärungen, Bestätigungen und Unterschriften auf Duplikaten – wir befinden uns immerhin im Zentrum deutscher Bürokratie – gehören die beiden Dokumente mir.

DIE LETZTE TÜRSCHWELLE

Eineinhalb Jahre nach meinem ersten Besuch in Berlin nähert sich mein vierter Aufenthalt dem Ende. Ich habe die Stadt zu jeder Jahreszeit gesehen. Mein erstes Treffen mit Wolfgang fand bei eisiger Kälte mitten im Winter statt, dann kehrte ich im Frühling zurück, um auf der Stolperstein-Konferenz zu reden. Der Herbstwind wehte die Blätter von den Bäumen, als ich mich in die stürmischen Gewässer des Dazwischen vorwagte, und jetzt ist Hochsommer.

In den letzten paar Tagen habe ich Zeit zum Abschalten gefunden. Das Wetter ist perfekt, und ich unternehme eine Bootsfahrt. Treffe mich mit Julia zum Frühstücken am Reichstag und mit Wolfgang und Barbara zu einem Konzert und einem Picknick. Ich putze mich für den großen Tag von Hans und Dieter heraus und bringe die Löffel in ihr altes/neues Zuhause.

Als ich an einem Internetcafé vorbeikomme, gehe ich hinein und schaue mir meine Mails an. Mich durchfährt ein Schreck.

Wie Abschaum steigen die Beweise unweigerlich an die Oberfläche. Eine Frau, die ich kaum kenne, mit der ich nur auf der Konferenz gesprochen habe, schickt mir einen Link zum Nationalarchiv in Prag. Die Totenscheine der Gefangenen, die in Theresienstadt verstorben sind, stehen jetzt online, und sie sind sehr detailliert, enthalten Informationen, die auf Charlottes Kopien vom Roten Kreuz fehlen.

Ich habe Max und Mally zum Abschied zugewunken, als sie ihre Plätze im Zug eingenommen haben. Doch plötzlich wird mir das letzte Teil ihres Puzzles überreicht. Das Teil davor fehlt allerdings immer noch, ich finde es nur in den Gedenkbüchern (das sind die Bücher, für die mir die Bibliothekarin vorgeschlagen hatte, dass ich sie mir in Begleitung ansehe).

Früh am nächsten Morgen, damit es noch nicht zu heiß ist, kehre ich in die Jüdische Bibliothek zurück, um mich den harten Fakten der letzten Tage Zehntausender deutscher Jüdinnen und Juden zu stellen. Listen mit Schicksalen und Namen. Woher jede einzelne Person kam und wohin sie geschickt wurde. An welchem Datum. Mit welchem Transport. Ich bitte meinen Körper, nicht darauf zu reagieren, und öffne den ersten Band.

Vor mir liegt meine gesamte Schattenfamilie in alphabetischer Reihenfolge. *Schreib dir einfach nur die Fakten ab!*, weise ich mich selbst an. *Denk nicht darüber nach!*

Nicht nachdenken, bitte nicht! In meinem Gehirn summt es, meine Synapsen feuern wie winzige Maschinenpistolen, während ich rasend schnell alles abschreibe. Dabei erscheinen Familienangehörige in einem Durcheinander aus Bildern und verschwinden wieder.

Ich beobachte Max und Mally bei ihrer Ankunft in der alten Festung an jenem Tag Ende August 1942, wie sie verstört und erschöpft ihr Gepäck mit sich herumschleppen. Und als sie an Ort und Stelle sind, werden sie in verschiedene Räume geschickt, einen für Männer, einen für Frauen, oben im Speicher. Aus den Augen, aus dem Sinn. Ich hoffe, es gelingt Mally, sich ihrer Schwägerin Marie anzuschließen, die bereits seit sechs Wochen dort ist. Ein vertrautes Gesicht. Ein Fitzelchen Trost.

Eine Woche später trifft Eugen, der jüngste Bruder von Max, mit Familie aus Tirschtiegel ein, außerdem Cousin Alfred und seine Töchter aus Betsche, die alle in denselben Transport gequetscht wurden. Sicherlich wird die Familie jetzt zusammenhalten, so wie sie es immer getan hat. Die Jungen und Widerstandsfähigen werden sich um ihre Eltern, Tanten und Onkel kümmern. Sicherlich werden jüngere Beine für Mally Brot und Suppe alle diese Treppenstufen hochtragen.

Plötzlich verschwindet Marie. Am 19. September 1942 befindet sich Max' Schwester unter den 2000 Juden, die mit dem Transport Bo nach Treblinka verschickt wurden.

Oh Gott. Als ich das lese, erstarre ich vor Schreck. Obwohl ich von der riesigen Masse an Ermordungen eines großen Teils meiner Verwandten umgeben bin, sticht Maries Tod aus irgendeinem Grund hervor. Vielleicht weil sie ein solch erfolgreiches, unabhängiges Leben geführt hatte. Oder weil ich viel über sie weiß, über ihre roten Haare und die Angewohnheit, Schokolade erst zu verstecken, um nicht schwach zu werden, sie dann aber doch wieder zu suchen. Auch von ihrer zweiten Ehe mit einem Nichtsnutz, von dem sie sich bald wieder scheiden ließ, weiß ich. Oder weil sie die Möglichkeit hatte, ihr Haus gegen eines in England zu tauschen, das aber ausgeschlossen hatte, wie Charlotte im Sommer 1939 an Ernst berichtete, weil *das Objekt aber sicher zu klein wäre, um sie zu ernähren ... Lieber also setzt sie jetzt noch alles aufs Spiel.* Oder weil Treblinka, wo sie ihr Spiel schließlich verlor, ausgelöscht wurde. Jeder kennt Auschwitz. Dort sieht man die Eisenbahnschienen, die Baracken und das Krematorium, die Schuhberge und die Haufen aus Brillen. War man körperlich fit genug zum Arbeiten, hatte man sogar eine Chance, Auschwitz zu überleben. Nur eine sehr kleine, aber doch eine Chance. Treblinka hingegen war schlichtweg eine Todesfabrik. Und als die Nazis erkannten, dass der Krieg verloren war, machten sie die Anlage dem Erdboden gleich. In letzter Zeit hat Treblinka allerdings einige seiner Geheimnisse offengelegt. Ein Knopf hier. Das Stück eines Kamms dort. Und die Streifen weißlichen Abfalls bestehen offenbar aus menschlicher Asche und Knochenfragmenten. Mich schaudert.

Das könnte Marie sein, denke ich, meine energische Großtante, die ihrer Zeit immer voraus war, die es mit jedem Mann aufnahm, abgeschlachtet an diesem vergessenen Ort reinster Trostlosigkeit.

Zu der Zeit ist Mally immer noch oben im Speicher. Inzwischen hat sie vermutlich nicht mehr genug Kraft, um ihre Pritsche zu verlassen. Liegt sie bloß auf ihrer dünnen Strohmatratze, in dem üblen Gestank, zwischen unzähligen Flöhen und Läusen?

Und wie steht es um Max? Da sein jüngerer Bruder in einem anderen Gebäude lebt, ist er ganz auf sich gestellt.

Endlose Tage. Stickige Nächte, die immer kälter werden.

Von den in Theresienstadt Gebliebenen verstarben die ganz Jungen und die ganz Alten zuerst, jene mit der geringsten Widerstandskraft.

15. Dezember 1942: die siebenjährige Emmi aus Betsche …

3. Januar 1943: Max' Bruder Eugen …

Drei Wochen nach Eugens Tod bringt der Transport Cr am 23. Januar 1943 seine Frau und seinen kleinen Sohn nach Auschwitz.

Die fünf aus Betsche sind nun nur noch zu dritt: Alfred, seine Frau Ruth und ihre verbliebene Tochter Helga.

Zu ihnen stößt noch Maries ältester Sohn, Manfred Greiffenhagen. Er schreibt Gedichte und Liedtexte für Aufführungen, mit denen die Gefangenen unterhalten werden sollen. Außerdem wirkt er mit an dem Skript des berüchtigten Films *Der Führer schenkt den Juden eine Stadt*, der dafür gedacht war, die Öffentlichkeit zu täuschen, indem gezeigt wurde, wie gut es den Juden in ihrem herrlichen Ghetto erging. (Eine Delegation des Roten Kreuzes wurde auf ähnliche Weise belogen.) Kaum ist der Film fertig aufgenommen, wird Manfred mit dem Transport Em nach Auschwitz verfrachtet. Eine Woche später, am 6. Oktober 1944, folgen Alfred, Ruth und Helga mit Transport Eo.

Alfred mit seiner Augenklappe und der offenen, fließenden Handschrift.

Alfred, der meiner Mutter ihre erste Orange schenkte.

Alfred, der mich schon antreibt, seit ich diese Reise angetreten habe.

Alfred verschwindet am Ende außer Sichtweite.

Doch ich erinnere mich an dich, Alfred. An dich und deine Töchter. Ich sehe euch ganz deutlich.

Kein Weitertransport für Max und Mally. Sie blieben an Ort und Stelle.

Mally starb um 6 Uhr 30 am 13. November 1942 in Raum 113 von Gebäude L317. Sie wurde 64 Jahre alt.

Max starb zwei Monate später, um 8 Uhr am 31. Januar 1943 in Raum 14 von Gebäude L118. Sein Tod wurde um 9 Uhr 20 festgestellt. Er wurde 78 Jahre alt.

ZURÜCK AN DEN BEGINN

I ch verlasse die Bibliothek und trete in die pralle Mittagshitze hinaus. Bei dem blendenden Sonnenlicht sehe ich nichts, also haste ich in eine schattige Ecke. Dabei schlägt mein Herz so wild, als wäre ich gerade Marathon gelaufen und hätte nicht bewegungslos am Tisch gesessen und auf Listen gestarrt.

Was soll ich jetzt tun? Ich hatte geglaubt, alle für mich erreichbaren Schwellen überschritten zu haben, doch das scheint ein Irrtum zu sein. Die alte Festung von Theresienstadt existiert noch immer. Auch gibt es noch Pläne des Ghettos. Das bedeutet, dass ich hinfahren und die Räume meiner Großeltern finden könnte. Ich könnte an genau dem Ort sein, an dem ihr Leben für immer ausgelöscht wurde. Raum 113 von Gebäude L317. Raum 14 von Gebäude L118.

Soll ich es tun? Soll ich nach Theresienstadt fahren? Oder soll ich mich in eine ganz andere Richtung wenden?

Vor meinem inneren Auge sehe ich ganz klar das Foto von Mally aus dem Schuhkarton, aufgenommen an dem Tag, als sie und Max sich verlobten.

Juni 1903. Sommersonnenwende. Die beiden Familien sind in ihrem Elternhaus in Hamburg zusammengekommen und haben einen Tag im August als Hochzeitsdatum festgelegt. Nachdem die Formalitäten erledigt sind und der Fotograf gegangen ist, wird Mally ungeduldig, denn sie will Zeit mit Max allein verbringen. Als sie in der Eingangshalle auf ihn trifft, wo er ihr Bild der

Fischer betrachtet, ist sie begeistert. Sie schlägt vor, ihm die Stelle am Ufer zu zeigen, wo sie ihre Staffelei aufgestellt hatte, um es zu malen. Mit etwas Glück werden ihre von der Hitze erschöpften Eltern im Haus bleiben.

Sie schlendern nebeneinanderher, ohne sich zu berühren. Er könnte sie doch zumindest am Arm nehmen. Sie wirft einen Blick nach hinten auf ihren Bruder, der als Anstandsperson fungiert. Fritz grinst und wendet sich demonstrativ ab, um ein altes Dampfschiff zu beobachten, das gerade vom Kai ablegt. Dann lässt er sie allein weitergehen.

Mally hängt sich bei Max ein, woraufhin er sie sofort näher zu sich heranzieht. Sie muss ihren Hut festhalten, damit er ihr von einem plötzlichen Windstoß nicht vom Kopf gefegt wird. Lachend setzt sie ihn wieder auf. Mit seinen edlen Blumen schmeichelt er ihrem Kleid zusätzlich. Es besteht aus weißer Spitze, die bis zu den Handgelenken reicht. Um die Taille ist es sehr schmal geschnitten. »Los, komm!«, ruft sie, rafft ihren Rock und rennt los. »Wir sind gleich da.«

Max tut so, als würde er sie verfolgen. Sie umrunden die nächste Biegung, und Mally deutet auf drei Fischer auf einem Felsvorsprung. Es ist genau derselbe Felsen und eine ganz ähnliche Szene wie auf ihrem Bild. An dieser Stelle verändert das Wasser die Farbe, und das Meer beginnt. Nächster Halt Amerika. Hier öffnet sich der Horizont, und alles scheint möglich.

Wie gern würde sie ihm dieses Gefühl beschreiben, weiß aber nicht, wie sie das anstellen soll. Vor allem jetzt … Denn nachdem Max die Arme um sie gelegt hat, fehlen ihr die Worte. Sie spürt nur noch, wie nahe er ihr kommt mit seiner ganzen Männlichkeit, dem Geruch nach Zigarren und Kölnischwasser. Sie lehnt sich bei ihm an. Gemeinsam beobachten sie, wie das Dampfschiff an ihnen vorbeituckert.

»Wunderschön«, murmelt Max.

Ich oder das Schiff? Mally blickte schnell zu Max auf, um sich zu vergewissern. Allerdings ist das Schiff auch elegant mit den hohen Masten, an denen immer noch Segel gerafft sind, obwohl beide Schornsteine fleißig dampfen. Sie will gerade sagen: *Lass uns reisen! Neue Länder entdecken!* Sein Gesichtsausdruck aber hält sie davon ab. Darin spiegelt sich eine Mischung aus Begehren und Hoffnung, aus Verletzlichkeit und dem Wunsch, ihr zu gefallen. Mit einem Mal hat sie das Gefühl, dass sie selbst die Starke ist.

Max flüstert etwas. Sein Bart und die Luft, die er ausatmet, kitzeln Mally am Ohr. Der Wind trägt seine Worte fort. »… eine Wohnung am Tiergarten … Kinder …«

Oh ja, Kinder! Mally liebt Kinder. Sie denkt an ihre Nichte Hede. Es gefällt ihr, das ernste kleine Mädchen zum Lachen zu bringen.

So wird das Leben also sein. Sie wird ihren eigenen Haushalt führen. Mutter werden. Ihre Freunde und ihre Familie zu sich in die Hauptstadt einladen. Sie werden gemeinsam Berlin entdecken, an den Flüssen und Seen der Stadt entlangspazieren. Sie wird ihren Skizzenblock mitnehmen und die Staffelei aufstellen, um verschiedene Ansichten festzuhalten. Mally fühlt bereits, wie sich neue Perspektiven eröffnen.

Das Dampfschiff ist inzwischen nur noch ein kleiner Punkt. Das umgekehrte *V*, das es hinter dem Kiel hergezogen hat, verblasst und verschwindet im bis zum Horizont schimmernden Meer. Am Himmel keine einzige Wolke.

Für einen Augenblick habe ich die alte Welt betreten, bevor sie zerspringt. Max und Mally werden nicht mehr nur von ihrem Elend bestimmt. Werde ich an den Orten stehen, an denen ihr Leben endete? Vielleicht. Vielleicht auch nicht. Vorerst sollte

ich sie am Beginn ihrer Zukunft zurücklassen, als Jahre des normalen Lebens vor ihnen lagen, frisch und unberührt.

Der Eisklumpen in mir hat Risse bekommen. Schmelzwasser sickert aus dem Davor in das Dazwischen und läuft über das Danach. Lassen wir es fließen.

QUELLEN

Walter Benjamin

Der Ausspruch ist zitiert nach den Angaben von Lisa Fittko, die 1999 bei der USC Shoah Foundation aufgenommen wurden. Darin erinnert sie sich daran, wie sie Walter Benjamin bei seinem tragischerweise gescheiterten Fluchtversuch zur französisch-spanischen Grenze brachte.

Anweisungen für Juden vor der Deportation
(3. Teil, Die Straße überqueren)

Schriftliche Anweisungen für Berliner Juden existieren nicht mehr. Die zitierten stammen aus einem Merkblatt vom 19. März 1942 für die unmittelbar bevorstehende Deportation von Juden aus Würzburg.

Private und öffentliche Quellen

Der Großteil der primären Quellen ist auf Deutsch und wurde daher für die englische Ausgabe dieses Buches von mir übersetzt. In der vorliegenden deutschen Ausgabe sind die Originalquellen wiedergegeben. Die Briefe meiner Großeltern waren für mich ursprünglich nicht zugänglich. Zu lernen, ihre Handschriften und die alte Sütterlin-Schrift zu entziffern, hat eine entscheidende Rolle bei der Entstehung des Buches gespielt.

Private Quellen

Im Besitz der Autorin:
Von Hilde:
Familienbriefe aus der Nachkriegszeit und offizielle Schrift-
stücke, die Restitutionszahlungen betreffend.

Von Charlotte:
Familienbriefe aus der Zeit vor und nach dem Krieg. Liebes-
briefe. Offizielle Dokumente, einschließlich der Geburts-, Ehe-
und Sterbeurkunden meiner Großeltern.

Von Ernst:
Mehr als 50 von Max und Mally geschriebene Briefe, Postkarten
und über das Rote Kreuz übermittelte Nachrichten aus den Jahren 1933 bis 1942. Briefe von Hilde und Charlotte aus der Zeit
vor und nach dem Krieg.

Offizielle Dokumente und Briefe, die seine Flucht aus Berlin
sowie die Versuche zur Befreiung seiner Eltern betreffen.

Von Cousin Kurt Rychwalski:
Zwei Briefe von Cousin Ernst und seiner Frau Helene, datiert
aus dem November 1945 und dem Januar 1946, in denen sie beschrieben, wie sie in Berlin versteckt überlebt haben. Kopien davon befinden sich in der Wiener Holocaust Library in London
sowie in der Gedenkstätte Stille Helden, die zur Stiftung Gedenkstätte Deutscher Widerstand in Berlin gehört.

Von Laure Wittner (Hannelore Greiffenhagen):
Videoaufnahmen von Gesprächen zwischen Laure und der Auto-
rin (2014), bei denen sich Laure an ihre Kindheit in Berlin mit
Vater Manfred und Großmutter Marie Greiffenhagen erinnert.

Lonnie Zwerin:
Briefe aus der Kriegszeit von ihren Großeltern Fritz und Olga Meseritz in Hamburg an ihre Mutter Ursula in Los Angeles. Jetzt im Leo Baeck Institut in New York archiviert.

Roni G. Ronen (Rosner), Enkelsohn von Max' Schwester Regina: Archiv mit Fotos der Familie Rychwalski und Dokumenten, die 1933 von Deutschland nach Palästina transportiert wurden.

Öffentlich zugängliche Quellen

Brandenburgisches Landeshauptarchiv:
Akten des Finanzministeriums, einschließlich Briefwechsel aus der Vorkriegszeit und der Vermögenserklärung, die jeder Deportierte vor dem Transport ins Konzentrationslager ausfüllen musste.

Deportationslisten zu allen Transporten.

Rep. 36A Oberfinanzpräsident Berlin-Brandenburg (II):
Akte 32582 Cousine Lina Rychwalski
Akte 5038 und **5039** Eugen Rychwalski
Akte 5040 Jacob Rychwalski
Akte 5037 Cousin Alfred Rychwalski
Akte 32580 Cousin Ernst Rychwalski
Akte 32581 Georg Rychwalski
Nr. 55125 (Deportationsliste nach Theresienstadt mit Alfred Rychwalski und Familie, Nr. 3–7)
Nr. 55124 (Brief von der Gestapo einschließlich der Deportationsliste des Alterstransports nach Theresienstadt mit Max und Mally Rychwalski, Nr. 84 und 85)

Landesarchiv Berlin:
Wiedergutmachungsakten mit den nach dem Krieg geltend ge-
machten Entschädigungsansprüchen über Vermögenswerte in
Westberlin – Bankguthaben und finanzielle Beteiligungen, Häu-
ser, Möbel, Geschäfte, Schmuck, Kunstgegenstände.
B Rep. 025–05 (53 WGA 615/ 57) Seite 41 (Brief des Anwalts
der Geschwister)
B Rep. 025–05 (53 WGA 615/ 57) Seite 51 (1. Erklärung von
Fräulein Kaiser)
B Rep. 025–05 (53 WGA 615/ 57) Seite 65 (2. Erklärung von
Fräulein Kaiser)
B Rep. 025–05 (53 WGA 616/ 57) Seiten 7 und 8 (letzte Be-
schlagnahmungen)

Ausgleichsamt Referat E (Lastenausgleich), Berlin:
Bezieht sich auf Verluste, die in der ehemaligen DDR erlitten
wurden, vor allem die Krawattenfabrik der Familie in Ostberlin.
(Wiedergutmachung erfolgte nach 1990.) **Akte A10/EF 4831
BF USA *Teil* Ib** betrifft das Verbot der Produktion von schwar-
zen und braunen Krawatten.

Entschädigungsbehörde Berlin:
Akten über die Geltendmachung von Verlusten des Lebens,
der Gesundheit, der Freiheit, der Bildung und der Berufsaus-
übung.
Akte 72.919 Max
Akte 72.922 Mally
Akte 353.241 Hilde
Akte 335.705 Charlotte
Akte 301.964 Ernst
Akte 72.659 Cousin Ernst Richard (vormals Ernst Rychwalski)
Akte 275.890 Cousine Lina

Handelsregister, Berlin Charlottenburg:
Nummer 88 156 (11412)
Aufzeichnungen über das textile Familienunternehmen Rewald
& Greiffenhagen, gegründet 1901, 1930 zur Krawattenunion ver-
schmolzen mit Berenhaut & Anker. Geschäftsauflösung 1940.

Jüdischer Friedhof Weißensee in Berlin:
Karteikarten mit Details zu Tod und Beerdigung von Personen.

Grundbuch von Berlin:
Aufzeichnungen über die Ausmaße von Gebäuden sowie sämtliche Änderungen der Eigentumsverhältnisse. Zugang beschränkt
auf Eigentümer der Immobilie.

**Jad Vashem Zentrale Datenbank der Namen der
Holocaustopfer**, Jerusalem:
Einzelheiten zu Deportation, Transportnummer und Ziel von
Individuen, außerdem Zeugnisse von Überlebenden.

Terezin Initiative (holocaust.cz), Prag:
Online-Datenbank mit Totenscheinen, die für Insassen von There-
sienstadt/Terezin ausgestellt wurden.

United States Holocaust Memorial Museum, Washington,
D.C.:
Maschinengeschriebene Gedichte und Verse, verfasst von Manfred Greiffenhagen im Konzentrationslager. (Zugangsnummer
2011.270.5)

APPENDIX

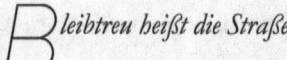

Bleibtreu heißt die Straße

Vor fast vierzig Jahren wohnte ich hier.
… zupft mich was am Ärmel, wenn ich
so für mich hin den Kurfürstendamm entlang
schlendere – heißt wohl das Wort.
Und nichts zu suchen, das war mein Sinn.
Und immer wieder das Gezupfe.
Sei doch vernünftig, sage ich zu ihr.
Vierzig Jahre! Ich bin es nicht mehr.
Vierzig Jahre. Wie oft haben meine Zellen
sich erneuert inzwischen
in der Fremde, im Exil.
New York, Ninety-Sixth Street und Central Park,
Minetta Street in Greenwich Village.
Und Zürich und Hollywood. Und dann noch Jerusalem.
Was willst du von mir, Bleibtreu?
Ja, ich weiß. Nein, ich vergaß nichts.
Hier war mein Glück zu Hause. Und meine Not.
Hier kam mein Kind zur Welt. Und mußte fort.
Hier besuchten mich meine Freunde
Und die Gestapo.

Nachts hörte man die Stadtbahnzüge
Und das Horst-Wessel-Lied aus der Kneipe nebenan.
Was blieb davon?
Die rosa Petunien auf dem Balkon.
Der kleine Schreibwarenladen.
Und eine alte Wunde, unvernarbt.

Mascha Kaléko

DANKSAGUNG

Mein Cousin Roni G. Ronen (Rosner) und meine Cousine Lonnie Zwerin waren so großzügig, mir Zugang zu ihren eigenen Familienarchiven zu gewähren, damit ich die Lücken in meiner Geschichte füllen konnte. Der verstorbenen Laure Wittner (Hannelore Greiffenhagen) bin ich dankbar für ihre lebendigen Beschreibungen ihrer Berliner Kindheit mit ihrer Großmutter, Marie Greiffenhagen.

Das frühe Interesse und die Unterstützung der Schriftstellerin A. L. Kennedy haben meinem Projekt ebenso bei der Entstehung geholfen wie die scharfsinnigen Fragen aus dem Freundeskreis, von Pat Davis, Judy Gable, Jacqui Hutson, Elaine Sweet und Melissa Harman. Char March gab mir wertvolles Feedback, als die Teile des Buches zusammenfanden, und Kathy Gale bin ich zu Dank verpflichtet für ihre scharfsinnigen Kommentare kurz vor seiner Vollendung.

Philippa Trop, meine Freundin aus Kindertagen, hat mir geholfen, einen wichtigen Moment herauszuarbeiten, den wir fünzig Jahre zuvor gemeinsam erlebt hatten. Und die liebe, inzwischen verstorbene Edith Argy hat mich dazu befähigt, die Handschriften meiner Großeltern selbst zu entziffern.

In Berlin haben sich viele Beamte und Angestellte, Mitarbeiter von Museen und Archiven besonders angestrengt, damit ich noch tiefer graben und vielleicht noch mehr Informationen finden konnte. Besonders danken möchte ich: Dr. Monika Nakath (Brandenburgisches Landeshauptarchiv); Dr. Ulrich Baumann

(Stellvertretender Direktor der Stiftung Denkmal für die ermordeten Juden Europas); Edeltraud Frankenstein und Gabriele Kühne (Koordinierungsstelle Stolpersteine Berlin); Sonja Miltenberger (Museum Charlottenburg-Wilmersdorf); Barbara Schieb (Gedenkstätte Stille Helden bei der Stiftung Gedenkstätte Deutscher Widerstand).

Weil sie mich in ihren Familien willkommen geheißen und ihre eigenen Familienerfahrungen und Erinnerungen mit mir geteilt haben, danke ich:

Annelie Thiemann; Helmut Metzner und Lutz Rambow; Juliane Rupp; Ilse Südmersen; Margot Loehr; Dr. Dietlinde Peters; Christine Holzkamp; Dr. Gabriele Riebensahm; der verstorbenen Charly de Wolff; Hans-Hermann Fouquet.

Die Wiener Holocaust Library in London hat sowohl praktische Hilfe als auch unschätzbar wertvolle Hintergrundinformationen beigesteuert, insbesondere Howard Falkson, Senior Archivist, und Sonia Bracca, Reader Service Librarian.

Mein besonderer Dank geht an meine Agentin Rowan Lawton von der Soho Agency für ihren vorbehaltlosen Einsatz für das Projekt und an das hervorragende Team von Jamie Byng und Jenny Fry bei Canongate Books für die Sorgfalt bei der Realisierung. Ganz besonders dankbar bin ich Simon Thorogood für die redaktionellen Einblicke sowie Lorraine McCann und Alison Rae für die akribische Sorgfalt bei der Textarbeit. Außerdem danke ich Claire Reiderman für ihre Unterstützung und dem Produktionsteam für die fantastische Arbeit mit den Bildern. Vicki Rutherford hat mich und das Buch mit ganz viel Geduld im Auge behalten. Zudem möchte ich Nicki Kennedy von der ILA und allen aus dem Blanvalet Verlag für die Sorgfalt danken, mit der sie sich der deutschen Ausgabe gewidmet haben: Beatrice Lampe, Bettina Steinhage, Berit Böhm und Friedel Wahren sowie Regina Jooß für ihre sensible Übersetzung.

Ein letzter Dank geht an Wolfgang Knoll, der traurigerweise nicht mehr unter uns ist, und an Barbara Knoll für all die Hilfe und Gastfreundschaft. Indem Wolfgang mit dem Stolpersteine-Projekt von Gunter Demnig meiner Großeltern gedachte, lieferte er mir den Schlüssel zu meinem Schrank voller Erinnerungen an die Verlorenen.